82岁的梁思礼院士

上图 / 1945年，梁思礼在美国普渡大学

中图 / 1936年秋，梁思礼（右二）与五哥梁思达（右一）、五姐梁思懿（右三）、六姐梁思宁（右四）在天津饮冰室前合影

下图 / 梁思礼参加援建“越南之声”电台，摄于河内总统府前

上图 / 梁思礼在国防部五院任中校时留影

中图 / 1979年，梁思礼在一院12所办公室办公

下图 / 1996年4月，梁思礼（中）参加军用仿真技术课题鉴定会

上图 / 1996年，梁思礼（左二）参加珠海航展时，与任新民（左一）、黄纬禄（左三）、梁守槃（右二）、庄逢甘（右一）合影

下图 / 2000年，梁思礼在翻阅CAD/CAM图书

上图 / 2003年10月“神舟五号”飞行任务成功后，梁思礼（左）与载人航天工程总设计师王永志（右）合影

下图 / 2010年，梁思礼（前排右一）与王礼恒（前排右二）等专家在上海视察工作

上图 / 1996年，梁思礼（右二）等科学家在中国第一次原子弹爆炸的爆心合影

下图 / 2008年，梁思礼参加“擎奥运圣火，燃航天激情”活动

上图／1999年10月1日，梁思礼等航天科学家在天安门广场参加50周年国庆晚会（从左至右：梁思礼、孙家栋、张履谦、孟执中、张贵田）

下图左／2000年，梁思礼在自己的座右铭“苟利国家生死以，岂因祸福避趋之”前留影

下图右／2008年，梁思礼在中国航天科技集团公司科技委组织的迎春座谈会上

上图 / 1961年，梁思礼夫妇及儿女与母亲王桂荃合影

下图 / 2015年9月，梁思礼与夫人赵菁合影

梁思礼院士传记

Academician Liang Sili's Biography

《中国航天院士传记丛书》总编委会 组织编写

石 磊 杨利伟 著

中国宇航出版社

·北京·

图书在版编目(CIP)数据

梁思礼院士传记 / 石磊，杨利伟著.--北京 ：中国宇航出版社，2015.10(2020.12 重印)
(中国航天院士传记丛书)
ISBN 978-7-5159-0554-9

Ⅰ.①梁… Ⅱ.①石… ②杨… Ⅲ.①梁思礼－传记 Ⅳ.①K826.16

中国版本图书馆 CIP 数据核字(2015)第 251214 号

责任编辑　黄　苹
责任校对　王　妍　　**装帧设计**　文道思

出　版
发　行　中国宇航出版社

社　址　北京市阜成路 8 号　**邮　编**　100830
(010)60286808　(010)68768548
网　址　www.caphbook.com
经　销　新华书店
发行部　(010)60286888　(010)68371900
(010)60286887　(010)60286804(传真)
零售店　读者服务部
(010)68371105
承　印　三河市君旺印务有限公司

版　次　2015 年 10 月第 1 版
2020 年 12 月第 3 次印刷
规　格　787×960
开　本　1/16
印　张　22.25　**彩　插**　8 面
字　数　310 千字
书　号　ISBN 978-7-5159-0554-9
定　价　68.00 元

《中国航天院士传记丛书》总编委会名单

编审委员会

主　　任　许达哲　高红卫

副 主 任　雷凡培　曹建国

委　　员　李金生　方向明　袁　洁　李　跃　包为民

编撰委员会

总 主 编　许达哲　高红卫

副总主编　李　跃　包为民

委　　员　（按姓氏笔画排列）

于世元　马礼谦　王亚文　邓宁丰　朱芝松

朱忠元　任玉琨　孙玉斌　李　明　李　锋

陈学钏　张连成　周晓飞　侯　晓　贾　可

梁小虹　谭永华

总编委会办公室

主　　任　周晓飞　朱忠元　邓宁丰

成　　员　（按姓氏笔画排列）

丁雅清　于　宁　于　希　王来成　李卫东

杨利伟　辛大广　张铁钧　范占英　唐　燕

徐　睿　戴品华

《梁思礼院士传记》编审委员会名单

编审委员会

主　任　包为民

副主任　江　帆

委　员　陈学钏　周晓飞　贾　可　邓宁丰　霍明儒
　　　　　王双军　白燕强

编审委员会办公室

主　任　周晓飞

成　员　张铁钧　杨利伟　戴品华　于　宁　刘　毅
　　　　　李卫东　徐　睿　石　磊　丁雅清　李念滨
　　　　　苏大亮　黄　莘

序　一
Preface I

中国航天事业自1956年创建以来，已经走过50多年的发展历程。在党中央、国务院、中央军委的亲切关怀和英明领导下，中国航天人团结一心、顽强拼搏、勇于创新、无私奉献，不仅取得了以“两弹一星”、载人航天工程和月球探测工程为代表的辉煌成就，孕育形成了航天传统精神、“两弹一星”精神和载人航天精神，也造就了一支技术精湛、作风优良的航天人才队伍。

航天系统的中国科学院院士和中国工程院院士就是这支队伍的杰出代表。中国航天科技集团公司和中国航天科工集团公司先后有50多位科学家和航天工程专家当选为两院院士。其中，有7位院士获得过“两弹一星”功勋奖章，2位院士获得过国家最高科学技术奖。他们不仅是航天成就的主要创造者，也是航天精神的重要孕育者和忠实践行者。

中国航天事业是在新中国成立不久，工业实力、科技实力、综合国力都很薄弱，帝国主义严密封锁，苏联撕毁协定、撤走专家的情况下发展起来的。以航天院士为代表的中国航天人，自力更生，艰苦奋斗，奋发图强，顽强拼搏，在一穷二白的基础上，独立自主地创建起了中国的航天事业。

航天型号研制是复杂的系统工程，涉及很多领域，需要众人参与，必须大力协同、集智攻关才能完成。以航天院士为代表的中国航天人，在航天工程研制实践中，齐心协力，密切配合，实现了一次又一次技术突破，铸造了一项又一项辉煌成就。他们为祖国的航天事业作出了巨大贡献，却淡泊名利，不计得失，将个人利益置之度外。

航天事业属于尖端技术领域，难度大、风险高、技术复杂，在发展历程中碰到过很多难题，经历过各种坎坷，甚至遭受过重大失利。以航天院士为代表的中国航天人，在困难和失败面前不动摇、不退缩，树立百折不挠、锲而不舍、脚踏实地、严谨务实的工作作风，不断攻坚克难、勇攀高峰，取得了一个又一个胜利，树立了一座又一座丰碑。

今天，在由航天大国向航天强国迈进的征程中，航天院士的科学思想、创新意识、坚定信念和爱国情怀是全体航天人宝贵的精神财富。中国航天科技集团公司和中国航天科工集团公司决定出版《中国航天院士传记丛书》，不仅是为了宣传航天院士的科研成就，总结航天院士的成长规律，更是为了传承航天院士的宝贵精神，使之生生不息、薪火相传，为“续航天梦、筑强军梦、圆中国梦”的伟大实践提供精神动力和思想源泉。

许达哲

2014年1月

序 二
Preface Ⅱ

中国航天事业创建半个多世纪以来，培养和塑造了一大批功勋卓著、德高望重的中国科学院院士和中国工程院院士。他们具有坚定的理想信念和强烈的爱国情怀，理论功底深厚，技术水平高超，善于引领科学发展和技术创新，在中国航天事业发展的关键时期发挥了重要作用，为中国航天事业取得辉煌成就、孕育航天精神作出了突出贡献。

为了全面、系统地总结航天院士的成长规律，把航天院士的科学思想和创新方法记录下来、传承下去，为中国航天事业积累精神财富，为航天强国建设提供有益借鉴，中国航天科技集团公司和中国航天科工集团公司研究决定，组织编写一套《中国航天院士传记丛书》（以下简称《丛书》）。

党的十八大描绘了坚持中国特色社会主义道路、全面建成小康社会、实现中华民族伟大复兴的宏伟蓝图，同时也为加强国防和军队现代化建设、推进我国由航天大国向航天强国迈进指明了方向。在中国航天事业“续航天梦、筑强军梦、圆中国梦”的新形势下，出版这套《丛书》，具有重大的现实意义和深远的历史意义。

记载航天历史。航天院士是中国航天事业的宝贵财富，他们的成长历程反映了航天事业的发展轨迹。这套《丛书》不仅是航天院士个人的传记，也从不同侧面记载了中国航天从技术到管理、从思想到精神的真实历史。

弘扬航天文化。宣传航天院士，就是站在科学的高度，向社会各界全面宣传航天事业，弘扬航天文化，使其成为中华民族文化宝库的重要组成部分，增强中华民族的自信心、自豪感和凝聚力，提升国家的软实力。

传承航天精神。航天精神是包括航天院士在内的几代航天人，在中国航天事业发展历程中，不断积累、提炼、传承而逐渐形成的，是民族精神、时代精神与航天实践相结合的产物，是中国航天事业之魂。《丛书》全面反映了航天院士的学术成就、科学作风和思想品格，有助于航天精神薪火相传。

培育航天人才。中国航天事业已经完成了新老交替，一代航天新人正在茁壮成长。《丛书》是泽被后世的人才工程，对于培育航天人才、发展航天事业、铸造新的辉煌将产生积极的促进作用。

总之，《丛书》是一套具有航天特色的爱国主义教材，是不可多得的精神食粮。相信这套《丛书》的出版发行，必将吸引更多的年轻人热爱航天、投身航天、奉献航天，以饱满的热情和昂扬的斗志再攀高峰，使中国航天事业后继有人，蓬勃发展，续写辉煌。

2014 年 1 月

目　录
Contents

第一章

梁氏渊源

家学渊源孕育了中国近代著名启蒙思想家——梁启超。他一生爱国、救国的追求，影响了整个时代，同时成就了他的9个优秀子女，梁思礼是他最爱的小儿子。

在梁思礼的履历表上写着，籍贯：广东新会。

但是那个位于国土南方的地方并不是他的出生地，他出生在距离新会千里之遥的北京。故乡对他来说是模糊的，直到他成年以后，了解了自己拥有一个非常值得骄傲的父亲，故乡才在他的心里逐渐地清晰起来。于是，在故乡村口的大牌坊上，他留下了一幅对联："茶道悠长启明星亮辉新宇，坑村秀丽超俊才雄耀故乡"。因为那里养育了父亲，根植了父辈的基因，滋润了梁氏一族。而他的父亲，就是中国近代史上杰出知识分子的代表、维新派代表人物、著名启蒙思想家——梁启超。

1. 新会梁氏家族

广东珠江三角洲的西南端，有个傍南海之滨、依凤山之麓、河流蜿蜒、地沃民丰的新会县城。那里古榕葱郁、花开四季，温润多湿、寒冬无雪，盛产柑橘、陈皮，还有行销八方的蒲葵扇。从县城再往南约二三十千米，便是美丽西江和潭江汇入南海之处。两江入海口冲积而成了一块平地，又因河海常年冲刷，平地产生裂隙，逐渐形成了七个小岛，小岛的中央部分便是新会县熊子乡茶坑村

熊子塔

（现名广东省新会市会城镇茶坑村）。

梁启超在《三十自述》中自称：“余实中国极南之一岛民也。”据史书记载：茶坑村建于明永乐三年，即公元 1405 年。明代建村之初，以凤山山脚立村，随着人口繁衍，居民陆续往外扩展，因而形成以凤山往外扇形扩展的聚落格局。村中矗立着一座明万历三十七年建的熊子塔（也称凌云塔），塔身犹如一支挺秀的椽笔，高耸云天，为新会带来了“文运”。新会人很有创意，把熊子塔的“熊”字下面只点三个点，因字典上查不到此字，外乡人只好“入乡随俗”将“熊”字读音为“泥”。巴金笔下著名的榕树奇景“小鸟天堂”，就在距茶坑村西不到 5 千米的地方。

受地理位置和气候的影响，茶坑常遭台风侵扰，新会县志载道：“夏秋之间，时有飓风。或一岁数发，或数岁一发。又有石龙风，其作则黑云翔海，猝起俄倾。”特定的自然环境造就了茶坑人抗拒灾难、善于应变、不惊不慌的性格；又因为世居小岛，常被外面的世界所吸引，因此好读书、尚学问、求仕途，向往升官发财、光宗耀祖，便也成了茶坑世风。在这样的人文地理风貌中，1873 年 2 月 23 日，诞生了一位影响中国近代史的重要人物 ——梁启超。

梁启超（1873—1929），字卓如，号任公，又号饮冰室主人。他出生时，梁氏一族迁居到这里至少已经有二百四五十年了。南宋时，原居福州的梁氏家族来到广东南雄县珠玑巷，到明末因躲避清兵，从南雄迁居新会茶坑村。两百多年来，自高祖一直到曾祖，始终都以农耕为活，在中国南方乡村中属于最常见的普通农民，无论财富、地位、学识、名望都微不足道。梁启超曾说："吾家自始迁新会，十世为农，至先王父教谕公，始肆志于学，以宋明儒义理名节之教贻后昆。"也就是说，梁氏一族到了梁启超祖父梁维清这一代，才考取秀才，做了个八品官——县教谕，管理一县文教之事。从此梁家一改十世为农、家道中落的现状，过上了一边种地、一边读书的耕读生活，这才使得梁家跻身于乡绅阶层，受到邻里的尊敬。

现存的梁家祖居为梁启超祖父所建，有两排真淳古朴的青砖土瓦平房，格局为三室两厅的房子，前后两套。后一套为居住生活用，前一套用做小书院，梁启超在考取秀才之前即在此生活和学习。梁家家境在当地还算殷实，但绝算不上乡间土豪富户。

祖父梁维清，一辈子担任的最高职务就是八品小官，而且当官的时间也不长。他很羡慕岭南儒学大师陈献章诗中描绘的"田可耕兮书可读，半为农者半为儒"的生活方式。弃官后，他买了十几亩地，加上家里原有的地共二十几亩，又在自家屋后盖起一间小书斋，过起了半耕半读的生活。其间，他用了很多心血教授子孙读书识字，《四书》和《诗经》是他在当时能够找到的仅有的教材。梁启超在 6 岁以前一直生活在祖父身边。白天他跟着祖父一起读书、玩耍，晚

梁启超故居

梁宝瑛教书的怡堂书室

上就和祖父睡在一张床上，听祖父滔滔不绝地讲述英雄豪杰、学者大儒的故事。每年清明，祖父都要带领儿孙们到不远处的崖山去给先祖扫墓，崖山正是南宋王朝最后灭亡的地方。每次从茶坑村坐船到崖山的途中，祖父都会讲起600年前的往事：大宋忠臣陆秀夫誓死抗元，最终被元兵追至崖山身陷绝境，面对波涛汹涌的大海，陆秀夫先让自己的妻子投海自尽，然后背起小皇帝赵昺投海身亡，许多宫人、官员也跟着投海，无人投降。每讲至此，祖父都会老泪纵横，儿孙们亦是悲泣唏嘘。

父亲梁宝瑛，一生勤奋，屡考不中，后在乡间做私塾先生。他不苟言笑，谨守父亲开创的家风，既在道德上严格自律，注重内在修养，又不忘社会责任，尽力为乡间民众办事，曾受乡亲推举长期主持乡政，在当地颇有影响。在梁宝瑛那个时代，新会乡间械斗之风甚烈，皮毛小事相争，就会引发村民大打出手。茶坑村和邻村东甲村积怨30多年，一直无法解决。东甲村人看不起茶坑村人，认为茶坑穷，又没有取得功名的人。梁启超清楚地记得，自己中举之后，同村人扬眉吐气，认为可以好好到东甲村炫耀炫耀出口恶气了。可是父亲却反其道而行之，带着他专程去拜访东甲村人，执弟子礼，拜谒人家的宗祠，表示修好之意。东甲村人十分感动，从此宿怨化解，两村和好。周边的县乡听说此事，纷纷请梁宝瑛调解纠纷，父亲不辞辛苦，乐此不疲。父亲对梁启超是慈祥的，也是严厉的，在督促他学习之外，还要他参加劳动。

母亲赵夫人出身书香门第，知书达理、品性贤孝，深受公婆的喜爱。梁启超两三岁牙牙学语时，母亲就开始教他认字。看到赵夫人教儿女们认字读书背诗，乡里的妇女十分羡慕，也常结伴到梁家跟她学识字、学做针线活。她的为人得到乡亲的赞赏，乡里不论哪个女子只要跟她识过字、学过针线的，那么这个女子的德行、品性不用问也会受到大家称道，连她们的婚事都能格外顺利。梁启超在《我之为童子时》中写道："我家之教，凡百罪过，皆可饶恕，惟说谎话，斯不可饶恕。"他 6 岁时不记得因何事说了一句谎话，被母亲知道了，叫到卧室跪地拷问，当时被母亲鞭打十数下。梁启超从未见过终日含笑的母亲如此盛怒，母亲说："汝若再说谎，汝将来就变成盗贼，变成乞丐。""此好说谎之人，则无人信之。"

梁启超自幼受教育于祖父、父亲和母亲，他聪颖强记，文思敏捷，5 岁即熟读四书五经，9 岁能写千字文，12 岁中秀才，17 岁中举人，县试、府试皆名列第一，在新会自幼便有"神童"的美誉。

他从儿时起接受传统文化教育的同时，还接受着爱国主义教育和诚信教育。梁氏家庭教育不可能不受新会人性格和世风影响，但是从他们的教育实践来看，他们已经超越了世俗，不再囿于"学而优则仕"的终极目标，"梁家的家教，从梁维清到梁宝瑛，再到赵夫人，重点都不在知识的灌输和功利的诉求，而是要强调立志和做人"。足见其祖辈庭训之严格和教育思想之远见，这对梁启超及其子女们的成长和走向社会并为国家命运操劳终身，打下了坚实的思想文化根基。

2. 未敢忘国忧的父亲：梁启超

梁思礼有位大名鼎鼎的父亲——梁启超。

1889 年（光绪十五年），17 岁的梁启超参加广东乡试，考中举人，榜中第八名。经同学陈千秋介绍，梁启超于 1891 年进入康有为在广州开办的"万木草堂"，正式成为康门弟子。同年与康有为同赴京师参加会试。

走出新会的梁启超，他所处的时代正是中华民族最悲惨的历史阶段。朝廷腐败、外敌入侵、国力衰微、民生凋敝。1894 年，中日“甲午战争”之后，中国从一个泱泱大国陷入了被外国列强瓜分、凌辱的惨境，民族尊严丧失殆尽。清政府于 1895 年 4 月 17 日被迫与日本签订了丧权辱国的《马关条约》，当《马关条约》中割让台湾及澎湖列岛、赔款白银 2 亿两的消息披露后，在北京应试的举人群情激愤。4 月 22 日，康有为写成 18000 字的《上今上皇帝书》，力言“拒和、迁都、练兵、变法”，即要求清政府拒绝和议、拒绝割让国土，下诏鼓天下之气，迁都定天下之本，练兵强天下之势，变法成天下之治。梁启超为此昼夜奔走呼号，并联络 18 省 1300 名举人在康有为的万言书上签字。5 月 2 日，康、梁二人带领各路举人与数千市民聚集在朝廷都察院门前请愿，将万言书上奏皇帝(史称“公车上书”)。上书被清政府拒绝后，康有为对“公车上书”的内容作了修改，提出了更为详细的建议，撰成《公车上书记》并多次上书清廷，终于获得光绪皇帝的赏识。

康有为从制造舆论和组织社团入手来推动变法维新。1895 年 8 月，他创办了《万国公报》(后改名为《中外纪闻》)，梁启超担任主要撰稿人，写了大量介绍西方各国政治、经济、思想、文化的文章，鼓吹变法维新。同年 8 月，康有为组织“强学会”，梁启超任书记。后清政府勒令《中外纪闻》停刊，又下令解散“强学会”。1896 年 8 月，梁启超秉承康有为旨意，与黄遵宪、汪康年在上海创办《时务报》，梁启超任总撰述，通过这个刊物，传播他的政治主张。其间，梁启超发表了《变法通议》等一系列重要文章，涉及中国当时的政治、经济、文化、教育等各个方面。文中大胆批评清廷腐败，抨击顽固保守思想，提出拯救办法。文章思想深刻，观点鲜明，感情充沛，文字流畅，表现出爱国志士的变法决心和勇气，受到社会各界的关注。

1895 年，维新运动达到高潮，各地学堂、报馆、学会如雨后春笋，维新思想广泛传播，梁启超担任了湖南时务学堂的总教习。光绪皇帝于 1898 年下达《明定国是诏》，宣布维新变法。是年 5 月 5 日，光绪皇帝召见梁启超，命呈《变法通议》，赏六品衔，掌管京师大学堂译书局事务。由于维新运动触犯了以慈禧为代表的顽固势力的利益，终于在 103 天后被慈禧扼杀，史称“百日维新”。

变法失败后，梁启超于 1898 年 10 月 16 日流亡日本，是年 12 月在华侨资助下创办《清议报》，1902 年又创办《新民丛报》。在这两份刊物上，梁启超发表了《新民说》《新民议》等政论以及经济研究、历史研究论文，还有人物传记、游记、诗歌、小说等。他饱蘸爱国热情，以简洁的文笔，深入浅出的释理，为读者所喜闻乐见，产生了巨大影响。自那时起直至本世纪初，梁启超与许多志士仁人一样，以改革中国政治制度为目标，倾注满腔爱国热情，为“广民智”的启蒙而殚精竭虑，四处奔走，大声疾呼。努力将西方政治、哲学、文学艺术等领域中的新知识、新思想介绍给国人，并躬行实践，使数千年以来，在长期禁锢于僵化的封建传统思想的国人眼前，展现出一个生机勃勃的中国以外的新

梁启超

世界。他在开启民智，放眼看世界，介绍、引进西方制度、思想、文化方面取得的成就，无人能望其项背。可以说，梁启超是从旧时代向新时代迈进的承前启后的拓荒者，是新知识、新文化、新思想、新制度的建树者。

1911 年辛亥革命胜利后，梁启超一改过去立场，支持民国。1912 年梁启超回国后，曾先后担任北洋政府司法总长、币制总裁、财政总长等职，但面对袁世凯称帝，张勋复辟，军阀割据、混战的残酷现实，救国夙愿难酬，民族复兴无望，满怀抱负无从施展。终于，他辞职退出政坛，转而著书讲学，专心学术研究。1918 年，他与蒋百里、丁文江等前往欧洲游历，1919 年 1 月 18 日举行巴黎和会，梁启超代表中国报界进行舆论宣传。参会中国代表曾向和会提出，收回战前德国在山东的一切权益，取消日本强加于中国的“21 条”及外国在华一切特权。梁启超为此走访了美国总统威尔逊及英、法参会代表，希望得到他们的支持。但由于早在 1918 年 9 月中国政府已经与日本密谈，同意日本占据胶州湾的要求，各国代表对此也爱莫能助。梁启超对北洋政府的无能深感失望和气愤，1919 年 3 月 6 日，他致电身在北京的汪伯棠、林长民，通报了巴黎和会关于山东问题的消息。3 月 24 日，《申报》刊登了梁启超的电文，随后他受国内国民外交协会委托，负责向巴黎和会请愿事宜，力争收回山东主权。但和会于 4 月 29 日作出决议，将德国在山东的一切权益转让日本。听到这一消息，梁启超立刻致电汪伯棠、林长民转国民外交协会，说明和会此项决议对中国极不公平，警告政府、民众严责中国参会代表，务必拒绝在和约上签字。5 月 2 日，《晨报》发表林长民《山东休矣》一文，5 月 3 日，北京 13 所高校学生决定，次日（5 月 4 日）举行游行示威，反对政府在巴黎和会上的软弱态度，5 月 4 日《申报》发表梁启超巴黎电报全文，自此，轰轰烈烈的“五四运动”从北京推向全国。在民众的压力之下，中国参会代表最终不敢在和约上签字。可以说，梁启超在促成声势浩大的反帝爱国的“五四运动”过程中，功不可没。

以公车上书为序幕，梁启超的人生与中国的命运紧紧地联系在了一起。无论是维新变法还是主张共和，无论是倒袁护国还是办学讲学，无论是政治生涯还是学术生涯，他的所思所想都是“爱国”，他的一贯主张都是“救国”。梁启超终身以救国强国为己任，做着不懈的努力。他积极主张引进西方先进的思想与科技，呼吁变法自强，为中国的独立、民主、自由、富强呐喊和奔走。他的朋友徐佛苏在《梁启超现身逸事注》中曾写道：“梁先生四十年中，脑中绝未忘‘国’字”，可见其爱国情愫镌刻于心。梁启超的爱国之情是与他的忧国之心密不可分的，因为爱国而忧国，因为忧国而发奋救国，这促使梁启超一生勤奋，留下了 1400 多万字的著作。特别是他的《少年中国》振聋发聩，“故今日之责任，不在他人，而全在我少年。少年智则国智，少年富则国富，少年强则国强，少年独立则国独立，少年自由则国自由，少年进步则国进步，少年胜于欧洲则国胜于欧洲，少年雄于地球则国雄于地球”，警醒了一代又一代血气方刚的青年人，他也成为了中国近代史最著名的思想家、改革家、教育家和文化启蒙的一代宗师。

梁漱溟曾在 1943 年这样评价梁启超：“总论任公先生一生成就，不在学术，不在事功，独在他迎接新世运，开出新潮流，撼动全国人心，达成历史上中国社会应有之一段转变。”梁启超是中国近、现代史上一位杰出的爱国者，他为探

梁启超《少年中国说》

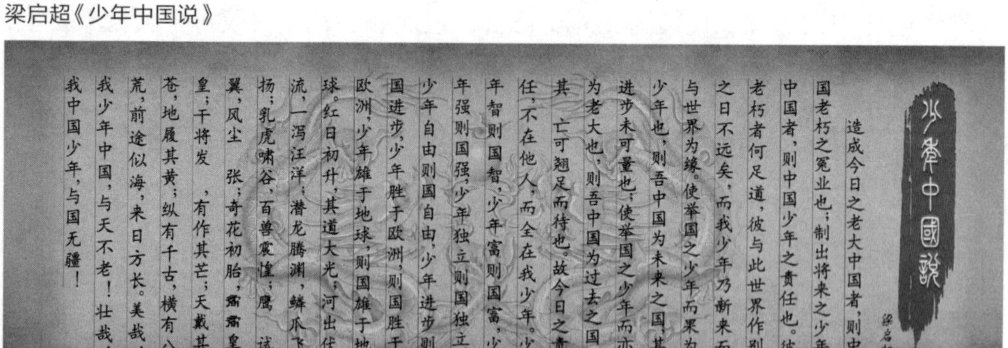

索中国独立富强的道路付出毕生的努力，作出了巨大的贡献。

梁启超那深厚的爱国思想和情感，勇敢的救国担当和责任，毫无疑问地被他的后代所继承。

3. 两位母亲：李夫人和王夫人

梁思礼有两位母亲，一位李夫人，一位王夫人。他的生母是王夫人。

梁启超的原配夫人李端蕙，字蕙仙(1868-1924)，生于河北固安，祖籍贵州。父亲李朝仪于道光二十五年(1845年)中进士，为官经历贯穿于道光、咸丰、同治、光绪四朝，从直隶(河北)平谷知县，一步一步官至顺天府尹(相当于北京市市长)。

李端蕙有个堂兄李端棻，曾官至清廷礼部尚书。1889年，梁启超在广东乡试中考中举人，当时的主考官就是李端棻。梁启超才学出众，中举时只有17岁，深得李端棻的赏识，遂作主将其堂妹李蕙仙许配梁启超。此时，蕙仙已经21岁，长梁启超4岁，尚待字闺中。

梁启超十分感谢主考官的厚意和栽培，但李蕙仙是官宦出身的大家闺秀，自己一介布衣怎敢高攀，他马上写信将此事告诉父母。梁启超的父亲知道这件事之后，也觉不妥，由于自家世代耕读，而李家则世代为官，门不当户不对，因而婉言谢绝了这门婚事。然而主考官竟坦然地写信给梁启超的父亲说："我也知道启超出自寒门，但他前途无量，不久即可青云直上。我家物色的是人才，并不考虑贫富，而且我也知道我的堂妹深明大义，我才敢于为她主持这门婚事，你们就不必推却了。"这样，这门婚事就定了下来。

1891年冬，梁启超千里迢迢赶到北京与李蕙仙完婚。次年夏，李蕙仙随梁启超来到广东新会县茶坑村老家，长女思顺即生于此。

广东的气候溽热难当，这使久居北方的李蕙仙很不适应。这位生于官宦之家、从北京来的大小姐，并没有嫌弃梁家的贫寒，到新会后，虽言语不通，也不习惯乡村生活，却能努力适应，像挑水、舂米、煮饭等事，无不亲为。梁启超的生母赵太夫人早已仙逝，继母只比李蕙仙大两岁，李蕙仙仍极尽孝道，日夜操劳侍奉，深得梁家喜爱。由于从小读私塾，李蕙仙受过良好的教育，能诗善文，且性情豪放，遇事果断，有侠义之风，在乡里也博得了贤妻良母的美名。

1898 年 9 月"百日维新"失败后，梁启超亡命日本，慈禧命令两广总督捉拿梁启超的家人，幸亏梁家避居澳门，逃过了一场灭门之灾。李蕙仙成了整个梁家的支柱，在几个月内，梁启超给她写了六七封家书，高度赞扬她在清兵抄家时临危不惧的表现："慷慨从容，词色不变，绝无怨言，且有壮语，闻之喜慰敬服"，并鼓励她坚强地活下去。

第二年 10 月，李夫人与公公携幼女辗转前往日本，与梁启超会合。看到李夫人抱着女儿梁思顺和父亲梁宝瑛一起走下客轮，在码头等候多时的梁启超，忍不住跑上前去和他们紧紧拥抱，喜极而泣。

在日本流亡的 14 年间，梁启超主要靠康有为的帮助和在日华侨的慷慨资助，生活比较稳定。他租住了神户郊外一幢面向大海、背靠山林的别墅，日日听闻海涛和松涛。爱其优雅，梁启超为宅子取名为"双涛园"。梁启超有 4 个孩子就诞生在双涛园里，梁启超称他们是"双涛园群童"。此时，梁家的日子虽不富裕，但毕竟有了一席之地，一家人享受了难得的天伦之乐。

李夫人和梁启超共生育了 3 个孩子，分别是长女梁思顺、长子梁思成和次女梁思庄。她亲自给年纪小的孩子们授课，为年纪大的孩子选择学校，并检查他们的作业，对他们严格要求，有错决不姑息。

梁启超经常在外宣传变法，东奔西走，募集资金，无暇顾家，家政均由李夫人操持。她精打细算，把生活安排得井井有条，还帮助抚养梁启超三个年幼的弟妹及梁启超已故姐姐的三个孩子。因受"百日维新"的牵连，李夫人的堂

李蕙仙（右三）和梁家的孩子们（左起：梁思忠、梁思成、梁思庄、梁思达、梁思永）

哥被罢官发配新疆，李家的一部分亲戚也前来投奔，长期随梁家人一起生活。

在家政上，李夫人精明强干，是一家的主心骨，大事小事均由她拿主意，而梁启超几乎是个甩手掌柜。她治家严格，几近严厉，佣人稍有逾规之处，她便厉声斥责，有时还会打骂罚跪。儿女们有些怕她，佣人们更是怕她，因此有人戏称梁家是“慈父严母”。长子梁思成在成年之后还回忆起母亲的厉害：“我小时候很淘气，有一次考试成绩落在弟弟思永的后面，我妈气极了，用鸡毛掸捆上铁丝抽我。”梁启超对李夫人是爱敬有加，爱她“厚于同情心而意志坚强，富于常识而遇事果断”，敬她“启超自结婚以来，常受夫人之策励襄助……奔走国事，屡犯险艰，夫人恒引大义鼓其勇”，由于她的鼎力内助，梁启超得以后顾无忧。

1912 年梁启超结束了流亡生活，一家人回到北京。不幸的是，1915 年冬，李夫人患乳腺癌，虽经多方救治，做过两次手术，但至 1924 年春病情恶化，于 9 月 13 日病逝于北京。梁启超对她的去世深为悲痛，曾作《祭梁夫人文》，以寄哀思。

王桂荃（1886—1968）是梁启超的第二夫人，四川广元人，原名来喜，“王桂荃”是梁启超给起的名字。

王桂荃的童年十分不幸。她自幼丧母，继母听信算命先生说她“命硬，克父母”的胡言，经常虐待她。她的父亲开了一个小油坊，家里有几亩薄田，一家人勉强度日。4 岁那年，父亲暴病而亡，继母携己出的孩子进城办丧事，把王桂荃一人丢在家里，于是账房先生乘人之危，不仅将家中财物席卷一空，而且还把年仅 4 岁的王桂荃拐卖给了人贩子。自此以后的几年间，王桂荃被辗转卖了 4 次，最后到了李蕙仙在贵州的娘家。1894 年，李蕙仙回娘家省亲，见王桂荃聪明伶俐，又很勤快，于是决定把她带到北京梁家。在北京，王桂荃与梁家人相处融洽，很有人缘。据兴中会早期成员冯自由刊载于《逸经》的一篇文章说，“来喜深得女主人宠用”，“举家度支及锁钥概付其掌管”，据此可见梁家对她的信任。

1903 年在李夫人的主张下，18 岁的王桂荃与比自己大 13 岁的梁启超结婚。王桂荃与梁启超育有 6 个子女，他们是：思永、思忠、思达、思懿、思宁、思礼，梁思礼是王桂荃和梁启超最小的儿子。由于是偏房，孩子们称王夫人为“娘”，而称李夫人为“妈”。

百日维新失败之后，梁李两家逃往国外，由梁启超负担一大家子的生活，王桂荃此时“是李夫人的得力助手，也是她的各项意图的忠实执行者，又是家庭的主要劳动力”。李夫人是小脚，出门远行不太方便，而王桂荃由于从小受虐待，经常睡在柴房里，夜里便偷偷剪断缠足布，所以长成了一双大脚。她不仅行动敏捷，还非常聪明，日语学得很快，讲得一口东京的标准音，因此由她负责家务方面的对外联络。这样她在一定程度上接触到日本社会的文明开化，大大开阔了眼界。

王桂荃虽然出身寒微，但性格坚毅，贤明，识大体，更兼聪颖勤奋，从未向命运低头。在梁家子女的教育方面更发挥了重要的作用。梁思成常说：“娘是个很不寻常的女人。”“梁启超能写出那么多著作，有很大一部分要感谢娘给他创造了一个和睦安定的家庭。我的兄弟姐妹很少打架拌嘴，娘总是用她的爱关心我们，教导我们。”“而她自己对我妈和我爹的照顾也是无微不至，对我妈更是处处委曲求全。她是一个头脑清醒，有见地，有才能，既富有感情又十分理智的善良的人。”李夫人之所以能够容得下一个陪嫁丫环做第二夫人，完全得益于王桂荃的忠厚老实和忍辱负重。王桂荃对李夫人的救命之恩感恩戴德，对李夫人言听计从，从无二心，这使得李夫人对王桂荃十分放心。王桂荃又是梁氏夫妇的佣人，勤勤恳恳，任劳任怨，梁家上下几乎离不开她，特别是梁启超出门在外时，在生活上依赖王桂荃甚过李夫人。平时，王桂荃协助李夫人料理家事，梁启超外出时，她随行照料起居，有时还担任掩护。1915 年 12 月 16 日，梁启超由天津赴上海秘密筹划倒袁护国。住下后，他马上给思顺写信，要王桂荃马上到上海来:“吾身边事无人料理，深觉不便，可即命来喜前来。”第二年春，他到了香港，又给思顺写信，要已经回到天津的王桂荃赶快到香港来:“非王姨司我饮食不可。”王桂荃还是梁家 6 个孩子的生母，血缘关系也把她紧紧地“拴”在了梁家。梁启超具有现代思想，他并不是封建大家长，这使得王桂荃得以成为梁启超家庭和事业的贤内助，故梁启超称赞她是“我们家极重要的人物”。

王桂荃

梁思成曾这样回忆道："她是个毅力坚强的人，尽管她操持着一大家人的吃穿，她还每天督促孩子们的学习，孩子们做作业时，她就坐在一旁，听他们背书，她也跟着背；他们写字，她也跟着写。就这样，她学会了读书看报，还会记账，写简单的书信。"有一次，思成因考试成绩落在弟弟思永后面而挨了李夫人的打，"事后娘搂着我温和地说'成龙上天，成蛇钻草。你看哪样好？不怕笨，就怕懒。人家学一遍，我学十遍，马马虎虎不刻苦读书，将来一事无成。看你爹很有学问，还不停地读书'。她的这些朴素的语言我记了一辈子。从那以后，我再也不敢马马虎虎了。"

她非常爱国，经常以自己的理解延续梁启超的爱国主义教育。梁思礼回忆道："她给我的影响很大，她也是很爱国的。她以传统的方式表示爱国情怀。她给我讲了很多爱国的故事，像岳母刺字，精忠报国等。"或许正是由于她这种自强不息、坚韧不拔、吃苦耐劳、积极乐观的精神，以及对梁家子女的早期教育，在潜移默化中对梁思礼产生了影响。他能在日后艰苦的留学生涯中坚持学习，克服种种困难，在我国航天事业艰苦的创业阶段不断攻坚克难，取得显著的成就，在很大程度上归功于生母的言传身教。

1929 年，梁启超不幸病逝，梁家经济很快陷入困境，生活的重担全部落在王桂荃一个人的肩上。

当时除了思顺、思成，还有 6 个子女尚在读书，小儿子思礼还不满 5 岁。为了维持一家人的生计，她将梁启超生前居住的天津民族路 46 号院的旧楼卖掉。抗战爆发后，梁家经济越发紧张，具有理财天赋的王桂荃又将院内的新楼出租。自己则用卖房、租房的钱在院内孩子们常去玩耍的一块空地上盖了一座两层小楼，小楼是她请人设计的，楼下是厨房客厅，楼上是卧室，颇具现代风格，她带着一家人住了进去。王桂荃虽然没有上过学，但是她常年跟随梁启超走南闯北，耳濡目染，不仅学会了识文断字，还具有了很高的文化修养，她常年看报纸了解天下大事，经常和朋友聚会聊天，还会根据市场行情炒股票。

就这样，她依靠智慧、人缘、精明和能干，克服了无数困难，用孱弱的肩膀支撑起这个家，坚持把每个孩子抚养成人，帮助他们完成了学业，为日后各自的事业打下坚实基础。梁启超 9 个子女，个个成才，王桂荃劳苦功高。

4. 哥哥姐姐个个才华出众

除去早年夭折的，梁思礼有 8 个哥哥姐姐。在父母的精心教育下，他们个个具有强烈的爱国心，且才华出众、道德高尚。他们分别在文学、建筑学、考古学、图书馆学、经济学、社会科学、航天科学等领域各领风骚。其中，梁思成、梁思永、梁思礼 3 人分别是 1948 年中央研究院院士和新中国成立后中国科学院的院士，6 人是专家。梁家被世人誉为:“一门三院士”“满门俊秀”。

大姐梁思顺，中国诗词研究专家，1893 年生于广东新会老家，梁启超的长女。她出生时，梁启超才 20 岁。由于李夫人生下她后，又生下一个儿子，但不久就夭亡，一直到 8 年后，才又生下梁思成。因此，8 年的独生女生活，使思顺得到了比别的孩子更多的父爱。梁启超不仅把她看作女儿，同时也视为最好的朋友，这体现在梁启超给她的几百封信中。思顺自幼受到良好的家教，梁启超不仅亲自教她写字读书，还教她写诗词，因此她有深厚的古文功底，梁启超给她的书房起名“艺蘅馆”。她写了很多诗词，编成《艺蘅馆词选》，并作了自序，这篇自序和词选曾被传颂一时。梁启超流亡日本时，思顺曾在日本人下田歌子举办的女子师范读书，她的日语非常好，而且熟练掌握高级日语（即宫廷语言）。据说她一开口，日本人就知道她的身份很高贵，这成为她后来和日本鬼子斗争的武器。从日本回国后，她曾在一位英国妇女在北京开办的女子学校学英语。在梁启超的“撮合”下，她与外交官周希哲结婚，长期在国外。回国后曾任大学教师，中央文史馆馆员。

二哥梁思成，我国著名的古建筑学家、中国科学院学部委员。少年时爱好音乐、美术，是清华学堂学生中的领袖之一，人称“有政治头脑的艺术家”。1924 年赴美国留学，毕业于宾夕法尼亚大学建筑系，获硕士学位。与之前去的还有他未来的妻子林徽因，林徽因主修美术学，精通英语，辅修建筑学课程，是梁思成探索、考察、研究中国建筑史的亲密合作者和美好伴侣。回国后，他和妻子林徽因创办了我国北方的第一个建筑系——东北大学建筑系。“九一八”事变前夕，他离开东北大学，回到北平，加入了中国营造学社，从事中国古建筑的研究。后来又创办了清华大学建筑系，并于 1946 年赴美讲学及考察建筑教育，1948 年 3 月当选为中央研究院首届院士。新中国成立后，他先后担任全国政协常委、全国人大常委、中国科学院学部委员（院士）等职。他一生的成就是多方面的，在建筑理论、建筑教育思想、城市规划理论方面都提出了不少超前的新观点，他是我国古建筑研究的先驱者之一，也是我国建筑教育的奠基人之一。抗战期间，梁思成和林徽因在四川进行古建筑的研究工作，生活和工作条件十分艰苦，以至于疾病缠身，却仍然顽强地坚持在自己的工作岗位上。当时，美国许多著名大学和博物馆都想聘请他们到美国工作，并给予极其优厚的生活待遇和极佳的工作条件，但都被他们一一拒绝了。梁思成说：“我的祖国正在苦难中，我不能离开她，哪怕仅仅是暂时的。”

三哥梁思永，我国现代著名考古学家。1923 年毕业于清华学校留美预备班，随后赴美国入哈佛大学研究院攻读考古学和人类学，曾参加印第安人古代遗址的发掘，并研究东亚考古。1930 年学成回国，正是国内战火不断的时代。1931 年春参加河南安阳小屯殷墟和后冈的发掘，秋季参加山东章邱历城龙山镇城子崖的第二次发掘。他的工作提高了中国考古发掘的科学水平，使之纳入近代考古学的范畴。1934 年出版了他主笔的《城子崖遗址发掘报告》，这是我国首次出版的大型田野考古报告集。他在 1939 年“第六次太平洋学术会议”上提交的论文，全面总结了龙山文化。直至目前，对龙山文化类型的进一步划分，仍导源于梁思永半个世纪以前的创见。著名考古学家夏鼐说：“梁思永是我国第一个受过西洋的近代考古学正式训练的学者。”著名考古学家安志敏也说，他是中国近代考古学和近代考古教育开拓者之一。1948 年 3 月，梁思永当选为中央研究院首届院士，1950 年 8 月被任命为中国科学院考古研究所副所长。

四哥梁思忠，毕业于美国弗吉尼亚陆军学院和西点军官学校，回国后任国民党 19 路军炮兵校官，报效祖国。1932 年抗击日本帝国主义侵略期间，不幸患阑尾炎，又因服错药，导致腹膜炎病逝，年仅 25 岁。

三姐梁思庄，我国著名图书馆学家。1926 年至 1930 年间就读于加拿大蒙特利尔麦基尔大学，获文学学士学位。1930 年至 1931 年就读于美国哥伦比亚大学图书馆学院，获图书馆学士学位。1931 年学成归国后，立即投身于我国图书馆事业，先后在北平图书馆、燕京大学图书馆、广州中山图书馆从事西文编目工作。1936 年重返燕京大学，任图书馆西文编目组长、主任和图书馆主任等职。精通英语，会法语、俄语、德语，编有《东方学目录》《图书大辞典簿录之部》等书籍，后任北京大学图书馆副馆长。

五哥梁思达，长期从事经济学研究。1935 年毕业于南开大学经济系，后留校作研究生，于 1937 年毕业。抗战期间在重庆中国银行总管理处任职，1949 年在北京国务院外资企业局任职，后改为国家工商管理局。他曾参与科学院经济所编写《中国近代经济史》一书。1965 年主编《旧中国机制面粉工业统计资料》一书。

五姐梁思懿，社会活动家。早年在燕京大学读书，初念医科预备班准备升入协和医学院学医，后为了参加革命转入历史系。她曾参加共产党的外围组织“民族解放先锋队”，是“一二·九”运动中的学生骨干，后参加学生流亡队伍。1941 年到美国学习美国历史，1949 年在太平洋彼岸得知新中国即将诞生的消息后立即回国。她先后在山东医学院、山东省妇联工作，后调到北京任中国红十字会对外联络部主任，一直从事对外友好联络工作，多次代表中国参加国际红十字会会议，是第六届全国政协委员。

六姐梁思宁，早年在南开大学读一年级，因日军轰炸学校而失学。1940 年在思懿影响下投奔新四军，参加了中国革命，是新四军女战士，中共党员，革命生涯几十年，受尽磨难，痴心不改。

梁启超对儿女们充满着深沉而强烈的父爱。他时常给他们写信，称他们是“大宝贝思顺”“小宝贝庄庄”“对岸一大群孩子们”“一群大大小小的孩子们”“小白鼻”“老白鼻”。从这些称呼中，我们可以感受到他是多么喜欢、疼爱自己的儿女们。梁启超不仅是孩子们的慈父，还是孩子们的朋友，他注意引导孩子们对知识的兴趣，又十分尊重他们的个性和志愿。在日常生活中，他非常细微地掌握每个人的特点，注意因材施教，对每个子女的前途都有周到的考虑和安排，让他们学成后回国服务，并且反复征求他们的意见，直到他们满意为止。1942 年，时任中国科学院历史语言研究所所长傅斯年先生说：“梁任公之后嗣，人品学问，皆中国之第一流人物，国际知名。”

梁思礼

梁思礼院士传记

Academician Liang Sili's Biography

第二章

“老白鼻”长大了

父亲去世时，梁思礼不满5岁，但如山的父爱他铭记于心。家风传承树立了他的爱国思想，战乱求学、日寇残暴，祖国遭践踏，强化了他满腔救国之志。

在梁思礼的童年记忆中，梁启超是宠爱着他的慈父。

梁启超的子女中，有三位因为格外被疼爱，被父亲赐予了特殊的爱称：大女儿思顺被称为“大宝贝”，三女儿思庄被称为“小宝贝”，最年幼的思礼被称为“老白鼻”。“大宝贝”“小宝贝”陆续出国求学，梁启超便把他的爱心，投在了“老白鼻”的身上。

“父亲去世的时候，我只有四岁半。”梁思礼说，“如果说父亲遗传给了我们什么，很简单，就是两个字 —— 爱国。他给了我们一颗爱国之心。”

1. 宠儿“老白鼻”

雨后的清晨，柳枝忸怩着身子随风摇动，细叶上的雨水被轻轻抖落，恰似刚刚出浴的少女在甩动她那带香的发丝。已近处暑，热气明显收敛。

躺在医院的产房里，王桂荃挺着隆起的腹部，忍着一阵又一阵剧烈宫缩带来的疼痛，心绪有些不宁。眼见李夫人病入沉疴，自己却帮不上忙，心中觉得愧对这位有恩于自己的大夫人，不免惆怅；马上就要生产，自己将为梁家增添第 9 个孩子，梁家人丁兴旺，自己有功，又觉有喜。愁喜间，助产士推门跑进

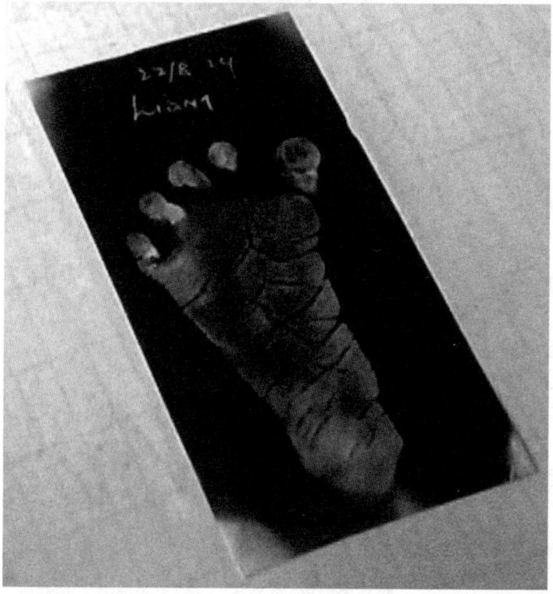

梁思礼出生时的小脚丫印

来，王桂荃就要分娩了。

这是 1924 年 8 月 24 日（农历七月二十四），王桂荃在北京协和医院生下了一个 8 斤重的胖男孩：梁家老九——梁思礼。

小思礼出生后的第 20 天，李夫人因乳腺癌不幸撒手人寰。

这时的梁启超已经 51 岁了，因为是老来得子，自然特别喜欢这个老儿子。风趣的父亲将英语“Baby”（宝贝）一词汉化成“老白鼻”，给儿子起了个昵称，于是“老白鼻”三个字便成为梁思礼特有的甜蜜。“老白鼻”长着一副典型的梁家嘴，相貌极像梁启超。梁氏后人吴荔明在描述梁启超的相貌时曾写道：“他的嘴很有特点，嘴唇略厚，下唇微突，嘴角稍向下弯。他的儿女们的嘴都和他很相像，因此便有了‘梁家嘴’的模式。”而梁思礼是儿女中相貌最接近于父亲的，2001 年天津市修复饮冰室，雕塑家便根据他的形象创作出了梁启超的塑像。

“老白鼻”生来聪慧、顽皮可人，为梁启超埋首学问之余带来了无尽的喜悦。那时梁启超常住在天津，有一段时间在北京的清华大学任教，住在清华园。他与在国外的长女梁思顺如同朋友式的通信中，常常谈到梁思礼的聪明、活泼、机灵、可爱。

梁思礼一岁的时候，梁启超给梁思顺和孩子们写信说：

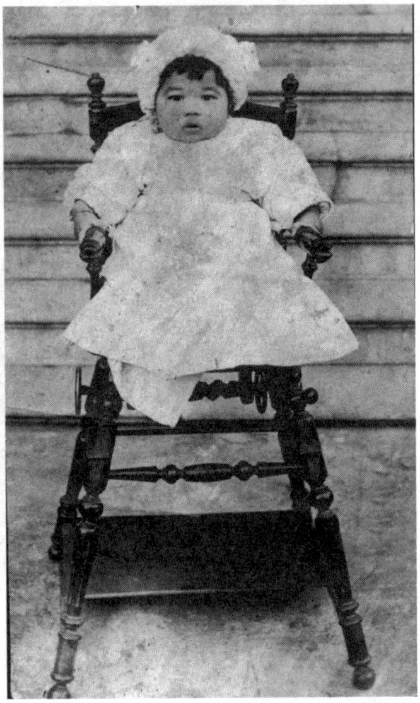

梁思礼周岁照片

“老白鼻”好玩极了，从没有听见哭过一声，但是整天地喊和笑。也很彀他的肺张开了，自从给亲家收拾之后，每天总睡十三四个钟头。一到八点钟，什么人抱他，他都不要，一抱他，他便横过来表示他要睡，放在床上爬几爬，滚几滚，就睡着了。这几天有点可怕——好咬人，借来磨他的新牙，老郭[①]每天总要着他几口。他虽然还不会叫亲家，却是会填词送给亲家，我问他“是不是要和亲家和你一首？”他说“得、得、得，对对对。”

夏天，梁启超带着家人到北戴河避暑，他也将“老白鼻”的趣闻告诉梁思顺：

我们做两天园工，把园中恶木斫了一百多棵。把荒草拔去几秋，露出树阴下绝好一个小园，我前天就在树阴下睡午觉，昨天在那里打了十圈牌。司马懿、六六拾得许多螺蛤壳，把我们新辟的曲径都滚上了边。我们全家做工的时候，便公举“老白鼻”监工。但这位监司是“卧治”的，不到一会儿功夫便在树底下藤床上酣睡，我们这些工人趁着空儿一哄而散，下海去了。

对“老白鼻”的顽皮，梁启超不无开心地说：

我自从给你们两亲家强逼戒酒和强逼运动后，身体更强健，饭量大增。有

① 老郭是梁家的保姆——编者注。

一天在外边吃饭，偶然吃了两杯酒回家来，思达说“打电报告姐姐去”，王姑娘也和小思礼说“打电报给亲家”，小思礼便说“打打”，闹得满屋子都笑了，我也把酒吓醒了。

在他写给大孩子的信中，常常夸赞小思礼：

老白鼻真乖，居然认得很多字，一天到黑“手不释卷”，人说你们爷儿俩都变成书呆子了。

老白鼻会唱“葡萄美酒”了，真乖得好好玩。

老白鼻天天说要到美国去，你们谁领他，我便贴四分邮票寄去。

2 岁的梁思礼很会讨人喜欢，每次看见父亲要抽烟，立刻就主动把烟，连同烟嘴、火柴和烟灰缸一同送到父亲跟前，惹得梁启超非常得意、高兴，以至于有两三天见不到“老白鼻”，心里就想得慌。他到清华讲学时，梁思礼在天津还没搬过来，他就有点急不可耐了。在给梁思顺的信中，他写道：“校课甚忙，大半也是我自己找的忙，我很觉忙的有兴会。新编的讲义极繁难，费的脑力真不少。盼望老白鼻快来，每天给我舒散舒散。”有一年除夕，梁启超给孩子们发了压岁钱，大家群起欢呼，继而全家玩儿牌，轮到梁思礼坐庄时他输了钱，这下压岁钱损失不小，引得他放声哇哇大哭。梁启超见此萌态，亦不禁开怀大笑。

梁思礼还是一个聪明好学的孩子。3 岁时，父亲梁启超就夸奖他：“老白鼻新近又长进一种学问，昨日起阿时教他认五个字，今日居然全记得。”在父亲的笔下，“老白鼻”的可爱栩栩如生：

“老白鼻”一天一天越得人爱，非常聪明，又非常听话，每天总逗我笑几场。他读了十几首唐诗，天天教他的老郭念，刚才他来告诉我说：“老郭真笨，我教他念‘少小离家’，他不会念，念成‘乡音无改把猫摔’”，（他一面说一面抱着小猫就把那猫摔下地，惹得哄堂大笑）。他念：“两人对酌山花开，一杯一杯又一杯。我欲醉眠君且去，明朝有意抱琴来。”总要我一个人和他对酌，念到第三句便躺下，念到第四句便去抱一部书当琴弹，诸如此类每天趣话多着哩。

每日“老白鼻”总来搅局几次，是我最好的休息机会。

1927年，梁思礼生了一场大病，连日发烧，最高到39.4℃，父亲特别着急，5天之内给海外的孩子们写了3封信。

3月29日第一封信：

“老白鼻”得病已逾一周，时好时坏，今日热度很高，怕成肺炎，我看着很难过。

3月30日又寄出一封信：

“老白鼻”病厉害极了，昨天早上还是好好的，说笑跳玩，下午忽然发起烧来，夜里到三十九度四，现在证明是由百日咳转到肺炎，很危险，拟立刻送到城里入协和医院。（还不知道协和收不收，清华医生正在打电话去问。）只希望他能脱度危关，我们诚心求你妈妈默佑他。我现在心很乱，今日讲课拟暂停了，正在靠临帖来镇定自己。

过了3天又赶紧写一封信报平安：

前三天因“老白鼻”着急万分，你们看信谅亦惊皇，现在险象已过，大约断不至有意外。现又由协和入德院，因协和不准亲人在旁，以如此小孩委之看护妇，彼终日啼哭，病终难愈也。

“老白鼻”平安，真谢天谢地，我很高兴，怕你们因前信担忧，所以赶紧写这信。

这3封信表达着梁启超对“老白鼻”的担忧和不安，足见他爱子之深、疼子之切。

每每回忆及此，梁思礼都会动情：

当时我的第一个妈妈（李夫人）得乳腺癌去世了，我的几个哥哥姐姐又都出国去学习了，包括他喜欢的“大宝贝”梁思顺和“小宝贝”梁思庄。那一段时间，父亲很悲伤，也很空虚。我出生之后，他把对其他子女的爱全部都倾注在了我的身上。从我出生到他去世，不到5年的时间里，他给了我太多的爱。

梁思礼对父亲印象最深的是父亲带他到起士林餐厅吃西餐的情景。他们去过两家起士林，一家是天津小白楼起士林，另一家是北平东安市场内的起士林。

梁思礼两岁多时，父亲在北平任清华国学研究院导师，住在清华园北院教员住宅第二号。那房子靠着墙，墙外就是去南口的火车，经常能听到火车的汽笛声。当时梁思礼的母亲王夫人没住在那儿，他跟着父亲住在清华，3 岁以后回到天津母亲的身边。孤身在北平的父亲很想念“老白鼻”，总盼望小儿子

梁思礼3岁照片

能陪伴在身边。每当梁思礼前来看父亲，父亲都喜不胜收。讲学之余，父亲为了让“老白鼻”陪他“舒散舒散”，便带他到王府井东安市场的起士林吃西餐。餐厅西式的装潢、优雅的环境、厨师和服务生的装束，都让梁思礼产生与众不同的新奇感。每次吃完西餐，父亲都会特意买一盒蛋糕带回家，然后坐汽车回到清华园。

从王府井到清华园，穿过车水马龙、人流熙攘的闹市，走过乡村尘土飞扬的马路，父亲牵手、吃西餐的温馨，带回蛋糕的惬意，特别是父亲和蔼可亲、满面疼爱的神态，这些都成了梁思礼儿时对父亲最美好的记忆。

2. 父亲睡着了

天津市河北区民族路 46 号，有一幢白色的意式建筑，这就是梁启超的书斋“饮冰室”。

梁思礼说，饮冰室对于所有的梁家儿女都有着特殊的意义，无论是陪父亲在饮冰室度过晚年的思达、思懿、思宁和自己，还是在国外总会接到从饮冰室寄出信件的思顺、思成、思永、思庄和思忠，大家都说饮冰室就是自己永远的家。

梁启超一生大部分时间是在奔波中度过的。1912 年，他结束了流亡生活，从日本回国，1913 年把全家接回国。那时梁启超正积极从政，鉴于北京的政治气候复杂，他决定把家安在天津的租界内，最后选中了生活设施齐全、环境优美的饮冰室。在这里，梁启超醉心学术，文思泉涌，新论迭出；在这里，他度过了人生最后的 14 年；这里，也被他的第 9 个孩子梁思礼视作乐园。从 1915 年到 1925 年，10 年内，他在临近火车站等具有优越条件的意租界，先后盖了两栋楼，后来家人称之为“旧楼”和“新楼”。旧楼是一栋普通洋房，还连着一个后楼，可居住房间较多，全家和常住的亲友都住在旧楼。新楼就是大名鼎鼎的梁启超书斋——饮冰室。

关于“饮冰室”的来历，梁启超在《饮冰室自由书》的序言中写道：“庄生曰：‘我朝受命而夕饮冰，我其内热欤！’以名吾室”。梁启超的这段话取自《庄子》人世间篇，“庄生”即“庄子”。其情节是：楚大夫沈子高奉命出使齐国，他对孔子说，此行责任重大，怕齐国只在表面敷衍他，心中不安。又说：“我早上受命，晚上就要喝冰水，我是患了内热症了！”当年，梁启超受光绪皇帝之命，变法维新，失败后被清廷通缉，逃亡日本。面对国家内忧外患的交煎，梁启超忧心如焚，唯有“饮冰”才可以解“内热”。梁启超“饮冰室”的命名，是借这个典故表达自己对国家前途忧虑之情。

梁思礼的幼年是在天津度过的，父亲的言谈举止、音容笑貌和典雅大气的书斋饮冰室，在他脑海中都留有深深的印记。

他回忆说，饮冰室是一座意大利风味十足的两层半小楼，由意大利建筑师白罗尼欧设计。楼的一层是父亲写作、藏书和接待客人的场所。靠北的三间是相通的，屋中有很多书柜，书柜从地面一直到天花板，很高很大，布满四周墙壁。书柜中装满线装书，汇集了父亲收集的各类珍本善本。一套线装的《二十四史》拼成一长方形，占据了半壁墙。书房一层的西南角挂着一幅很大的国画，

饮冰室

是陈仲述所赠的巨松。在墙边椭圆形大理石桌上摆放着父亲从欧洲带回的白色大理石雕塑“垂死的高卢人”，还有彩色石雕“圣女贞德”和从澳大利亚带回来的大鸵鸟蛋。饮冰室里充满着中西文化的和谐交融。

对于三四岁的“老白鼻”来说，最感兴趣的是父亲从世界各国买回的、放在书柜最下面的明信片。这些明信片精致优美，有画有字儿，成了“老白鼻”百看不厌的“小儿书”。只要一进入饮冰室，梁思礼就像进入了鲁迅笔下的“百草园”。他撅着小屁股趴在书柜下，一面翻看原有的画片，一面搜索有没有新的“猎物”。父亲对“小儿书”的讲解，让梁思礼在孩童时代就知道了欧洲的文艺复兴和达芬奇、米开朗基罗、拉斐尔等大师，这些长相奇怪、发须满面的西洋人，虽不如父母讲给他听的南宋名臣陆秀夫背负少帝投海、岳母刺字“精忠报国”那么有血有肉，但是从父亲言谈话语流露出对他们的钦佩和景仰中，他懵懂地感知，这些洋人也是很有知识、很有见地的大人物。能够在这样的环境中玩耍，无疑是对梁思礼最好的启蒙教育。

1935年，梁思礼与六姐思宁在天津饮冰室合影

平时梁启超为了安静地写作，除了夫人王桂荃和秘书梁廷灿以外，很少允许孩子们到饮冰室去玩儿，但梁思礼却是例外。由于父亲喜欢他，他可以去饮冰室，这让他每次都有一种受到奖励的感觉。父亲还时常把着“老白鼻”的手，作顺口溜“梁思礼吃大米，梁思忠吃大葱”，然后父子俩一起捧腹大笑。

1927年梁启超在给孩子们的信中说：

“老白鼻”好玩极了，最爱读书，最爱听故事，听完了就和老郭讲去，近来又加上和他的小弟弟讲，我书房里有客便不进来，有学生便进来，他分别的出哪些人是客，哪些是学生，学生来谈话时，他便站在旁边听，一声也不言语，可以听到半点钟之久。

饮冰室给梁思礼最深的印象是在那镶有彩色玻璃圆顶下面的前厅挂着一幅一米左右蔡锷将军的肖像，他身着北洋政府时代的军礼服，仪态英俊端庄。蔡锷将军曾是梁思礼少年时期的英雄偶像，也是梁启超最得意的门生。从整个故居只挂着蔡锷一人的肖像的情况，可以看出梁启超和他之间深厚的师生情谊。

饮冰室里曾经发生过一系列历史事件。1915年袁世凯父子欲恢复帝制，一帮文人组成筹安会为其造舆论，梁启超和蔡锷等反对袁世凯称帝，在天津故居旧楼里多次密谋过护国大计，石破天惊的《异哉所谓国体问题者》就是在这里起草的。当年檄文出世，袁世凯即派人带20万元银票去收买梁启超，劝梁氏不要发表，但梁不为所动。

后来，蔡锷首先在云南发起反袁的护国战争，在全国各界声讨下，袁世凯于1916年3月被迫下令撤销帝制，3个月后袁世凯便暴病而亡。

梁启超在1918年前后决心脱离政坛，专事教育和著述。他一生著作等身，约1400万字。从1915年梁启超迁入天津故居后，他先在旧楼、后在新楼书斋“饮冰室”，并曾用“饮冰室主人”为笔名，写出多本有影响的专著，如《欧游心影录》（1918年）、《清代学术概论》（1920年）、《中国历史研究法》（1920

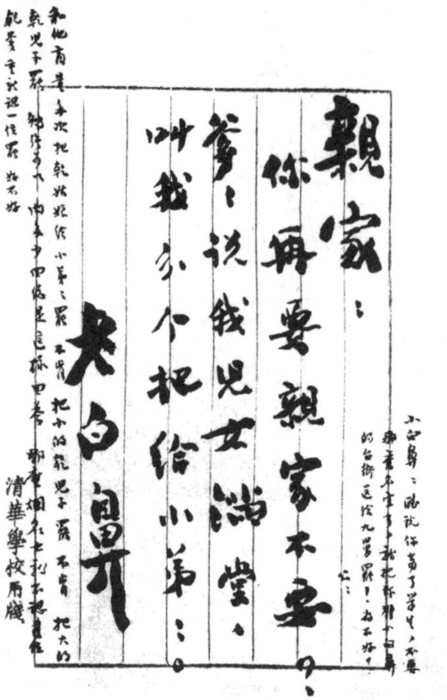
親家：你再要親家不要？爹爹說我兒女滿堂，叫我分個把給小弟弟。老白鼻

梁启超把着梁思礼的小手以“老白鼻”的名义给梁思顺写信

梁启超题写的扇面

年）、《科学精神与东西文化》（1922 年）、《先秦政治思想史》（1922 年）、《中国近三百年学术史》（1924 年）等。

在写作之余，他还在此给远在加拿大和美国学习的孩子们（思顺、思成、思永、思忠、思庄）写过 300 多封信，其中以给长女思顺的信最多。有时兴起，梁启超会在梁思礼来到书斋时，把着他的小手以“老白鼻”的名义给思顺写信。梁启超一直到他生命的尽头，仍在笔耕《辛稼轩年谱》。1928 年 10 月 12 日下午 3 点，病中的梁启超恰好写到辛弃疾 61 岁那年，朱熹去世，辛弃疾前往吊唁，作文寄托哀思。梁启超录下了这篇文章中的四句：“所不朽者，垂万世名。孰谓公死，凛凛犹生。”这是他的绝笔。此后，他病重再次住入协和医院。

梁启超曾对梁思礼说：自己准备60岁时开始推掉一切社会活动，集中精力亲自教授他和他的哥哥姐姐。

然而，父亲“食言”了。1929年1月19日，梁启超永远地离开了人世。56岁的他没有实现花甲之年后将精力侧重于子女教育的诺言，那一年，“老白鼻”不满5岁。

2月17日，北京各界和广东旅京同乡会在广惠寺举行公祭。全场500多人一片呜咽，只有“老白鼻”以为常常把自己放在膝头的父亲是睡着了。梁思礼回忆说：

我们兄弟姐妹都在灵帷侧面穿着白孝衣叩首拜谢，全场为呜咽之声笼罩，唯独我没哭。我看见父亲躺在佛堂的棺材里，大人骗我说他睡觉了，我想他是睡着了，一直没有哭。

最后，在西山将他的棺木送到墓中，突然，当我看到墓门关上的时候，我大哭，哭得特别厉害。我想，父亲可能不会再醒来了。想到父亲再也不会叫我给他拿香烟，再也不能教我读唐诗、写信，再也不会带我去吃西餐……我哭着、喊着要跟着追进去。当时的情景，到现在我还记得清清楚楚。因为他太爱我了，我也太爱他了。

3. 小学和中学时代

梁思礼的小学和中学时代是在天津度过的。他从 5 岁到 17 岁，先后就读于天津的培植小学、南开中学和耀华中学。

1929 年至 1935 年，梁思礼就读于培植小学。学校离饮冰室不远，从饮冰室出来往右拐，有一个马可波罗广场，学校就在马路的一角。学校不大，有个两层的欧式楼房，在意租界里，这种建筑风格的房子不少。教室里铺着木地板，课桌是清一色的黑色木桌，黑板和木窗都挺大。这个学校是教会学校，校规很严，学生没做好作业会受到惩罚。学校里的学生人数不太多，都家住附近，家庭生活条件都比较好。老师管理很严格，但是对家长比较客气。

校长和英文教师都是美国人，教梁思礼的英文

梁思礼（左一）和同学们小学毕业时，与班主任合影

教师名叫 Mr.Short(中文意思为“短、矮”),但他个头一点也不矮，身高1米80，他的教学生动活泼，风趣幽默，孩子们感到很亲切。梁思礼对这位老师印象深刻。在这里初步奠定了他的英文基础。

1935年，梁思礼考入南开中学。该校创办于1904年，是著名爱国教育家严修、张伯苓在家塾的基础上创办的新学，提倡中国要强，必须兴办学校、推广新学、启发民智、唤醒民众。该校创办起点高，师资力量雄厚，张伯苓校长治校有方，学校声名远扬。在此基础上，学校又创办了女校、小学等，形成了南开系列新的私立学校体系。

张伯苓校长是一位著名的爱国教育家，青年时亲历甲午战争，目睹战败后列强对中国的欺凌及清政府的腐败无能，以及国家民族遭受到的屈辱；深感即使“船坚炮利”也不足以抵御外来侵略，而复兴中华，要靠教育。于是他针对中国孱弱之根源——中华民族的五种弊病：“愚”“弱”“贫”“散”“私”，对症下药，痛矫时弊，育才救国。他为南开学校制定的校训是“允公允能，日新月异”，就是要“培养爱国、爱群之公德和服务社会之能力”，并随着时代的前进而不断革新，与时俱进，每天每月都有新变化。

张校长十分注重教育学生怎么做人，梁思礼一入学就听过校长讲修身、齐家、治国、平天下的修身课。学校一进门有一面大镜子，上面写着“修身”两个大字，每天上学，学生们都要照镜子，一方面看看自己的衣冠是否整洁，另一方面对照镜子上面的字，告诫自己注意人格品行。

张校长还认为“强国必先强种，强种必先强身”，“有了好身体才能有坚强的意志，担起建设国家的重任”。由于他的高度重视，学校组建了网球、篮球、足球、排球、垒球及田径等运动队。1935年南开的体育团体多达182个，其中包括篮球“五虎上将”那样的尖子队。广泛的体育活动使南开学子有健康的体魄及健全的人格，为优秀人才培养准备了必要的条件。梁思礼说：“我那会儿十一二岁，正是人生观形成的时候，虽然我仅在南开受了两年的教育，但这两年对我一生起了很大的作用。”

梁思礼在南开中学学习的初中课程有国文、英文、算学、社会常识、自然现象等，每周共计 20 课时。动作方面的课程有童子军训练、体育、图画、金、木工、社会、自然观察、自治练习等训练课程，每周 11~14 课时。考试形式也是灵活多样，分为平时积分、口试、笔试、报告等。为了调动学生的兴趣，学校还经常举办各类比赛。学校非常重视团体训练，目的是“培养组织能力，产生团体意见，造成多数领袖”，以解决国人团体生活中不善组织、不能合作的问题。较典型的活动是童子军训练。那时童子军训练非常正规，需着专门的制服、佩刀。在一次活动中，皮带上挂刀的小钩子划掉了梁思礼右腿上的一小块肉，至今疤痕还很清晰，这些活动给他留下了很深刻的印象。梁思礼曾写过一篇关于童子军外出的题为《露营》的作文，刊登在 1936 年南开校刊《南开初中》上。

盼望着，盼望着，露营的日子到了。大家都很喜欢的集齐——除了几个不去的，炎热的太阳在天空中发威，我们很快的在傍着小溪的路上走着。路旁的垂柳被微风吹得左右倾斜……

1936年，在南开中学读书的梁思礼（前）和五哥梁思达（左一）等在天津饮冰室院门前

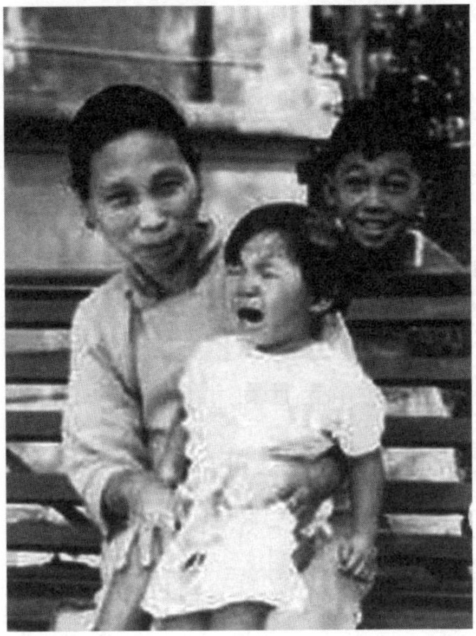

1936年，在饮冰室前，王桂荃抱着外孙女吴荔明，她被淘气的梁思礼（后）逗哭了

梁思礼这样回忆南开中学的生活：

在南开中学，我们接受的是德智体美全面发展的教育。虽然我们都很用功，但从来不是死啃书本，应付考试。我们不是“书呆子”，而是兴趣广泛，经常从事体育锻炼和各式各样社会活动的全面发展的热血青年。

南开初中的学习生活，为梁思礼日后在美国留学时成为大学摔跤、网球队员和游泳救生员，以及对他组织能力、爱国图强思想的培养，奠定了坚实的基础。

然而好景不长。1937 年“七七事变”，卢沟桥烽烟骤起，日本侵略军占领了整个华北。天津沦陷了，除了租界外，其他地方全被日军占领。

1937 年的暑假，梁思礼与姐姐、外甥女一行人在北戴河度假后返回天津。坐在火车上，他们就感到气氛不对劲，平常 5 个小时左右就可以到天津了，可那次因为日本人运兵，他们在火车上等了 12 个小时以上。出了天津站，他第一眼看到的是日军明晃晃的刺刀，然后是日本人蛮横地检查旅客的行李。日本侵略者彻底粉碎了梁思礼美好的初中生活。

南开中学在历次抗日爱国学生运动中都是领头羊，日寇认为它是“造成反日情绪与反日活动的中心”，所以对南开中学恨之入骨。1937 年 7 月 28 日，日军竟不顾国际法，悍然用飞机大炮对南开学校进行野蛮的轰炸。那天，梁思礼站在海河东岸的木材垛上，亲眼目睹日本飞机俯冲投弹、狂轰滥炸，南开大学部、初中部、女中部、小学部顷刻间变成一片瓦砾废墟。梁思礼看到心爱的母校被夷为平地，心中痛苦至极。那烟尘滚滚、火光冲天的情景，至今还历历在目，使他刻骨铭心，终生难忘。万幸的是，南开学校的高中部得以幸免，因为高中部在比利时人开的天津电车公司旁边，所以日本人没敢轰炸。

战争就这样突然闯进了梁思礼的中学时代。南开学校被炸后，部分师生迁往重庆南渝中学（后称重庆南开中学，也是张伯苓创办）工作、学习。留在天津陷入困境的教师们先后被聘到耀华中学任教，南开失学的千余名学生也被耀华接纳，低年级学生编入相应的年级，高年级学生则合编为南开中学临时教学班，耀华中学的教学班按该校的教学计划正规授课，南开师生则利用课余和晚上时间进行教学。这是非常时期的特殊安排，故称“特班”，梁思礼就是“特班”的学生。南开能够在耀华办“特班”，应归功于该校校长赵天麟。

赵天麟先生是耀华中学第三任校长，早年公费留学美国，获哈佛大学法学博士学位，回国后于 1914 年至 1920 年间任北洋大学校长，1934 年任耀华中学校长。虽然主持校政只有短短几年，但苦心经营，提出“勤、朴、忠、诚”的校训，在治校严格、建章立制、严聘师资等方面为学校后续发展打下了良好基础。赵校长为沦陷区失学学生提供继续受教育的机会，他利用学校在英租界的特殊条件，继续悬挂中国国旗，坚持授英文课，拒开日文课，拒绝使用日伪教材。这一系列爱国之举给他带来了杀身之祸。1938 年 6 月 27 日，他在上班途中被日寇卑鄙暗杀。赵校长遇刺身亡，再一次激发起梁思礼对日寇的仇恨。几十年后，梁思礼每次回到耀华中学，总要向赵天麟校长铜像鞠躬，深切缅怀这位爱国志士。

当时，梁思礼家住在海河东边的意租界，而耀华中学在海河西边的英租界，梁思礼每天去耀华中学上学都要经过日军占领区。日本宪兵司令部就设在海光寺，那里经常传来撕心裂肺的惨叫声，那是日军在残酷殴打被抓捕的反日爱国志士，一些被打得死去活来、血肉模糊的人，有时被扔在海光寺外，每当梁思礼经过那里就感到毛骨悚然。

梁思礼在天津度过了4年担惊受怕的亡国奴生活，在日军的刺刀底下挣扎到1941年。日本鬼子对中国人的种种压迫，使梁思礼更仇恨日本侵略者。

自那时起，他就抱定救国、图强的信念，迫切希望祖国强大起来。为了这个目标，梁思礼努力学习，成绩优秀。耀华中学《理六乙男生班史略》记载了当时梁思礼就读班级的情况，其中提到梁思礼的英语很好：

今我班乙组共三十六人。群英荟萃，独我不材，切磋砥砺，每自惭驽骀。舍数理外，精语言文字者，国文以黄君宗淮为最，同学称为骏才；杨君国庆、赵君志一、梁君思礼皆以英文胜朋俦……

从耀华中学的成绩单上，可以看到梁思礼读高中时也是一名优秀的学生。

梁思礼中学时代的基础知识扎实，成绩始终名列前茅，这与南开、耀华老师们的引导、教育密切相关。他非常幸运，遇到的老师都十分优秀，有的甚至是大师级的人物。如初中时期的国文老师何其芳，是当时的著名诗人，后成为文学理论家，曾任中国社科院文学研究所所长。他曾经给梁思礼讲过《古文观止》等古典文学作品。高中物理老师钱伟长，后来是中科院院士，中国近代力学之父。还有高中数学老师张敬如，当时是北京师范大学数学系的高才生，后来是天津大学数学老师。平面几何老师李希候、英语教师夏乐真、音乐老师张肖虎等，都给梁思礼留下了非常深刻的印象。

梁思礼是这样回忆当时老师们讲课的情景的：

李希候老师的课讲得非常活，他把主要章节都编成口诀，要领突出，合辙押韵，朗朗上口，使同学们便于记忆，而且记得又深又牢。在讲圆的轨迹时，先生手持大三角板，一端指圆心，一边念口诀，另一只手持粉笔，绕讲台转一周，同时向我们讲“这就是圆的轨迹，你们还不懂吗？”夏乐真老师是我们的英语教师，教课非常好，她编了一本《英文文法正误练习》，书中列出英文句法上许多细微差异和正误对比，而且还埋伏了许多“陷阱”。做过一遍后永远不忘，终身受益。耀华中学在初中三年级数学、三角就是用英文课本，以后平面几何、解析几何、《范氏大代数》都用英文课本。

我自幼就欣赏西方古典音乐。在耀华又碰上张肖虎先生这位音乐老师，他的音乐天赋很高，在天津颇负盛名。后来被赵天麟校长发现了，于是就聘请他来耀华任音乐教员。张肖虎老师除了教我们音乐课外，还组织各项音乐活动。在肖虎老师的熏陶下，我对古典音乐的爱好更加浓烈。我现在还清晰地记得他指挥我们大合唱，唱岳飞的《满江红》。“怒发冲冠，凭栏处，潇潇雨歇。抬望眼，仰天长啸，壮怀激烈……壮志饥餐胡虏肉，笑谈渴饮匈奴血。待从头，收拾旧山河，朝天阙。”悲壮之曲激发起我们对日本帝国主义的仇恨和高昂的抗日爱国情怀。钱伟长先生在出国留学之前，有一学年在耀华中学任物理教员。他教得非常好，向他学到的物理知识使我受益匪浅。除此之外，他对进步学生也很关心。那时他的思想已经很进步了。在北平西山以西一带已经有了抗日根据地。有时他在讲完物理课后，留下部分进步同学，给大家介绍抗日根据地的情况，使我们对八路军抗日救国有了粗浅的了解。

在耀华高中三年级时，同班同学钱宗澜等组织读书会，宣传进步思想。梁思礼和同班好友陆孝颐、陆孝劬、张克诚都参加过读书会。梁思礼说：

在那个年代，抱着这样一种思想，就是希望我们的国家强大起来，一定要为中国的强盛而奋斗。那时我们受到的教育就是这样的。

4. 家族胎记

梁启超一生在动荡、变化中度过。身在社会裂变的漩涡里，梁启超从戊戌年的变法开始，到庚子勤王，再到创办《新民丛报》，宣传“新民”思想，为开启民智鼓与呼。辛亥革命后，他回国参与政治，两次讨伐复辟，再造共和，他的政治主张“一生多变”。

如何看待父亲的这个“一生多变”？梁思礼并不苟合世人的评价，他认为，清末民初，帝国的衰亡，极权的崩溃，从政治到社会，从生活到心态，从思想到学术，都显现出一种半新半旧、亦新亦旧又互渗互动的状态。梁启超在半个世纪中的所有追求与惶惑，困境与出路，误解和洞见，皆因这个特殊的时代而起。父亲的多变恰恰是在那个特定的时代里，苦苦求索救国之路的探索，正是与时俱进的具体体现。梁思礼说：

最初他和他的老师康有为一起参与“百日维新”，一起保皇，后来又分道扬镳；他对袁世凯的态度，也经历了“仇袁”“和袁”“倒袁”三个阶段；有一段时间父亲曾经寄希望于袁世凯，但是那一段时间他是很矛盾的。他曾经有过成立国会，实行三权分立、议会制等一系列想法，并希望能通过袁世凯来实现这些想法。但是他毕竟是一个书生，想法虽然好，但是在当时的中国并没有办法实现。尤其是后来袁世凯称帝，父亲只能又站出来冒着很大风险坚决反对袁世凯，后来他在天津策划反对袁世凯称帝的活动。这样的事情在他的一生中太多了。我觉得父亲的一生应该算是一个理想主义者的一生，为了探索民族富强的道路，虽然走过弯路，但是目标却始终不变。他一生著书立说和参与政治，始终没有离开过这个目标。“善变”是父亲“爱国救国”思想与时俱进的具体体现。他曾说过“按脉论而投良药”，救国的方案也不是一成不变的，而是可以因时而异的。时代在变，思想和行为也要变，不同的国情背景下，应该采取不同的救国方案。时代变了，所以他才“不惜以今日之我战昨日之我”，可见，在不断的“变”里，父亲“爱国救国”的宗旨和目的始终没变。

梁启超 56 岁去世时，梁思礼还不到 5 岁。当时的他，并不懂得父亲，这些是他成年之后的认知。

由于年龄相差悬殊，梁思礼非常羡慕哥哥姐姐有机会与父亲直接进行思想交流。他说，我们 9 个兄弟姐妹按年龄划分为四个“批组”：第一批组是大姐思顺，年长他 31 岁；第二批组是思成、思永、思忠和思庄；第三批组是思达、思懿和思宁；第四批组仅他一人，他与最小的姐姐思宁也差了 8 岁。

大姐梁思顺是梁启超的“大宝贝”，和父亲的年龄只相差 20 岁，加上梁家原本就有些西式民主的气氛，父女之间的关系更像是知己。有关国学教育、时事政治之类的话题，梁启超最愿意和他这个“大宝贝”交流。后来梁思顺以外交官夫人的身份，长期居住在加拿大，直至父亲去世那年才得以回国。

第二批组中，思成、思永和思忠都曾是清华学校留美预备班的学生，这使得他们能够以美国退还中国的庚子赔款出国留学。其中梁思忠是这辈人中唯一英年早逝的，这位毕业于弗吉尼亚陆军学院和西点军校的高才生，参加过“一·二八”淞沪事变的国民革命军 19 路军炮兵校官，因患腹膜炎而病逝，年仅 25 岁。

父亲去世后，梁家家境渐衰，思达、思懿和思宁没能走上出国求学的道路。幸运的是，父亲生前应聘于清华国学研究院，他有意重点引导思达、思懿和思宁学习国学，曾让这三个孩子休学一年，特聘他的学生谢国桢在家中给兄妹三人系统地讲授《春秋》《左传》等古籍，因而这三人国学修养很好。

兄弟姐妹远在异乡，加之国内时局不定，战事连连，家族成员之间聚少离多。梁思礼遗憾自己国学功底在兄妹中最弱。但“爱国”这一课，梁思礼从未缺席。因为父亲的言传身教是“爱国”最真实的样本。父亲“人必真有爱国心，然后方可以用大事”的谆谆教诲，天天耳濡目染着子女们，“爱国救国”几乎是梁家9子女共同的胎记。留给梁思礼印象最为深刻的就是父亲教他反复诵读的那首诗“少小离家老大回，乡音无改鬓毛衰”。现在想来，好像父亲从他很小的时候就在以这种方式熏陶他的爱国情感。梁思礼说：

父亲的过早去世，对我一生是很大的遗憾，父亲对我的直接影响虽然较少，但他遗传给我一个很好的毛坯，他的爱国思想通过我的母亲及他的遗著，使我一生受益。

王桂荃几十年在梁家生活，她对梁启超有着一种特殊的崇拜，也和丈夫一样热爱自己的国家。兄弟姐妹中，梁思礼与母亲在一起的时间最长。他记得，小时候母亲总是对孩子们提出要求，你们应该好好学习，自强自立，长大后成为像父亲那样的人。

母亲从小就教育孩子们自己的事情自己做，并且放手让他们去实践。梁思礼11岁时，小学毕业后考入南开初中，学校离家较远，他每天骑自行车从意租界到南开，等于从天津的东南角跑到西南角，起码要骑半个小时。第一次骑车去上学时，王桂荃不放心，叫了一部黄包车悄悄地跟在后面，一路上看着他如何处理路况。梁思礼放学后，她问儿子：“你看见前面有行人为什么不按车铃？”儿子回答：“按铃会吓着行人，如果他们因此乱跑反而更危险，不按铃小心绕过去更安全。”王桂荃一听乐了，认为有道理，她觉得儿子会想问题了，长大了，第二天就放心地让他自己骑车上学了。

王桂荃对梁启超的9个子女，不论是李夫人生的还是自己生的，都一视同仁、视同己出，不遗余力地予以教育，关爱有加。思成和思庄并非她亲生，但与她的关系却格外好。思庄10岁那年，和王桂荃的一个亲生女儿同时染上了白喉，王桂荃一直在照料她，反而对亲生女儿照顾不周。后来思庄痊愈，但王桂荃的亲生女儿却去世了。因为这件事，思庄一生都对王桂荃感恩不尽。子女们非常敬重和爱戴王桂荃，都把她视为亲生母亲，亲切地称她为“娘”。李夫人、梁启超去世后，梁家儿女天各一方，但王桂荃成了孩子们获得母爱的情感归宿，她当仁不让地传承着梁家家风。

梁思礼还记得母亲常常向他讲述父亲的非凡经历，和他谈哥哥姐姐的学习工作。大哥梁思成夫妇回国后，母亲曾不无骄傲地告诉他，在东城北总布胡同3号有个北平知识界有名的文化沙龙，经常谈论自由、民主、救国和文化，而大哥梁思成、大嫂林徽因就是这个沙龙的核心。抗战爆发后，梁家兄弟姐

1936年秋，梁思礼（右二）与五哥梁思达（右一）、五姐梁思懿（右三）、六姐梁思宁（右四）在天津饮冰室前合影

妹开始了8年的各自漂泊。在最艰辛的日子里，他们对国家保持着纯真的爱，对工作保持着最高的热情，他们的每一个脚印，都有着难以磨灭的家族胎记。

哥哥姐姐们的行踪和作为，统统通过母亲传导给了梁思礼，母亲在替父亲继续打造这块好“毛坯”。

5. 今后就要靠你自己了

1941年，品学兼优的梁思礼高中毕业了，母亲王桂荃亦喜亦忧，看着小儿子的茁壮成长心里高兴，也暗暗地为梁启超有这样优秀的“老白鼻”而欣喜，但是家庭糟糕的经济状况，又不得不让她为梁思礼继续求学的问题而烦恼。

梁启超在世时，先后把4个子女送到国外学习，他们个个学有所成。王桂荃看在眼里记在心上，她多么希望把这个有理想、有抱负的小儿子也送到国外学习呀。当时梁思礼已经考上了燕京大学，但是王桂荃还是想让他去国外读书，然而到哪里去为儿子筹集负笈海外的资金呢？

梁启超一过世，梁家的顶梁柱坍塌了。梁启超一生从未发过横财，家中积蓄本来就不多，为梁启超办理后事又用掉了不少钱，梁家经济很快紧张了起来，一大家子完全靠王桂荃苦苦支撑着。

为了维持全家的生活，王桂荃不得已于1930年将旧楼卖给了天津一个姓郝的富商，从此旧楼与新楼之间砌起了高墙。抗日战争爆发后，富有经济头脑的母亲又将新楼分别出租给绸布店、钱庄和粮商三家客户，仅留楼下东南角梁启超的一间书房，精心地保存梁启超的文稿和书籍。王桂荃小心翼翼、精打细算地经营着梁启超留下的为数不多的稿费和股票，日子一天天过得还算温饱有余。

梁启超的外孙女吴荔明在《梁启超和他的儿女们》一书中，这样描述过王桂荃：

婆（指王桂荃）性格坚强、富有独立性。1929年公公去世，没有留下多少遗产，儿女们大多还在读书，经济上还不独立，八舅思礼才5岁，是婆苦心把家维持下来，继续把儿女培养成才，并想方设法把八舅送去美国深造。

王桂荃的人缘很好，她的困难和心思被她的一个朋友丁懋英大夫看到了，丁大夫是看着梁思礼长大的，非常喜欢这个孩子，她为梁思礼留学提供了帮助。

梁思礼回忆说：

我的母亲有一个好朋友，妇产科大夫丁懋英，她是留美的，是基督教徒。1938年左右，日本占领天津，租界成了孤岛，日本兵还经常封锁租界，我到耀华上学来回跑不方便，而且也很危险，我就住到了丁大夫家。丁大夫家前边是妇产科医院，后面住人，我在那儿住了一年多。她对我特别好，比对她侄女还好，我在那儿还买了真空管，自己学装小收音机。1939年天津海河发大水，法租界的水都淹到了一层楼，英租界地势较高，耀华中学还未停课，我和小学时代的好朋友陆孝劬、陆孝颐、郭宁然、张克诚共同在英租界租房住在一起，一块儿到耀华上学。住了一段时间以后，母亲为了我就近到耀华上学方便，也在英租界租房子，住了一段时间。丁大夫对我母亲特别好，觉得母亲挺可怜。她跟美国一些教会学校关系比较好，1941年我高中即将毕业时，她帮助我在美国一个比较小的大学，美国明尼苏达州的嘉尔顿学院申请到了全额奖学金。

美国嘉尔顿学院（America Carlton college）档案室至今保存着丁懋英大夫亲笔写的这封推荐信：

1930年我作为某先生的客人曾拜访过贵校，在参观过贵校美丽的校园之后，我非常希望中国能有同样的条件为学生们提供良好的学习机会。继陈文逸、陈文汉到贵校学习之后，现在又有另一名学生即将在今年的夏天毕业了，他就是现代中国的著名学者梁启超最小的儿子梁思礼。梁启超的著作作为教材被中国的大、中学学生广泛阅读。梁思礼在5岁时他的父亲就已去世，我对他非常同情。像别的大师一样，梁启超虽然著作等身，家风良好，可是他的家境却并不宽裕。

梁思礼曾因天津水灾为便于上学在我家借住，我对他非常了解和喜欢。过去的三年里，他在班里学习成绩经常是第一、二名，是学校里品学兼优的学生。希望贵校能够为他提供全额奖学金和全部食宿费用，以帮助他继续完成学业。梁思礼来自于陈文逸、陈文汉同一所学校。相信他有充分的条件得到贵校的奖学金。

天津耀华中学陈晋卿校长很支持梁思礼到美国深造，也写了推荐信。

于是，梁思礼壮着胆子向美国嘉尔顿学院发出了留学申请，并随信寄去了丁懋英大夫的推荐信及三年的学习成绩单。

梦寐以求的好消息终于从大洋彼岸传来，1941 年 3 月 8 日，嘉尔顿学院向梁思礼发来了录取通知书：

非常感谢你寄来的申请信、成绩单及推荐信。我非常高兴地通知你，你获得了嘉尔顿学院的全额奖学金。这项奖学金将负担你的学费和食宿费用。除了学费和食宿费之外，你还可以获得保健费 10 美元，学生特殊优待费 30 美元，损失保险费 10 美元，医疗费 10 美元，以及科学实验课程特别早餐费。

王桂荃变卖了一些家中值钱的物件，尽最大努力东拼西凑了 400 美元，这是她给儿子备下的留学路费。

当时梁思礼的五姐梁思懿正在上海红十字会工

作，1941 年 10 月，她准备与美籍华侨张炜逊在上海结婚，婚后一同去美国。

梁思礼和五姐梁思懿年龄差距相对小一点，有很多共同语言。1935 年，梁思礼上初中时，北平爆发了“一二·九”学生运动，梁思懿在燕京大学投身学生运动，后来成为共产党的重要干部，她当过燕大“中华民族解放先锋队”大队长，积极参加“一二·九”学生运动，是燕大学生游行示威队伍的领袖。在得知自己上了当局的“黑名单”后，她跑到北总布胡同 3 号梁思成的住所，梁思成的妻子林徽因连夜为她烫发，给她戴上耳环，涂脂抹粉，又为她换上旗袍，“进步学生”一夜间变成了“少奶奶”，梁思懿才得以在此掩护下逃亡南方。她经常和同仁们在一起讨论国家大事，唱进步歌曲。回到天津家里，她就把这些讲给母亲和弟妹们听。平日里，梁思礼与思懿关系最好，她的抗日救亡思想深深地影响了梁思礼。

跟着五姐一起去美国，这是一个好办法。于是，王桂荃带着梁思礼从天津坐船去上海参加梁思懿的婚礼，然后让梁思礼和梁思懿夫妇一起上船。在等签证期间，梁思礼考上了之江大学化工系，还上了一个月的课。11 月，梁思礼和

1941年11月，梁思礼（左一）和五姐梁思懿（左四）在去往美国的邮轮上

姐姐梁思懿、姐夫张炜逊在上海办好护照签证后，一同乘“克利夫兰总统号”邮轮离开上海赴美国。

黄浦江码头一如既往地熙熙攘攘。已是暮秋时节，微风中依旧带着几缕夏天的暑气，掠过面颊潮潮的，空气中还夹杂着贩鱼船上飘来的阵阵腥臭。透过码头林林总总的船上桅杆，可以看见远处灰蒙蒙的雾海上，有巨型货轮，还有缓缓游弋的日本炮舰。

王桂荃仔细地把买完船票余下的100多美元包好，揣进梁思礼的口袋。远离故土后，这就是儿子的全部家当了。临行前她告诉梁思礼：“我能做的也就是这些了，今后一切就要靠你自己了。记住祖国还在蒙难，学成了一定要回来报效国家。”母亲千叮咛万嘱咐地把梁思懿夫妇和梁思礼送上了邮轮。

邮轮渐渐离开了码头。母亲消瘦的身体、飘动的发丝、挥动的手臂，像大片中的一个特写，长久地定格在梁思礼的眼前。在此之前，大姐在北京，二哥、三哥、三姐等远在四川，五哥梁思达也去了大后方，六姐梁思宁参加了新四军，家里只剩下母亲孑然一身。想到这里，梁思礼的眼眶里充满了泪水。

梁思礼

梁思礼院士传记

Academician Liang Sili's Biography

第三章

负笈海外寒窗八年

飘洋过海留学八年，梁思礼在海洋的那边遥想祖国，无数次乡愁泪湿巾。节衣缩食拮据苦读，为的就是学成那一天，以其浓烈赤子情回报祖国母亲。

梁思礼说:“父亲曾说过，我的中心思想是什么呢？就是爱国。我的一贯主张是什么呢？就是救国。父亲曾给远在海外的子女写书信，鼓励他们努力学习，将来报效祖国。”1941年负笈海外的梁思礼，多少次从海的这边遥望那边，多少次让乡愁的眼泪打湿了枕巾，多少次在拮据的境遇里苦读，为的就是等待，等待着学成那一天，向亲爱的祖国回报赤子的一份真情。1949年10月，寒窗八年、带上博士帽的梁思礼在开国大典举国欢庆的那一刻，向新中国报到了。

1.舍不得花5美分的穷学生

大海，无边无际。梁思礼从未这样与大海亲近过。

昔日在北戴河，他踏浪浅海尽情玩耍，带着孩童的兴奋和乐趣；今天他从海上离开故乡，到一个他不知深浅的遥远地方，怀着17岁青年莫名的惆怅和新奇。

站在“克利夫兰总统号”邮轮船首的甲板上远远望去，只见灰蓝色的茫茫一片，海水和天空合为一体，分不清哪是水哪是天。波涛一浪接一浪亲舔着船体，邮轮像婴儿的摇篮一样不停地晃动。故乡的地平线慢慢地从梁思礼的眼帘中消失，他面对一望无际的海水，诉说着自己的心事——在陆地上，生命是袒露无余可见的；而大海真是神秘莫测，一切都被那层混沌不透明的液体包裹着，让人无法窥见它的内里。自己的美国生活就像这猜不透的海里世界，它会是什么样子呢……

邮轮从上海出发，经马尼拉、东京、夏威夷，再向西走，最后到达旧金山。

乘坐邮轮的时间很长，到旧金山大约要三个星期。梁思礼他们在船上呆的时间长了，觉得很无聊，闷得要死，而且晕船难受，所以船一靠岸，大家都争先恐后地登岸遛遛逛逛。当邮轮靠岸夏威夷时，梁思礼还上岸去看了看珍珠港和美国太平洋舰队，那阵势可真叫牛。

船到美国后，梁思懿夫妇去了洛杉矶，梁思礼辗转到了明尼苏达州的嘉尔顿学院。

可是，刚刚安顿下来仅半个月，太平洋战争就爆发了。很可能在他们乘船的同一时间，日本山本五十六大将的海军联合舰队也悄悄行动了。“克利夫兰总统号”邮轮从南边出发的同时，日本的联合舰队则从北边驶向了夏威夷。1941年12月8日，日本偷袭珍珠港，美国太平洋舰队被日本海军给“一锅烩”了。当时美国搞孤立主义不参战，静观战争的变化。珍珠港的惨败把美国人打疼了、炸醒了，也惹火了，于是美国向日本宣战，美国人的爱国热情高涨起来，开辟了第二次世界大战的新战场。

战争中断了梁思礼与中国国内的一切联系，不仅不能和母亲通信，母亲想寄钱给他也不可能了。这时他手中只有母亲给的100多美元。姐姐走了，母亲联系不上了，没有了后援，从此，17岁的梁思礼就过起了在海外独自拼搏的穷学生的留学生活，这一下就坚持了8年。这样的经历，磨练了他在艰苦环境中自力更生、艰苦奋斗的意志。

嘉尔顿学院坐落在明尼苏达州偏北的一个仅有两条街的小镇上，校园环境

留学时的梁思礼

很美，有小湖、丘陵、草坪。这个地方很靠北，能看到北极光出现，有时是白的、有时是蓝的、有时是紫红的，变幻无穷。原来梁思礼看不起这个学校，认为它太小，想到大一点的学校读书。后来发现它在美国很领先，学校实行小规模教学，师生比例是1：9，学术氛围非常好，它的教学水平在小学院里名列前茅。

在嘉尔顿学院的学习对梁思礼来说比较轻松，因为在中国的高中他已经学过美国大学一年级的大部分课程，所以他各门功课都取得了优异成绩，其中高等代数97分，物理90分，化学94分，生物94分，德文95分，日文96分。但是用英语讲的历史和文学等课，他学起来就相对吃力一些。

刚开始留学生活，他一分钱也舍不得花，虽然吃饭可以不花钱，因为奖学金里面已经包含了，但是日常花费可是用一分就少一分。由于读书比较轻松，他得以在挣生活费和体育运动上花费不少气力。为了改善生活，课余时间他到学校食堂去洗盘子、当服务员。到了周末，美国男同学都约女同学去跳舞，只花5美分买瓶可口可乐请客就可以了，称为“可乐约会”。可他连那5美分也花不起，于是他就用体育运动来打发周末。

有两个运动场地他常去。一个是游泳池，在游泳池里游泳不仅不花钱还锻炼身体，游泳练出来了，一米板跳水等也学会了，而且经过考试还拿到了救生员执照；另一个是在体育馆练摔跤，他个子小，练篮球显然不行，于是就选择

嘉尔顿大学游泳队合影（前排右二为梁思礼）

练摔跤，后来他成了摔跤队队员。摔跤分级别，他是羽毛级，也就是最轻量级，与同重量级的美国人摔跤，他毫不含糊，一点也不差。

在嘉尔顿还有一件趣事。有一次他和另一位中国同学、天津耀华学校校长的儿子陈文汉，周末想到大城市明尼阿普里斯去逛一趟。为了省钱，他们早上搭便车去，准备下午再搭便车回来。谁知回来时搭车只搭到一半路，还剩十多千米路就怎么也搭不上车了，俩人被“撂”在回来的半路上。时值寒冬，晚上风雪交加，气温已降到 -30℃，他俩都没穿多少衣服，梁思礼只穿了五姐夫送给他的一件薄皮大衣，俩人冻得实在受不了，就在马路上来回蹦跳跺脚。突然他们发现路边有一个黑着灯的小屋，就不管三七二十一地钻了进去，原来这是个被废弃的储存东西的小屋。他俩紧紧依偎在一起，哆嗦了整整一个晚上，好不容易盼到了天亮。第二天是周一，好多住在城里的同校同学早上开车回学校，这样他们早上六点多才终于逃离死神，搭上了回校的便车。事后，梁思礼打趣地说，穷学生就是这样找穷乐子吧。

1941 年，第一个寒假来临了，梁思礼没地方去。他的外甥女周念慈在芝加哥大学就读，于是就到外甥女那里去了。周念慈和她的丈夫也是穷学生，住在一个半地下室的房子里。在外甥女家，梁思礼第一次读到了埃德加·斯诺的《西行漫记》，这本书增强了他的进步倾向。

1942 年的第一个暑假，梁思礼还是没地方去，想去五姐梁思懿在洛杉矶的家，但是路太远了，没有钱去。同屋的一个美国同学罗伯特·肖，家住纽约州的水牛城，约梁思礼跟他一起回家过暑假，梁思礼同意了。他俩在公路旁竖起大拇指拦车搭乘，很多没有钱的人都选择这种方法去旅行。刚一开始，车都飞驰而过，车主根本不理他们。那时正是日本偷袭珍珠港之后，美国人很恨日本人，车主以为梁思礼是日本人呢。于是，梁思礼在他的小皮箱上写上“中国学生”，很快就一路顺利地搭上了车，没有花钱就“跑”了1000多千米的路，走了好几天，到了水牛城。肖的妈妈非常慈祥可亲，说了一句让梁思礼非常感动的话：“假如我自己的孩子在中国，也像你这么大，相信你妈妈也会接待他的。”肖妈妈就是以这种心情热情地接待了梁思礼，让梁思礼很温暖、很感动。肖的家境也不富裕，他的父母是农民，经营个人农场。后来因为打仗，美国加紧生产飞机，他的父亲就到飞机工厂去做工，是个普通的铆工。他们夫妇的另一个孩子，在罐头厂打工。工厂离家不远，肖也到罐头厂去做工，梁思礼就跟着他一起去，还可以赚点钱。那时梁思礼还不满18岁，在罐头厂做了一个多月的童工。罐头厂是做豌豆罐头的，有很多冷冻豌豆，工人们在流水线上干活，饿了或闲着就抓一把豌豆吃。工作了一个暑假，梁思礼没少“偷吃”豌豆，结果把胃给吃伤了，直到现在，他一见豌豆就头痛。

在美国的第一个暑假就是这么过的。几年后的1947年，梁思礼又碰到了肖家两位老人，见了面还是那么亲切。爱屋及乌，受肖的父母影响，梁思礼对美国普通老百姓一直都很有好感。

第二个暑假，梁思礼到纽约州的旅游胜地银湖湾(Silver Bay)当救生员，那个地区由5个不宽但较长的条形湖组成，据说是冰川时代形成的，像5个手指印似的，仿佛是一个大怪物在地球上抓出了5条手印，那5条手印后来变成了湖。银湖湾是其中最大的一个湖，是人们度假的好地方。他在那儿当正式游泳救生员，可以免费吃住。银湖不是很宽，也就一两千米，常常可以横渡过去，周边环境很漂亮、很幽静，好似他们老家广东新会的“小鸟天堂”。每次回到新会老家的“小鸟天堂”，他就自然而然地想起了纽约州的银湖湾。第二个暑假就这样没有花钱，而且像度假似的享受了一番。

除了体育，梁思礼还有一个爱好就是听古典音乐。嘉尔顿学院有一个很好的条件，学院有一个唱片图书馆，图书馆在一个半岛上，周围是湖。放假时，别人都回家了，人很少，他就把唱机声音放得大大的，把门打开，躺在门前草地上听音乐。小时候他和哥哥姐姐一起听过不少交响乐，此时他的见识更多了，很多古典音乐，包括交响乐、协奏曲、歌剧、芭蕾曲，等等，他都尽收耳底。

2. 曾想回国办个砖瓦厂

1943 年，太平洋战争进入胶着状态，美军军火被大量地消耗。原来半年一艘军舰的产量已激增到三个月一艘，而且吨位比过去翻一番。前方源源不断的军火需求使美国钢铁、橡胶、润滑油等物资非常紧缺。美国政府号召本国人民捐献废旧物资，用以制造出更多的武器装备支援前线。当时军需处告诉大家“一把铁锹能造四个手榴弹”。

1943 年 4 月，梁思礼与同学响应政府号召，在学校设立废旧物品收集站，每周一组织收集灯架、铁皮柜、电线、胶鞋、小刀等废旧物品，用以制造出更多的枪、炮、坦克、军舰、飞机等武器装备，支援太平洋战争。

在嘉尔顿学院学习两年后，梁思礼想从这个综合性的大学转到工科大学去学工科。因为他一直想走“工业救国”之路，觉得中国老受别人欺负，自己将来学一门工业技术，能学成回国为中国的建设出力。

正好，1943 年美国政府开始实施“租借法案”，对盟国给予援助，其中有一项是资助在美国留学的盟国学生，每月可得津贴 75 美元。于是梁思礼提出申请，获得津贴后，就放弃了嘉尔顿学院的奖学金，转入以“工程师摇篮”著称的普渡大学改学电机工程。

普渡大学（Purdue University）是位于美国中西部印第安纳州西拉法叶城的州立大学，毕业生中出了很多有名的科学家，特别是培养了众多的航天员，包括第一位登上月球的阿姆斯特朗和最后一位离开月球的约翰杨在内的22位航天员，因此享有“美国航空航天之母”的美誉。中国“两弹一星”元勋邓稼先也是此校的毕业生。

嘉尔顿学院的奖学金没有了，学费和食宿费都得从75美元中开支，生活依然非常拮据。在普渡大学，梁思礼住不起正式学生宿舍，只好住在穷学生住的“学生合作社”，全部都是同学们自己管理自己，自己买菜做饭、打扫、清洗，有一个老太太帮助管管房子，梁思礼住在斜屋顶的阁楼上，到四年级才有资格住正式房间，而且是几个人合住一室，但是花钱不多。

由于梁思礼在大学前两年读的是综合性大学的课程，到普渡大学后需要补读若干工科基础课程，

梁思礼（前排右三）在普渡大学与宿舍舍友等合影

1945年，梁思礼于普渡大学

因此学习很紧张，连暑假也要补课。当时，正好赶上学校在为美军培训一些后备军官，培训结束后就去前线打仗，梁思礼就跟他们一块儿学习。他们班上没有几个老百姓，大部分都是海军陆战队的军人。跟他们一起学习的好处是不放暑假，所以，梁思礼从 1943 年到 1945 年，加上两个暑假，两年学了三年的课程，1945 年 6 月 24 日，梁思礼获得普渡大学电机工程学士学位。

毕业后，梁思礼本可以到公司去谋职，当时一个很有名的美国无线电公司 (RCA) 可接收他去工作。但是有一个问题，如果到 RCA 公司工作，尽管待遇不错，但随时可能被征兵去服兵役。梁思礼不愿给美国当兵，所以还是决定继续上学。

1946 年，他来到了辛辛那提大学（University of Cincinnati）自动控制系。

辛辛那提大学位于俄亥俄州，是美国中西部的公立大学和全美著名的研究型大学。1906 年，辛辛那提大学在美国首创带薪实习项目，之后被美国众多大学和四十多个国家仿效。带薪实习的学习方式叫做合作式学习，实际就是勤工俭学。在那儿可以做各种各样跟学习内容有关的工作，一边工作，一边读书，一直免费读完硕士、博士。学生在工作岗位上将所学理论知识应用到实践中，而工作带来的挑战和问题，又促进学生进一步加深理论学习。这种带薪工作实践，为学生毕业后的就业提供了绝佳机会，学生也可以在学习期间很好地了解

1946年，梁思礼在辛辛那提大学留影

本专业未来的职业发展状况，同时获得将来就业的必要信息。梁思礼先是勤工俭学，帮助别人做很多实验室的工作，到后来读博士时，为科研机构做一些科学实验、撰写论文。

梁思礼的外甥女吴荔明女士在《梁启超和他的儿女们》一书中写道：

公公梁启超生前一直遗憾他的孩子们没有一个是学自然科学的，曾于1927年给海外的孩子们写信说："我想你们兄弟姐妹，到今还没有一个学自然科学，很是我们家里的憾事……"没想到他去世后，他最宠爱的小儿子实现了他的遗愿。

在美留学期间，梁思礼无时无刻不在思考着怎样工业救国。无论是选择专业，还是工作实习，他都想着怎样把获得的知识和经验应用于振兴国内的工业，甚至和中国留学生们共同商量回国后，要为国计民生办几个砖瓦厂、洋钉厂和小电机厂。

梁思礼 1947 年 11 月 16 日给好友陆孝颐写了一封信，他在信里流露出想尽快为祖国服务的急切心情和希望创办工厂的强烈愿望。

五年比流水还快地过去了，一看以往的经过使我觉得非常惭愧。各友都在国内吃苦、效劳，我却在异邦享受，虽尽力地学习，可是其效率奇慢，真是恨不得早日学完，回国与你们并肩服务。

在美国几年中，无时无刻不惦念着中国。作为一般的老百姓，我实在是太侥幸了。我之所以能来美，由于我还不是中国一般的老百姓，再看一般的留美生吧！多半是为自身幸福着想的，他们不是想在美镀上一层金后回国好升官发财，就是想回国混口饭吃。对我自身，幸福很容易解决，一口饭，拉洋车也可赚得出来。如果人生之乐只在于自己养活一个家，实在无多大味道，尤其我的机会是这样好，我则更应对没有机会的老百姓多负些责任。既有决心、手段，又如何？听到与看到的中国一般情形，实为茫然，不过我决定“自己”慢慢地从小处做，“高攀”当局则有点不敢当。我觉得中国需要生产，私人企业较国家企业更为重要。我所谓的“私人企业”并不是为自己腰包着想，我的目的是提高人民、老百姓的生活水准，这听起来很唬人，其实我并不是在梦想。帮助所有中国老百姓，只是尽我自己力量，能帮多少就帮多少。帮的方式是办工厂，起头小厂，提高工人们的生活水准，增加一般人民的购买力，慢慢地从小做起。也许我一个人不能帮多少，可是有同感的人多了的话，我的力量加入其中，论效力则可观。因为我学工程，所以觉得这是我最有效的服务之方。

也许你看了中国现有的情形，觉得我是太理想化，做的梦太甜了。不过假如中国情形一时半时不会好的话，我们能总拖下去吗？时局不好，我们得找方法去克服。时局即使失败，这精神不死，自有人追随，所以现在我在这边尽力找实用技术、看厂写设计，所预备的计划也并不限于电工一行。只要我们共识上认为在中国可以实行的意见，我们都尽量地搜集材料。我有几个朋友，他们都有同样的决心。

我们数人一块努力了些时候，我们几个人学的东西都不一样，所预备选的东西是取其简单、大众化、必需化、基本为标准。现在我们已起始了几个计划，（一）砖瓦厂；（二）洋钉厂；（三）电气研究所；（四）小电扇发动机。这些是预备的计划，实行与否，仍待其可能否。

以上是我的感想，不知你的感想如何。你也是学工程的，我总觉得工程学本身只是一种头脑的训练，常识是最主要。回国后将遇见什么样困难还不知道。无论什么问题，常识总可解决。我们有同感的人都在美国。中国方面所要知道的事情太多了，可是没有人接头。不知你对我的感想有无赞同，同时希望知道我们中学朋友们有无异地同声者，不知你可否赶快给我他们的地址。我将游说他们，千万记住我们的目的是老百姓的幸福。

现在我请你替我办一件事，在砖瓦厂的计划中，我需要下列几项事情：第一，中国现有砖瓦厂的一般活动情形，类如，生产速率、市场情形、价钱、生意好坏等；第二，想法找出现有砖瓦厂厂名、地址、厂主名姓，及如何接洽他们的方法。下面是如何着手的建议。第一，天津、北平、上海商会；第二，河北彭城、磁县有几个厂；第三，资委会也许有些统计。总之，请你尽力替我找一下。成败与否，请速回信。

下次来信请详细报告一下你个人的感想与将来的计划。我很想知道你的现况。我们一个人是太单独，几个朋友合起来，力量则大多了，尤其是志同道合的，我们需要互助合作。我们在美国的人很容易找技术材料，可是对国内情形及需要又得仰仗国内同学。如果我们能合作，其效力定极大。

第二次世界大战期间，在美国的中国留学生人数不多。1945 年抗战胜利后，大批中国学生来美留学，其中有不少思想进步的学生，包括梁思礼在中学时代的好友陆孝颐。

陆孝颐那时已是中共地下党员，1947 年由党组织派遣出国深造，并对国外留学生做工作，当然，他的身份是保密的。他向梁思礼介绍了蒋介石挑起内战和接收大员的腐败、乱发金圆券、民不聊生等国内情况。

陆孝颐的一句话深深地影响了梁思礼，他说：“你想搞工业救国，但是大厦是不能建在沙滩上的。”他还告诉梁思礼，当时国内已有的工业企业都支撑不下去了，如果不从政治制度上解决问题，根本谈不上什么工业救国，他还介绍了国内正在进行的“反饥饿、反内战”运动。

陆孝颐的一席话给了梁思礼很大启发，使他在思想上提高了一大步，对原来淳朴的工业救国的理想产生了新的认识。同年梁思礼硕士毕业，天津南开大学请他去当副教授，他受进步学生的影响，觉得蒋介石政府太腐败，一方面自己学的知识不够，另一方面“工业救国”还没有用武之地，所以他没有回国，继续在美国攻读博士，直到 1949 年拿到博士学位。

梁启超留下的这块好毛坯，经过家庭、学校、社会的淬炼，日臻成熟，他怀抱强烈的工业救国愿望，盼望着、等待着合适的时机。

3. 获辛辛那提大学自动控制博士学位

以工业救国思想为动力，梁思礼在美国发奋学习。

那时美国军方给大学很多资助，跟大学签合同，让他们研究一些项目。梁思礼在辛辛那提大学做硕士论文和博士论文的研究内容就是美国海军所需要的项目，研究实验和实验室也是为海军服务的，研究所付给梁思礼研究费用，就和正式工作一样。从那以后，梁思礼的拮据生活变得宽裕了一些，到美国 6 年了，穷学生终于有了“土豪”的感觉。

1947 年，梁思礼的大哥梁思成恰好受耶鲁大学以及普林斯顿大学的邀请，参加 1947 年 4 月“远东文化与社会”国际研讨会，并参与设计坐落在纽约的联合国大厦。尽管工作非常繁重，但是梁思成还是抽出时间，开着当时美国最廉价的 Crosley 汽车，横穿几乎半个美国，去看望自己的小弟弟。梁思礼后来回忆，那是他 6 年海外求学生涯中，唯一一次有国内的亲人来探望自己。

梁思礼在辛辛那提大学四年硕士、博士学位的学习中，研究的是美国海军所需的舰船炮塔的自动控制、自动控制炮塔瞄准等。他之所以决定学自动控制，

1947年，梁思礼于辛辛那提大学

是因为当时自动控制学是一门新的学科。第一学期以后，他就开始自己独立做研究工作了。

梁思礼硕士论文研究的是一个很怪的设备，论文题目为《一种用于测试有机防护涂层和金属之间黏合度的电磁超高速离心机》。当时在美国对有机防护涂层与金属表面的黏合度测量，一直是一个未解难题。现有的黏合度测试方法中大多是测量涂层和金属分离开所需的剪应力值，很少有测试能够给出实际黏合力或涂层与金属分离的拉应力。原因之一是很难将涂层固定住，从而将其分离下来。拉伸测量方法往往采用胶水或其他黏合剂将涂层和木块粘合在一起，然后对木块施加拉力。这个过程的缺点显而易见，主要有这么几个方面：木块－胶水或胶水－涂层的粘合分离，而非涂层－金属的粘合分离；胶水以及所用的压力和温度对使用胶水粘合过程的影响；很难控制胶层的浓度和干湿度。

梁思礼通过研究发现采用离心力可以规避上述遇到的困难。其基本方法是将一种已知重量的薄层涂在离心转子的表面，该转子由要测试的金属制作而成。然后测量将该涂层从金属分离所需的离心力。为此，他做了许多次试验，从试验曲线和测量数据中，摸索出变化规律，成功设计出了用于测量有机防护涂层和钢制品之间黏合度的离心机。后来他的这个课题成果还被美国海军采用了。

梁思礼的博士论文《电磁悬浮超高速离心装置的设计》于1949年提交，其中有许多自动控制方面的知识应用，对自动控制理论水平要求较高。他通过自控装置把一个钢珠在一个真空的电磁场里悬浮起来，上面是一个电磁铁，他把一个试管似的东西抽真空到10^{-6}大气压，钢珠悬在真空中，既不被吸上去，也不会掉下来。梁思礼设计了3组线圈，通上高频三相电流，使钢珠高速旋转，命名为超高速离心机。一般电机转速每分钟只有几千转，他的机器每分钟可以转几万转，甚至一直可以把那个钢珠转到崩裂。做这项工作用来干什么呢？当时，美国海军飞机上的漆皮很容易掉，他们想研究出一种设备，能测试漆的附着力有多大。梁思礼就是针对这个问题研制的设备，在钢珠上把要试的漆刷上去，然后在真空里将转速慢慢提升，升到一定程度，高速旋转的漆皮就脱落了，这时，记录下其转速，通过转速可以计算出它的离心力，就知道漆皮的附着力有多大了。这是个独立的创造，如果他继续做下去的话，就可以做个陀螺，经过试验设计，让普通陀螺变成电磁悬浮陀螺，这是进一步的提升。由于时间的原因，没有研究下去，只是开始做了个初样，完善后做了个试样，梁思礼就开始做理论分析和撰写博士论文了。1949年夏天，梁思礼获得辛辛那提大学自动控制博士学位。

留学期间的这些理论和实践研究，为梁思礼回国以后从事控制系统的科研工作，特别是成为航天控制领域的开拓者，打下了一个很好的基础。

4.参加进步组织

由于中学时期就接受了进步思想，来美国留学后，在埋头攻读的同时，梁思礼也关注着国内迅速发展的形势。受五姐梁思懿和老同学陆孝颐的影响，他积极参加中国共产党领导的外围组织“北美中国基督教学生联合会”（CSCA）和“留美科学工作者协会”的活动，动员留学生回国参加新中国的建设，并以身作则，带头回国。

CSCA 原来是一个类似基督教青年会那样的组织，1947 年以后，愈来愈多有进步思想的中国留学生（其中有不少中国共产党党员）聚集在 CSCA，它不定期地举办各种夏令营、冬令营等活动，团结、影响东海岸和中西部地区广大的中国留学生。

梁思礼的老朋友、原外交部干部陈秀霞当年是 CSCA 的组织者之一，她回忆说：

新中国成立前夕，我们党高瞻远瞩地看到新中国成立需要人才，特别是科技人才，就派我们这些党员秘密到那里去做工作。那个时候，在美国有一个团体叫做“北美中国基督教学生联合会”简称“CSCA”。它在20世纪就成立了，主要是留学生自由组织的，基督徒非基督徒都可以参加组织，自由活动，很多人都参加了，有一千多会员，那时候留学生有四五千人。我们每年都组织夏令营。夏令营有东部、中部、中西部、西部分会，我在中西部上学，参加活动后被选为副会长和分会会长，我后来到了东部，又当选为东部的分会副会长，我的老伴陈辉是东部分会的，我们一起参加活动。学生参加活动是自愿的，在夏令营、冬令营活动中，大家讨论各种问题，讨论得还很热烈，我们在其中做了很多工作。留学生都关心国内的形势，关心国内学生运动，支持国内学生的反饥饿、反内战、反迫害运动。那个时候，反对内战、受到国民党排挤的冯玉祥到美国来了，我们还开会欢迎过他。我们还经常在自己家里搞小型聚餐会，梁思礼也来过。聚餐会上，我们一起做饭，然后一起学习毛泽东的《新民主主义论》《论联合政府》，念家信，讨论问题，我们都坚决支持国内学生的反饥饿、反迫害、反内战斗争。

梁思礼参加 CSCA 得益于他的五姐梁思懿。1947 年暑假，梁思礼去探望住在纽约的五姐梁思懿时，她就带梁思礼参加了美国东部 CSCA 组织的夏令营。梁思礼说：

我受姐姐思懿的影响很大。思懿告诉我，参加CSCA的都是中国留学生，也有当地华侨学生。每年暑假和寒假CSCA都组织夏令营和冬令营，组织当地和外地学生一起到一个度假点集体活动。原先这个组织是中性的，没有什么政治倾向，就是搞一些旅游活动。从1948年开始，进步的中国留学生逐渐掌握了该组织的领导权，利用搞夏令营和冬令营活动的机会，向与会的同学们宣传进步思想。CSCA后来变成了共产党的外围组织。夏令营除了组织联欢晚会，唱进步歌曲、演进步活报剧外，还组织演说和辩论会。当时参加CSCA的学生分三部分，一部分是进步学生，占多数；一部分倾向于国民党；第三部分是中立派，主要是一些华侨子弟。在辩论会上，倾向共产党和倾向国民党的学生经常争得面红耳赤。最后进步学生占了上风，在选出的执行委员会成员中，进步学生占了大多数。参加第一次夏令营活动，使我在思想上有了不少收获和提高，同时也结识了许多进步同学。

梁思礼的老朋友俞沛文在1948年7月1日写给陆孝颐的信中，也谈到梁思礼参加CSCA活动后深受触动的情况：

我们开了一个相当成功的夏令会。思礼已被我们请来了参加，他的无畏、直爽、明确的言论给会员们留下了深刻不泯的印象。这个会对他帮助很大，他对

1948年，梁思礼（右一）在CSCA夏令营与浦山、陆孝颐等合影

我说:“到了这夏令会，就感到抱我们的思想和信念的人是多数，虽然会后我们会散开，但个人无论在哪里，总会感到我们是不孤单的，我们所参加的这些民主、进步的队伍是壮大的。”我想不仅对他，对我、许多朋友都有相当的感觉的。

此后，梁思礼豁然开朗，原先以为只有自己忧国忧民，现在发现自己并不孤独，身边有一大批和自己一样有理想、有抱负的青年人。隐隐中，他感到有一种光明的力量，在探索的路上不可抗拒地推动着自己。想到今后为国效力、工业救国有了志同道合的朋友，有了可以信赖、依靠的组织，梁思礼兴奋无比，就像长久漂泊在大海上的一叶孤舟，终于看到了希望的陆地，终于看到了温暖的港湾。于是，他成为了 CSCA 的铁杆参与者，积极参加演讲、辩论、演出活报剧，团结影响更多的留学生爱国、救国，勇敢地与一些反动分子斗智斗勇，粉碎他们破坏 CSCA 活动的阴谋、企图。

梁思礼在一次参加 CSCA 组织的夏令营活动中，和国民党派来的特务“遭遇”了。对此，他在写给朋友陆孝颐的信中，活灵活现地描述道：

夏令营里，我看见了蒋政府的临死挣扎。他们送来了二十多个特务，这还是我有生以来第一次和这类动物接触，他们极端无耻、无能。他们的方针是在对手柔弱时尽量打击，可是当对手的力量强大和反击时他们便夹尾而逃，还暗暗地勾上黑单。说起黑单，我们也有一张，每个特务的名字，会里人差不多都知道。平常他们多半都是自己扎堆在一起，有时拉拢中间女士分子。他们在讨论时起哄，成心提出一些无关紧要的问题、打岔，他们不敢正面攻击我们的言论。头几天他们还占上风，因为我们进步分子都是自己吐露自己的心怀，人与人之间没有联络，自己的立场也站不稳，所以被他们闹得乱七八糟。我们在星期五晚会准备了一些游艺节目，主要的节目是一个“活报”独幕剧，我也是演员之一。剧情是讲现在中国学生运动的情形，其中有一个学生领袖被特务打死了。

我们演员们使了两天牛劲拍戏，有时排练至夜里两点多钟。但是我们也太差劲，在上演前半钟头时，还是记不住台词。后来特务老爷派人来警告，说他们已知道剧情颇为有煽感性，同时我们也看见他们都坐在剧场头排准备捣乱。最后我们临时决定不演了，因为他们一起哄，我们准演不好，效果会适得其反。

这次失败，使我们更坚决地准备明天星期六的重要会议。会上要把讨论的结果写成议决案发表，使美国和中国各界知道我们在美学生的思想趋向，表明我们是站在他们身旁争取自由的，是反封建、反帝、反官僚的，是为老百姓赞成土改的，是拥护解放区的种种优异成绩的。会上还有捐钱活动，帮助中国学生运动等。星期五的失败，使我们团结起来积极想对策了。星期六在议决会议以前，有个长讨论，我们有一位先放了一炮，把立场打稳了，等第一个特务起来想打岔时，我们连着四五个人向他舌战，予以无情打击，把讨论题目拉回正题。有一个糊涂特务，每回站起说时，总被我们攻击得体无完肤。一个多钟头的讨论，把特务们打怕了，通过议决案时，他们一句话都不敢说。中间分子看得出谁对谁错，纷纷倒向我们，所以议决案都被通过，我们大获全胜，可怜的特务只能暗暗地坐在那儿勾名单。这次会议使我们明白了进步力量的伟大，只要名正言顺没有什么可怕的。立场站得稳，打击走狗们，他们是怕光明的。

后来梁思礼又参加过 1949 年 CSCA 美国中西部的夏令营。这时国内解放战争取得了巨大的胜利，三大战役已胜利结束，百万大军已渡过长江，全国解放已成定局。夏令营的重点活动内容是，动员在美的中国留学生回国参加新中国的建设。这次夏令营选出了新一届 CSCA 中西部分会的领导机构，梁思礼被选为执行委员。

在抗日战争胜利后的留美潮中，很多左翼人士甚至共产党也来到美国，在留学生中组织起了若干社团。当时美国还有一个进步组织叫“留美科学工作者

1949年，梁思礼（左一）与CSCA 成员一起参加小组会

1949年，梁思礼（后排左一）与 CSCA 中西部执行局成员聚会合影

协会”，它于 1949 年 6 月在美国匹斯堡成立，在美国中西部和东部有分部，它也同时在 CSCA 夏令营中做工作，发展会员。协会以“响应解放、准备回国”为主要宗旨，经常组织进步学生活动，宣传讲解国内解放战争情况，鼓励中国留学生回国参加建设，这也正是梁思礼的心愿。

1949 年以前，梁思礼是 CSCA 的积极参与者，以后又从一个积极的参与者变成了热情的组织者，后来他与“留美科学工作者协会”也建立了联系，最后成为了一个以身作则的回国带头人。

梁思礼回忆说：

我们很多的科学家就是通过留美科协的渠道回来的，我和陈秀霞的丈夫陈辉到香港见了曹日昌，他是香港大学的，也是我们科协的，曹日昌把我介绍给马大猷，我一回来就被安排工作，参加新中国的建设了。

5. 母亲，我回来了

CSCA 和留美科协两个组织动员了大批在美的中国留学生回国参加建设，当时在美国留学生有 5000 多人，动员回来的有 1000 多人。实际上还有要回来的，后来因朝鲜战争爆发，美国国内盛行麦卡锡主义，很多科学家被堵住回不来了。回来的这批人中，有许多人成了院士、学科带头人、技术领域的开拓者。建国初期参加建设的很多人，包括参加“两弹一星”研制工作的人，大都是受这两个组织的影响回来的。

1949 年 9 月 23 日，美国旧金山码头一如既往地繁忙，“克利夫兰总统号”邮轮拉响汽笛离岸启航，船上有 500 多名旅客。本是一次普通的航行，但是船上 30 多名中国留学生却格外引人注目，他们怀揣着科学救国的理想留洋求学，乘坐这艘船义无反顾地回到一穷二白的祖国。刚刚从美国辛辛那提大学获得自动控制博士学位的梁思礼也在其中。

梁思礼在 1949 年 9 月 23 日回国当天，给尚在美国的朋友陆孝颐写了一封信，真切地表达了迫切回国的心情：

我给你的最后忠告还是在最近赶快申请 ECA 的路费，趁着有机会的时候回国。你现在和我的情况没有什么分别。我们都要回国多学习的。在美国多学不了太多的东西，而且将来可能没钱回去。

我离开时的感情，只有期望，没有留恋。

临行前，梁思礼一行欣喜若狂，他和 20 多位 CSCA 同仁们在湖边草地上唱歌跳舞，直至清晨 6 点，才起身赴车站。到了车站，又遇上 30 多位中国留学生来车站送行，其中大半人梁思礼不认识，他们是如何得知梁思礼一行行踪的，梁思礼不得而知。分别之际，大家像挚友一般依依不舍，送别之情甚为动人，真是炎黄子孙血浓于水。送别的人送给梁思礼一个可以下鸡蛋的玩具母鸡，第二天梁思礼才醒悟，那个母鸡寓意着孵化器，那是希望他们回国后为祖国的建设做出贡献啊！

邮轮开到洛杉矶靠岸时，梁思礼的五姐梁思懿一家四口也上了船，一起上船的还有一批中国留学生。一时间，船上说中国话的人多了起来，船舱里煞是

梁思礼（左三）回国前和朋友们合影

1949年9月，梁思礼（前一）在旧金山登上“克利夫兰总统号”邮轮回国

热闹。事实证明，他们的回国抉择是十分明智的。当时美国政府的对华政策还处于犹豫不决的阶段，中美之间的交通尚未中断，最初回国的这一批数百人的海外学子，并没有受到任何阻挠，他们很幸运地成为了最早参与新中国建设的归国人才。

梁思礼在三等舱中安置好随身行李，就跑到船尾，在桅杆上拉起一条天线，接上了一台短波收音机。这台收音机是梁思礼买的一个很灵敏的惠普公司生产的业余无线电收音机，一路上，他每天都能收听到国内的消息。在回国的邮轮上，中国学生明显地划分为两拨人：一拨是准备返回祖国大陆的进步学生，另一拨是打算投奔台湾的学生。

1949年9月30日(北京时间10月1日)，在“克利夫兰总统号”邮轮横渡太平洋时，梁思礼突然从收音机里听到了一条爆炸性新闻——毛泽东主席在北京天安门城楼上庄严宣布：中华人民共和国中央人民政府今天成立了！

8 年了，离开祖国已经 8 年了，梁思礼听到这条新闻时忍不住热泪盈眶，他朝思暮想的祖国获得了新生，那个饱受欺凌、备遭奴役的旧时代将一去不复返，那个积贫积弱、任人宰割的旧河山将旧貌换新颜。他兴奋得像小孩子一样举着小收音机在船舱里手舞足蹈，一会儿用英语、一会儿用汉语大声传播着这条新闻。船舱里很快人声鼎沸，同胞们欣喜若狂，大声欢呼，几个进步学生一商量，准备在船上开个庆祝晚会，表达对伟大祖国的衷心祝福。

梁思礼接着又向大家透露了一条新闻：中华人民共和国的国旗是五星红旗！

同船的医学专家严仁英、王光超等人出主意说，咱们在晚会上就亮出一面五星红旗，给大家一个惊喜。

说干就干，严仁英找来红药水将一块白色床单染成红色，然后大家分头去找黄颜色的纸，很快东西就备齐了。这时大家犯愁了，梁思礼只知道五星红旗上有五颗黄颜色的星，其中一颗大，其余四颗小，但五颗星具体怎么摆法，他也不知道。大家七嘴八舌地放飞想象，最后决定，将最大的一颗黄色五星摆放在红布的中央，再在红布四角各摆放一颗小五星。回国之后，当他们亲眼见到真正的五星红旗时都十分后悔，没有把那面做错的五星红旗带下船来。

当天晚上，船上餐厅里灯火辉煌，五星红旗高挂会场中央，欢声笑语像船舷外的海浪，一浪高过一浪。很多人准备了节目，有人高唱《义勇军进行曲》，有人亮出了自办的壁报，五姐梁思懿的两个孩子扭起秧歌“解放区的天是晴朗的天”……

太平洋上的一轮明月悄然升起，微风亲切地抚摸着海的胸膛。涟波融化了银白的月光，船首显现一条碎银铺成的光带，笔直地通往月亮升起的地方。“克利夫兰总统号”邮轮就沿着这条波光粼粼的航道，迎着月亮，向着东方飞驰前进。

1949 年 10 月上旬，“克利夫兰总统号”邮轮到达香港。船上回国的人分两部分，一部分去台湾或留在香港，一部分到大陆。在留美科协的帮助下，回大陆的学者由香港新华社分期分批安排回到内地。梁思礼也在留美科协的介绍下与香港大学曹日昌教授接头，曹教授是共产党的联络人，他早已和中国科协马大猷联系好，为梁思礼安排了工作。

金秋十月，收获的季节，饱受苦难的祖国张开双臂欢迎海外归来的游子，收获着建设的人才和振兴的希望。此时，梁思礼和五姐梁思懿一家从香港乘船回到了天津。

站在船舷边，梁思礼一眼便看到了正在岸边翘首张望的老母亲王桂荃。一别八年，母亲的一头青丝化作了苍苍白发，丰润的脸庞已经布满沟壑，为 9 个子女操碎了心的身躯显得更加消瘦。梁思礼的眼眶顿时湿润了，脸颊上淌满了热泪。“娘，我回来了！”梁思礼快步跑下舷梯，“老白鼻”和老母亲紧紧地拥抱在一起。

此刻，梁思礼在心中暗暗发誓：我再也不走了，我要把一生奉献给祖国，为改变她贫穷落后的面貌，为她的独立、强盛、繁荣而奋斗。

梁思礼

梁思礼院士传记

Academician Liang Sili's Biography

第四章

向新中国报到

怀揣着强国梦想的梁思礼，迎着东方的曙光，跨过太平洋回来了。年轻的他记着父亲的爱国、救国、报国之嘱，以极大的热情投身于新中国的建设。

年轻的梁思礼记着父亲的报国之嘱，怀揣着强国之梦，以极大的热情投身于新中国的建设。在他的心目中，自己对国家是有责任的："我们每个人都从国家索取，又向国家回馈奉献。索取，是为了过好自己的生活，理所当然；但是为了国家的进步和发展，我们回馈国家的，应当远远大于我们索取的。"他默默叮嘱自己，"现在"就是小时候想过无数次要为之奋斗的未来，而当下自己最重要的就是把眼前的事情做好。他相信，今天所做的一切相加，就等于美好的未来。

1. 一心一意为祖国服务

北京西单手帕胡同22号，秋日的艳阳毫不吝啬地把阳光均匀地洒在这个昔日王府的小院里，庭院里的枣树、香椿和海棠树舒服地伸展枝叶，沐浴在秋高气爽的蓝天下。

回国后，25岁的梁思礼住进了小院，他对这里的一切充满了新奇感，这是他从美国留学回来后，母亲卖掉了天津的小楼又在北京置下的房产。

时临周末，一阵阵欢声笑语打破了小院往日的宁静，大姐梁思顺、二哥梁思成、三姐梁思庄、五哥梁思达，以及众多的侄子、侄女、外甥等一大堆亲戚聚在母亲的身边，为梁思礼接风洗尘。席间，梁思礼摊开从美国带来的照片，请大家欣赏，家人们则纷纷翻出往日童年的记忆，开起了玩笑。

外甥周同轼（大姐梁思顺的儿子）“揭发”说：

八舅（梁思礼）比我们好几个外甥、外甥女、侄子、侄女年龄都小，所以他这个舅舅也没什么权威。他要我们叫他“干爹”，我们没有一个人响应，八舅干着急也没办法。

外甥女吴荔明（三姐梁思庄的女儿）反驳说：

他挺有舅舅样儿的，那会儿我们在北戴河玩儿，我才3岁，他比我大10岁，什么都让着我，没水喝了，他把水让给我喝。我记得特别清楚的就是，那时只有我叫他“干爹”，他特别高兴。出去玩儿，我跑不动，赶不上你们了，八舅就回来拉我，挺有小舅舅样儿的。

梁思礼听着他们的议论，抓耳搔腮窘态万分，王桂荃和一大家子人笑得前仰后合。

过了一会儿，梁思礼换上了他回国后新做的一件中山装亮相了，胸前口袋上还插了一支钢笔。大家立马瞪大了眼珠，小伙子穿起中山装特别帅，三姐梁思庄赞不绝口：“老白鼻”穿着中山装真漂亮。听到夸奖，梁思礼神气起来，他把腰杆挺得板板的，一本正经地介绍道，开国大典时，毛主席和他身边的领导人在天安门城楼上穿的就是中山装。这衣服外的四个口袋代表“四维”（即礼、义、廉、耻）；前襟的五颗钮扣和五个口袋（一个在内侧）分别表示孙中山的“五权宪法学说”；左右袖口的三颗钮扣分别表示“三民主义”和“共和”的理念，衣领为翻领封闭式，表示严谨的治国理念；衣袋上面弧形中间凸出的袋盖呈笔山形，代表重视知识分子；背部整片无拼缝，表示国家和平统一之大业，而右上口袋插上一支甚至两支钢笔，则是有知识、有文化的表现。说完，他又郑重宣布：经中国科协副主席、北京大学教授兼工学院院长马大猷介绍，自己就要到邮电部工作了。

梁思礼在美国学的是自动控制专业，当时在美国，自动控制工作刚启动不久，国内还没有开始这方面的研究，根本没有这方面的需求，所以梁思礼回来后一时还不能按他的专业来安排工作。可他在普渡大学电机系就读时曾学过无线电，他的这个履历使他有幸结缘了邮电部广播事业局局长李强。

1950 年 1 月，梁思礼来到邮电部报到，接待他的就是李强局长。李强是 1925 年入党的老党员，毕业于南洋学堂（上海交通大学的前身）土木工程专业。1927 年“四一二”惨案后，李强到了武汉，任中央军委特科的特务股股长。后经周恩来委托，自制了中共历史上第一部地下电台，培养了我党第一批无线电人才。1929 年年底，李强奉命到香港九龙建立第二个秘密电台。次年 1 月，沪港两地通报成功，成为中共自己制造的第一对通报电台。两年后，中共中央的声音已能通过秘密电台及时传达到全国各大根据地。1931 年，中央特科负责人顾顺章被捕叛变，李强协助周恩来等特科负责人和机关人员转移后，被派到苏联邮电部通信科学院学习，后来从事教学工作。其间，他发表了无线电科学论文《发信菱形天线》，在苏联无线电界引起震动，被苏联政府提升为研究员，成为全苏 7 位无线电专家之一，他的名字被收入《苏联百科词典》。研究成果被命名为“李强公式”。1938 年年初，他来到延安，在莽莽黄土高原上，白手起家，办起了枪炮厂、炸药厂、炼钢厂、制药厂及炼油厂等。解放战争时期，李强受命建造了短波广播发射台，把新华社的声音传向全世界。解放后，他又重操旧业，成为新中国广播事业的奠基者。

李强听说梁思礼在美国学过无线电，就把他分配至邮电部广播事业局下属的电信科学研究所，让他进入了天线组，组长就是李强的学生吴展。

建国初期，广播事业局需要建立国际广播电台，以便把新中国的建设成就通过广播介绍给世界，让世界了解中国。同时也要接收国外的一些广播信息，了解当前国际形势和对华舆论。

搞电台，首先要建设发射台、要架设天线。年轻的梁思礼虽然没有专门学过天线知识，但是刚刚回国的他，有着非常单纯的想法，回国就是要一心一意地为祖国服务，“祖国需要我去哪儿，我就去哪儿！”他满腔热情一股子牛劲，只要是为建设新中国效力，让他干什么，他就愉快地干什么，不会就学，什么困难也难不倒他。

天线组里只有梁思礼和吴展两个人负责国际广播电台的建设，吴展是组长，还有很多事情要管，梁思礼就成了“一把手”，从设计、采购，到施工、验收等大部分工作全包了。

为给天线场选址，梁思礼与吴展一起坐着小吉普，绕着整个北京城到处选场址。他们晴天一身土、雨天一脚泥，每天风尘仆仆，奔波不停。最后，他们把发射天线台选定在了北京到通县之间的双桥，把接收天线台选在城南比南苑再南一点的黄村。

梁思礼耄耋之年还清晰地记得当年的很多细节：

发射台的电线杆需要很粗的木头，大约有30米高，还要三根木头绑起来用。吴展和我跑到木头厂去选木头，又去选购粗螺钉、脚钉、钢索、瓷绝缘体，等等，这些都是要自己准备、到处去买的。电线杆搞好后，是我们自己拉的线。同时，我们还要做设计，虽然以前曾学过一些，可这段时间要结合现实条件等于重新再学。我查了很多书，学了很多东西，与吴展一起完成了天线设计。

买好天线材料后，我们又雇了一些工人，指点工人具体操作。两部天线安装完毕，我还爬到30米的最高顶上去检查安装的质量。那时我年轻，26岁，什么也不怕。当时也没有什么安全保护设备，保险带也没有，我就沿着天线架子一节一节地爬上去，当时就是不要命地干，一点也没想有什么危险，浑身有使不完的劲儿。

建国初期，物价不稳定，梁思礼他们发的都是实物工资，梁思礼的工资是每月 400 斤小米。看起来小米是不少，可是不能当钱用，所以日常需要什么东西，没少揩母亲的“油”。

1950 年 10 月，中国人民志愿军跨过鸭绿江，抗美援朝战争爆发，梁思礼和哥哥姐姐聚在母亲家，一起谈论怎样向国家捐建飞机大炮。当时家里没有钱，大家就商量把小院里枣树上结的大枣打下来卖了。哥哥姐姐的几个孩子七手八脚立即上树打枣，然后在门前摆了个小摊，把枣卖了，一家人高高兴兴地把卖枣的钱，送到派出所捐了。

在一年多的时间里，梁思礼以建设天线为己任，日夜加班，吃住在现场。有一次，梁思礼偶尔回家，看到三姐带回来一条叫“阳阳”的小巴狗，非常好玩儿，就央求姐姐把狗借给他玩儿几天。没想到梁思礼才玩儿了半天，就跑回了天线建设工地。结果“阳阳”从小院门缝钻出去，不知去向。姐姐得知心爱的宠物丢了，气得要命，大吼道：“你要不是我的小弟弟，我早就饶不了你了！”

经过梁思礼他们的艰苦努力，国际广播电台终于建成，全世界都可以听到解放了的中国人民的声音。测试结果显示，收听效果非常好，欧洲和苏联都听到了中国国际广播电台播出的新闻，外交部也能收到国外电台的广播，以此了解国际形势。

梁思礼兴奋极了，这是他回国后为祖国做的第一件事。

2. 差点成了“老虎”

新中国成立伊始，国家在抗美援朝的同时，于 1950 年年底开展了“土改”运动，1951 年到 1952 年在党政机关工作人员中开展了“反贪污、反浪费、反官僚主义”和在私营工商业者中开展了“反行贿、反偷税漏税、反盗骗国家财产、反偷工减料、反盗窃国家经济情报”的“三反”、“五反”运动。

1951 年，党号召知识分子特别是从国外回来的知识分子到基层、到农村、到工农兵当中去接受思想改造。

到了 1952 年，在建设国际广播电台的任务完成后，邮电部派梁思礼去湖南耒阳参加土改运动。梁思礼认为自己从国外回来，虽然有进步思想，而且在国外还是爱国进步组织 CSCA 的小头目，可实际上与新中国的要求还相差得很远，应该自觉地参加运动，一方面参加土改实践，另一方面改造自己的思想。当时，参加土改运动的还有很多国内各界知名人士和老知识分子，梁思礼还算是年轻的呢。

土改运动的基本内容，是将没收的地主的土地，分给无地少地的农民，把封建剥削的土地所有制改变为农民的土地所有制，同时保护民族工商业。为了深入发动群众，各地政府都派出土改工作团深入农村，发动农民群众，建立农会，组织农民同封建

1952年，梁思礼（左一）与小学时的伙伴合影

地主阶级进行斗争，建立城乡广泛的反封建统一战线。梁思礼就是邮电部派出参加土改工作团的一员。

土改运动中，梁思礼住在一户贫农家中，与他们同吃、同住、同劳动。正当他满腔热忱地访贫问苦、发动群众、宣传党的土改政策，准备组织大会向当地的地主作斗争的时候，突然接到邮电部的急电，通知他马上回京。

梁思礼很纳闷，土改运动正热火朝天地进行中，为什么现在要自己回去呢？下乡以来，他和村里的农民群众同劳动、同斗争，也建立了感情，乡亲们也舍不得他走。离村那天，房东老贫农一送再送，久久不肯停步。

依依不舍地离开湖南耒阳农村回到北京，梁思礼急忙赶到邮电部。邮电部副部长、党组书记王诤与他谈话，让他老实交待工作中和经济上的问题。至于具体什么问题，王诤也没明说。

有问题的人当然不允许回家了，梁思礼和另外几个有问题的人，被关进临时腾出的一间办公室里，打地铺住在里面交待问题，接受“打虎队”审查。

梁思礼一头雾水，自己究竟犯了什么大错，他怎么想也想不清楚。由于前一段他一直在农村参加土改运动，对城里的“三反”、“五反”运动一无所知，所以他也不知道“老实交待”该从何处谈起，只好一天到晚写自传、写检查，检查自己的资产阶级思想和资产阶级家庭，写来写去就是这些内容。

检查交上去后，总是不对路数，不符合要求，通不过。审查人员开始审问，他们告诉梁思礼：“你现在已经是老虎了，我们是打虎队，要彻底打掉你这只大老虎。”“什么是老虎？”梁思礼不明白。“老虎就是‘三反’‘五反’反的不法分子！”审查人员厉声说。

天哪，梁思礼顿时觉得眼前天旋地转。稍微清醒后，梁思礼争辩说，在负责建设国际广播电台天线的工作中，除了应负的技术职责外，那些购买器材、加工订货等事，自己都不厌其烦地积极去办，但手续清楚，没有任何问题。

“打虎队”根本不相信，他们采取“车轮战”的方式，24 小时三班倒轮流审问，不允许他睡觉，白天黑夜让他交待。梁思礼困得实在受不了，为了能睡一觉，在逼供信的条件下，他们问什么，梁思礼就承认什么，好不容易让他睡了一觉。可是一觉醒来，梁思礼觉得不对头，根本不是那么回事，自己胡说八道了，便马上翻供。这样一来，“打虎队”认为梁思礼不老实，态度很坏，更加重了对他的怀疑。有一天，“打虎队”向他摊牌：“既然你不承认受贿了，那你母亲手里怎么会有这么多的钱？”

梁思礼没做亏心事，就老老实实地回答说：

我还没结婚，一直跟母亲一起住。原来母亲在天津是有房子的，因我们兄弟姐妹都在北京，她老人家一人住在天津也觉得很闷，所以把天津的房子卖掉了，这样手里就有一大笔钱存在银行里。我和母亲经济上是不分的，我从美国回来手里也有一些美金什么的，都交给母亲，她替我存着。回国后我每月400斤小米的工资，也都交给母亲，能换多少钱我也不知道，我吃住都和母亲在一起，钱混在一块儿用，说不清谁是谁的。就是这么一种情况。

“打虎队”还到梁思礼母亲那里去核实，母亲斩钉截铁地说：“我家老八决不会做这种事，他要是真的贪污，我就不认他！”

1952 年的“五一”国际劳动节就要到了，全国上下都在高高兴兴地欢庆节日。周围的群众正在练唱新流行的歌曲《歌唱祖国》，“五星红旗迎风飘扬，胜利歌声多么响亮，歌唱我们亲爱的祖国，从今走向繁荣富强”，歌声一阵阵传进梁思礼的耳中。他从小就喜爱音乐，坐在墙根的铺盖卷上听过几遍后，就能跟着唱了。梁思礼很喜欢这首歌，唱着唱着，就不由得想起新中国成立那天，他和回国的同学们在太平洋上航行的“克利夫兰总统号”邮轮中展开的那面红旗。现在五星红旗正在新生的祖国大地上迎风飘扬，自己放弃了好不容易才得到的美国优越的工作条件和生活待遇，怀着报效祖国的满腔热情回国了，他多么想把心中对祖国母亲的热爱，对祖国繁荣富强的期望，大声地唱出来，融汇到窗外热烈豪迈的歌声中去。但是，“打虎队”不信任他，让他承认莫须有的罪名，让他蒙受“受贿”这样的屈辱，他的心中五味杂陈，十分难过和绝望。梁思礼甚至做了最坏的打算，剃了光头，准备去坐牢、去劳改。

后来，党组织终于把事情搞清楚了。原来是在“三反”、“五反”运动中，有个曾经卖产品给梁思礼建天线的不法厂商诬告他，说给他贿赂了，而“打虎队”一查，梁家又有那么多钱，所以就把他当成“老虎”了。

事情搞清楚后，王诤副部长亲自在邮电部的全体人员大会上为梁思礼平反，顿时，他的一切委屈

1953年年初“三反”平反后，梁思礼在北京家中留影

全都过去了。梁思礼感到共产党实事求是，做了错事敢于承认、敢于纠正，对党的敬仰油然而生。

此时的梁思礼已经 26 岁，超过加入共青团的年龄了。由此，他产生了申请加入共产党的念头。记得当时有一位领导曾动员他参加一个民主党派，被他拒绝了。

从那以后，王诤副部长对他有了更多的了解，很信任他，也很重用他，不少重要的工作都分配他去干。梁思礼说："我很感激王诤，对他，我或多或少产生了'士为知己者死'的感情。"

3. 援建"越南之声"广播电台

新中国的成立，就像旷野中的一盏明灯，带来了世界新格局的曙光。

西方世界当然不愿意有人打破他们掠得的平衡，因此新中国周边战事不断。1950 年北边朝鲜战争爆发，1954 年南边越南奠边府战役打响。还没从内战中恢复、经济严重困难的新中国知道唇亡齿寒的道理，不仅派出子弟兵援战，还勒紧裤腰带向这两个社会主义兄弟国家，无偿提供了数以千亿计的人民币资金和几千万吨物资。

1954 年 7 月，奠边府战役大捷，占领越南南部 9 年之久的法国侵略者撤兵，9 月 21 日，有关结束越南、老挝、柬埔寨战争的印度支那问题的《日内瓦协议》得以签署。《日内瓦协议》规定，越南以北纬 17 度为界，南北分治，北方由胡志明领导，南方由阮朝末代皇帝保大帝统治。1955 年 7 月，美国却撕毁了《日内瓦协议》，取代法国在越南南方的地位，吴庭艳在美国支持下发动政变，废黜保大帝，自己当了总统，建立越南共和国（即所谓"南越"）。当年，南越政府在西贡成立了自己的广播电台。

为了促进南越和北越的统一，1955 年，越南民主共和国胡志明主席恳请中国援助建设“越南之声”广播电台，向南越进行广播宣传。

“越南之声”是1945年越南宣布独立后建设的国家广播电台，由于设备陈旧，无法将广播信息有效覆盖南越。1955年5月，我国组建了一支由技术人员和技术工人组成的6人队伍，梁思礼是专家组成员之一，负责发射天线、接收天线的建设。由于有了在国内建设国际广播电台的经验，在越南工作进展得很顺利。当时越南经济比较贫困，越南方面对专家组是特殊对待，生活待遇相对比较好，但行动控制得很严，不能随意外出。

越方派人专门跟着专家组学习设计和制造天线的技术。中越两国1950年建交，越南是最早承认新中国的国家之一，用毛主席的话说是同志加兄弟的关系，所以中方的援助几乎是有求必应、毫无保留，该教的技术从不对越南同志保密，梁思礼多次向他们讲解天线知识，手把手地教他们制造安装技术。

专家组仅用两三个月的时间就完成了任务。电台发射天线采用的是德国研制的德律风根天线阵，接收天线采用的是鱼骨式天线。电台建好后，“越南之声”顺利对南越开播了，越方很满意。胡志明主席亲自接见了专家组成员，他还亲

梁思礼（左三）等援越专家组成员合影

自给梁思礼等专家颁发了勋章和奖状。最后，越方带领专家组成员到海防周边转了转，坐船游览了北部湾的亚龙湾。

4. 参与制订国家十二年科学规划

回国后不久，梁思礼所在的军委通信部电信技术研究所接到了上级的紧急通知，要他们派几名专家参加新中国第一个中长期科技规划的制订工作，其中就有梁思礼。

梁思礼原来的单位叫邮电部电信科学研究所，1953 年与在上海的重工业部电信工业局电工研究所合并，组建了军委通信部电信技术研究所。梁思礼在电信技术研究所担任了天线电波组副组长，还继续搞天线研究和试制，他们在空场上制作各种天线模型，测量天线的角度，为部队做了很多天线。凑巧的是，他在新单位的领导竟然还是他原来的老领导王诤，因为王诤从邮电部调到军委通信部担任了部长，而两所合并组建电信技术研究所正是他的主意。

“我国人民应该有一个远大的规划，要在几十年内，努力改变我国在经济上和科学文化上的落后状况，迅速达到世界上的先进水平。”1956 年 1 月 25 日，毛泽东主席在最高国务会议上挥着手大声说道。这位带有文人气质的领袖，从不缺少政治家的远见，他在军事压力稍微缓和之后，立即腾出手来为这个千疮百孔的国家“强身健体”。眼下，他不得不重视面临的窘境：全国仅有 30 多个科研机构，科研人员不足 5 万人。尽管通过第一个五年计划的实施，科研状况有所改善，但仍然无法满足各项建设的需要。

1956 年 1 月，在毛泽东的决策下，国务院开始组织编制《1956~1967 年科学技术发展远景规划纲要》(简称《十二年科学规划》)。3 月，在周恩来的领导下，成立了以陈毅为主任的国务院科学规划委员会，并邀请全国 600 多位科学家和以拉札连柯为首的 18 位苏联专家参与规划的制订工作。

梁思礼赶上了这个好时机。电信技术研究所派出了多位具有雷达、通讯、无线电、自动控制等专业特长的专家学者参加规划制订工作，梁思礼以自动控制专家的身份参加了这项工作。

梁思礼还记得1956年那个难忘的春天。

他和研究所同去的几位专家住进了北京西苑大旅社，一人一个房间。这座苏联援建的旅社，条件很好，推开窗户，一股淡淡的清香飘进屋来，令人心旷神怡。窗外盛开着一簇簇金灿灿的迎春花，花儿小小的、密密麻麻地挤在一起，经过了寒冬的洗礼，它们最早用美丽的笑脸，迎接春天的到来。梁思礼何尝没感到春天的温暖，一个怀揣报国大志的年轻人、一个带有少年强则中国强的血性男儿，今天能为祖国的发展大计出谋划策，那是多么光荣的事啊！早逝的父亲如果泉下有知，定然会对他的“老白鼻”伸出大拇指。

规划制订分为两个阶段进行：第一阶段由中科院、各产业部门及高教部门分别提出本部门的规划草案，在2月底以前完成；第二阶段从3月份开始，以

梁思礼（右三）等参加《十二年科学规划》的专家们合影

中科院各个学部为基础，会同全国科学家对各部门的规划进行综合和审查。梁思礼参加了前后两个阶段的工作。

在第一阶段，梁思礼对无线电、自动控制技术的发展提出了设想。在第二阶段，他参加了新技术部分第37项《喷气和火箭技术的建立》的讨论。

规划制订经历了半年时间，梁思礼回忆说：

我们刚集中住下，就传达了周总理的指示："这个远景规划的出发点，是要按照需要和可能，把世界科学的最先进成就尽可能迅速地介绍到我国来，把我国科学事业方面最短缺而又最急需的门类，尽可能迅速地补足起来，根据世界科学已有的成就来安排和规划我们科学研究工作，争取在第三个五年计划期末，使我国最急需的科学部门能够接近世界先进水平。"

编写之时，对我们很是放得开，我们可以结合自己的专业谈各自感兴趣的话题。我是搞无线电的，又搞控制，所以就想了一些搞导弹方面的事，加了一些导弹控制的内容。一开始基本上是各写各的，写完以后交上去，再由各小组归纳，然后再由上一层小组提炼，因此纲要所写的内容是逐步形成的。

因我搞的东西相当保密，我当时并不知道上面有任新民，还有钱学森，他们倒有可能由此知道了我。不久后，研制导弹的国防部第五研究院成立，钱学森把我调来，还当了五院最早成立的十个研究室中的控制研究室副主任，可能跟我写这个规划有关系。

到1956年8月，《十二年科学规划》终告完成。这是新中国成立以来的第一个科技规划，它从13个方面提出了57项重大科学技术任务，从中进一步提出了12个重点任务和6个紧急项目：原子能、导弹、电子计算机、半导体、无线电电子学和自动化技术（对外公布时，只提到后4项，前2项属于保密项目）。

仔细翻阅一下这个规划，会发现57项重大科学技术任务中的第37项、12

个重点任务的第 3 项和 6 个紧急项目的第 2 项，讲的都是一件事情，即“喷气和火箭技术”。

规划提出：

喷气飞机和火箭是现代飞行器械技术中的最高成就。这种技术的掌握和发展对于增强我国国防有很大的意义。喷气飞机的速度可以达到超过声音传播的速度，飞行高度可以高达两万公尺，可发展为高速交通工具。火箭的速度更高，可以达到更远的高空，以至可以作为星际交通的工具。由于火箭是利用复杂的自动控制系统来控制飞行的路线的，因此，在国防上可以达到超越远距离瞄准的要求，它同时也是近代空防的利器。这两种超高速度的飞行器械在现代科学技术发展中是突出的高峰之一，掌握它、运用它和继续发展它必须要付出很大努力。

关于第 37 项《喷气和火箭技术的建立》，由于涉及国防机密，所以在公开发表的《十二年科学规划》中讲得比较笼统：

首先掌握喷气飞机和火箭的设计和制造方法，同时研究其有关的理论，并建立必需的研究设备，从事高速气体动力学、机身结构、各种喷气动力、控制方法以及飞行技术的研究，使在最短期间能独立设计民用的喷气飞机和国防所需的喷气飞机和火箭。

梁思礼参加了《喷气和火箭技术的建立》的制订。这项规划由钱学森主持，王弼、沈元、任新民等负责，其中的主要内容均出自 1956 年 2 月钱学森写给周总理的《建立我国国防航空工业意见书》。梁思礼以他渊博的知识、丰富的阅历多次发表了很多真知灼见。他从国外喷气与火箭技术发展概况，中国目前的状况，其中关键技术是哪些，我们的途径与指导思想是什么，需攻破哪几项技术，这几项技术需成立哪些研究机构，要多少人等，都做了认真的思考。

规划制订中曾发生过激烈的争论，比如应该优先发展飞机，还是优先发展导弹？

当时，人们对飞机在军事上和民用上的作用或多或少都有切身的体会，而对火箭导弹并不清楚它有何用，所以“机派”和“弹派”争执不下，互不服气。

梁思礼的认识是比较清楚的，他说：

航空发动机很难搞，需要较强的工业基础，飞机在短期内是很难研制成功的；而搞导弹能很快看到效果。

他的观点得到了钱学森的赞同。

钱学森给大家分析道：

飞机的难点在材料和发动机，而此问题在工业基础十分薄弱的我国，是不可能在短期内解决的；飞机要上人，所以对飞机的可靠性、安全性和可重复使用性，都有很高的要求，而每一个“性”都要攻关很长的时间；飞机还涉及复杂的飞行员训练、地勤空勤等庞大的维护保障系统，均非一日之功，更需要很长时间的经验积累。

而无论是防御还是攻击，导弹都有优势。你看，导弹比飞机飞得快，可以达到10倍声速以上，而超声速飞机最多为3倍声速，导弹打飞机一打一个准，而飞机打导弹则很难打得着。还有啊，导弹飞得比飞机远，朝鲜战场上苏联援助我国的米格－15飞机作战性能非常棒，但它的作战半径只有300千米，飞不到三八线就得返航，所以飞机飞行的距离很受限制。再从技术上看，导弹技术并不比飞机更难，研制进度会快得多，况且导弹的使用是一次性的，相对飞机要容易解决得多，发展导弹技术唯一要解决的难题是制导问题，但这在短期可以突破。如果我们从导弹入手，几年之内国家的防空问题可以解决，不挨打和还击敌人的问题也可以解决，我们赢得了与对手战略抗衡的时间，也有利于航空工业积累经验稳步发展。因此，从战略博弈的角度分析，发展导弹是战略取胜的捷径。

对于在短时间内中国人能否造出导弹来，钱学森说："我们中国人并不比外国人笨，外国人能搞出来的东西，我们中国人也一定能搞出来！"

钱学森的分析提纲挈领、有理有据，很快"平息"了这场争论。梁思礼也从中深受教益，更加敬佩钱学森的远见卓识。

《喷气和火箭技术的建立》规划，对推动中国航天事业的发展起了关键的作用。

规划的目标和预期结果是：

建立并发展喷气和火箭技术，以便在12年内使我国喷气和火箭技术走上独立发展的道路，并接近世界先进技术水平，以满足国防的需要。

规划总的进度是：

1963 ~ 1967年在本国研究工作的指导下，独立进行设计和制造国防上需要的、达到当时先进性能指标的导弹。

组织措施是：

在国防部的航空工业委员会下成立导弹研究院，该院自1956年开始建设，1960年建成。基本的步骤是：

必须尽快建立包括研究、设计和试制的综合性导弹研究机构，并逐步建立飞机方面的各项研究机构。

按照《十二年科学规划》的目标、路径，新中国的航船鼓起风帆、破冰启航。向科学进军，赶超世界先进水平，成为时代的口号，成为梁思礼那一代人奋力拼搏的动力。

中共中央领导人接见参加拟制全国长期科学规划工作的科学家合影（截图，三排左四为梁思礼）

随着《十二年科学规划》的实施，梁思礼的命运发生了重大的转折。

1956 年 10 月，国家决定组建国防部第五研究院，这是专门研究导弹的新机构。这之前的一个月，梁思礼、冯世璋、吴展、乔石琼、李一鸣、蒋通、王泰楚、赵菁等 8 位科技人员，奉命从电信技术研究所调到国防部第五研究院工作。

从此，梁思礼与中国航天结下了不解之缘。

5. 三喜临门

俗话说，一个成功男人的背后，总有一个默默支撑他的女人。梁思礼有一个非常知心的伴侣，她的名字叫赵菁。

1954 年秋天，电信技术研究所的小礼堂里，丝竹声声、歌声嘹亮，一群梳着大辫子或刘海齐眉短发的姑娘们，穿着五颜六色的“布拉吉”连衣裙，嘴里唱着流行歌曲，像一群快乐的小鸟，叽叽喳喳地涌进了礼堂，周末舞会拉开了帷幕。

她们中间有一个面目清秀、身材娇小、文文静静、衣着朴素的女孩，吸引了梁思礼的目光。梁思礼主动上前邀她跳舞，一场圆舞曲下来，姑娘的三步迈得纹丝不乱，无论是旋转还是跟步，她都舞步轻盈，那身“布拉吉”一打开，就像一朵绽放的喇叭花，深深打动了梁思礼。后来梁思礼打听到，那位姑娘叫赵菁，是研究所的要害部门人事部的干部。别看她年纪轻轻，已经是个“老革命”“老党员”了，她1947年17岁时就进入粤北山区，参加了中国共产党领导的游击队——东江纵队下属的北江支队，从此走上革命道路，参加了解放全中国的革命斗争。

梁思礼听到赵菁的革命历史，心情有点沉重。自己刚被打成“老虎”，虽说得到平反，毕竟有个封建家庭背景，而且入党申请还没有得到批准，人家能看的上咱吗？有一天，有个同事喜形于色地透露给梁思礼一个“好消息”：赵菁出身于书香门弟，本人接受过良好教育。

原来，赵菁原名麦秀琼，祖籍广东南雄。祖父麦彝宪是孙中山领导民主革命时期的一位老革命家，他积极参与孙中山领导的民主革命，1905年加入同盟会，在孙中山之兄孙眉领导下积极准备武装起义，还参加了黄兴领导的广州起义。他对促进广东政府脱离清政府，宣布全省光复的武装起义有功，却被陈炯明为排除异己而杀害，后来李济深主持正义，追认麦彝宪为辛亥革命烈士。赵菁的父亲麦鼎勋，在青年时期就是一个进步的爱国知识分子。复旦大学毕业后，他投身进步事业，受到李济深的重用，曾在19路军某部任中校政治教官，抗战期间赴香港办报，以各种形式宣传团结抗日。1941年12月，太平洋战争爆发后香港沦陷，麦鼎勋返回大陆，不久被汉奸出卖，被捕入狱。后经朋友营救出狱，继续开展进步活动，终因颠沛流离、积劳成疾，年仅44岁就病逝了。1947年，赵菁高中毕业，在她面前摆着三条道路，考大学、工作养家或是去游击区。由于她的学习成绩优异，她的老师愿意资助她读大学。但是受家庭的教育和熏陶，接受了进步思想的她，这时已经加入了共产党，她毅然放弃了读大学的机会，不满17岁就进入粤北山区参加了北江支队，当上了小游击队员。为工作方便，她沿用父亲曾用过的笔名赵超之姓，改名赵菁。

赵菁是从进步、民主、书香世家走出来的“游击队员”，梁思礼除了敬佩以外，对她又平添了一份亲近，毕竟他们的家庭背景、文化背景有着相同之处。梁思礼暗下决心，努力工作，积极上进，早日入党，政治上要与赵菁相配。

赵菁文静、内秀、坚韧的性格吸引着梁思礼，而梁思礼的博学多才及乐观开朗的性格也很使赵菁动心，她认为梁思礼思想进步、为人真诚热情，而且性格直率，爱憎分明，从不虚头滑脑，因此彼此很谈得来。渐渐地，两人经过深入的了解、交往，终于从相识到恋爱了。

1956 年 10 月，由于梁思礼思想觉悟不断提高，工作中吃苦耐劳，又积极参加了国家《十二年科学规划》的制订，终于被批准入党，这让他心中的一块石头落了地。

11 月，梁思礼在国防部五院简陋的办公室里迎

梁思礼和赵菁结婚照

娶“小游击队员”，和赵菁举行了婚礼。两人在金婚纪念之时，赵菁打趣地对前来庆贺的朋友说：“就他那个倔脾气，要是入不了党，我们的婚还真结不成了呢。”

结婚那天，赵菁身穿婆婆送给她的淡粉色锦缎缝制的中装，头发烫着大花卷，脖子上系着淡淡的花围巾，显得格外清雅动人。新娘的婀娜美貌，不知撩倒了多少到场庆贺年轻人的心。专家梁守槃为他们主持婚礼，母亲王桂荃带着梁思礼的侄子和外甥来到现场，笑眯眯地接受儿子儿媳的拜礼，噙着喜盈盈的热泪，看着她的小儿子步入了婚姻的殿堂。

结婚后，梁思礼在控制系统研究室当副主任，赵菁在另一个研究室当秘书兼支部书记，后来由于

梁思礼、赵菁结婚宴后，与母亲和朋友合影（右一为梁思礼，中为母亲王桂荃，左二为赵菁）

1957年冬，梁思礼夫妇（左一、左二）与朋友们合影

机构变动，梁思礼在京西永定路工作，赵菁则在京南长辛店工作，几年后才调到一起。

梁思礼和赵菁在性格上的互补，是他们的幸福密码。梁思礼快人快语、粗线条、大而化之，赵菁沉默寡言、细微周到，两人恩爱携手半个多世纪，从来没有吵过一次架。家庭大事全是梁思礼决策，但具体落实全靠赵菁，柴米油盐的每一个生活细节都浸泡着他们的默契与关爱。梁思礼形象地比喻说，我俩的关系好比秤杆和秤砣，我们是秤不离砣，砣不离秤啊！

1956 年，梁思礼三喜临门：这一年，他加入了中国共产党；这一年，国家决定组建国防部第五研究院，他成了第一代航天人；这一年，他娶了赵菁为妻。

1956 年，带着甜味。

梁思礼

梁思礼院士传记

Academician Liang Sili's Biography

第五章

结缘航天

有自动控制专业功底的梁思礼调入国防部第五研究院，与中国航天事业结下不解之缘。作为开拓者之一，他用聪明才智和忘我精神投身于国防建设。

近现代以来，中国人的自豪感与自卑感大多与军队在对外战争中的表现和武器装备强弱联系在一起。从鸦片战争失败直至抗日战争时沦陷大半国土，对外战争一再失败和本国武器装备低劣，导致社会上长期充斥着崇洋媚外的心理。新中国成立后抗美援朝一战，打败了世界最强大的对手，才逐渐恢复了中国人百年来丧失的民族自尊心和自信心。为了让中国成为世界上说话有分量的强国，包括梁思礼在内的第一代中国航天人，开始向军事科技的新高地发起强攻。

1. 中国导弹事业的“开国元勋”

20 世纪 50 年代初期，刚刚诞生的中华人民共和国面临着抗美援朝战争的考验，这是一场让中国人第一次领略到现代战争味道的世界级对抗。1950 年 11 月，美国总统杜鲁门在一次记者招待会上公开扬言，要在朝鲜战争中使用核武器，在世界上引起了一场轩然大波。当时，原子弹已被运到了停泊在朝鲜半岛附近的美国航空母舰上，美国飞机还有意无意地进行了核模拟袭击。

1953 年春天，美国又把装有原子弹的导弹运到了与中国仅一海之隔的日本冲绳岛上。两年后，新上台的艾森豪威尔总统公开表态，如果远东发生战争，美国当然会使用某些小型战术核武器。

核威慑成为高悬在中国人头顶上的达摩克里斯利剑。

让刚刚翻身做主人的中国人民挺起腰杆，不再仰人鼻息，成为领袖们最急迫的愿望。

在国家领袖们对战争威胁的深深忧虑之中，中国的导弹和原子能工业开始起步了。

1956 年，在我国有计划的经济建设全面展开、百废待兴、百业待举之际，党中央毅然作出了发展我国国防尖端技术的决策。周恩来总理主持制订了《1956~1967 年科学技术发展远景规划纲要》，把喷气和火箭技术（即导弹技术）列为国家的重点发展项目。

历史送给中国发展导弹技术一个绝好的契机，一位在美国从事喷气和火箭技术多年的专家钱学森，冲破重重阻挠，终于在 1955 年 10 月回到了中国。回国后的第 4 个月，他完成了周恩来总理给他布置的一项秘密任务，向中央写了一份《建立我国国防航空工业意见书》。为了保密，钱学森把导弹隐喻为国防航空工业。仅仅过了 8 个月，中央就决定建立一个专门的导弹研究机构。领袖们知道，新中国的护身盾牌不能再是大刀长矛和小米步枪，在维系国家民族安危的大事面前，上马高科技军事装备是历史的必然抉择！

1956 年 10 月 8 日，一队人马悄然进驻了北京西郊一座灰色小楼，这里原来是一个北京军区空军的野战医院——466 医院。前些天医院刚刚搬走，满楼的消毒水味儿还没有散尽，这队人马就迫不及待地进去安营扎寨。这个地方是主管国防科技工业的副总理聂荣臻元帅专门派秘书联系借用的，同时借用的还有附近的 124 疗养院和 106 疗养院。

466 医院的小食堂里临时摆了一张旧三屉桌和几张靠背椅，算是布置好了主席台。台下左右两边摆着一排排巴掌宽的长条木凳，中间留有 1 米左右的过道。参加会议的有200人左右，左边坐的是机关各部门的领导和工作人员，右边坐的是各专业的专家、技术人员和全国各大专院校刚毕业分配来的大学生。大家在静静地等待着，党中央一项具有战略意义、决定新中国命运的重要决定即将宣布。

聂荣臻元帅在钱学森等人的陪同下走进会场，聂帅站在三屉桌旁郑重宣布：经中央批准，中国的第一个导弹研究机构——国防部第五研究院今天成立了。

五院是干什么的呢？五院要干一件惊天动地的大事，要为新中国研制杀手锏！五院的院长是谁呢？就是回国整整一周年的大科学家钱学森。

聂荣臻接着讲到：

在座的各位，从今天起，你们就是中国导弹事业的开国元勋啦！眼下人手虽少，但只要大家团结一心，艰苦奋斗，中国的导弹事业一定会有美好的前景。

他的话音刚落，全场响起了经久不息的掌声，许多人的泪水模糊了双眼。这是怎么样的一种心情啊，国家有难，大家恨不能赴汤蹈火……

聂帅讲完话后，钱学森给大家介绍了自己如何克服重重困难从美国回到祖国的曲折历程。他结合自己的亲身体验，讲述攀登科学技术高峰的艰辛和乐趣，号召大家刻苦钻研科学技术，献身我国的导弹事业。他满怀激情地给大家鼓劲：

这是一个宏伟的、具有远大前途的事业。投身这个事业是很光荣的。大家既然下决心来干这一行，就要求大家终生献身于这个事业。由于工作性质的关系，干我们这一行是出不了名的，所以大家还要当无名英雄。我们是白手起家，创业是艰难的，我们会遇到意想不到的困难。但是，我们不会向困难低头。我说，对待困难有一个办法，那就是“认真”两个字。只要大家认真对待，就没有攀登不上的高峰，就没有克服不了的困难。我相信我们一定会完成党中央交给我们的任务。我们一定要下决心完成这个光荣任务。

这一天，梁思礼就坐在这个简陋的食堂里，他亲眼见证了中国航天从零起步的伟大时刻。梁思礼回忆说："钱院长的讲话，语重心长，亲切感人，寓意深刻，多次被热烈的掌声打断。现在回忆起来，还是回味无穷。"

国防部五院成立伊始需要大量人才，国家动员各个大学、研究院等单位向五院输送有关专业人才。由于梁思礼是美国辛辛那提大学自动控制专业的博士，他所学的专业和国防部五院从事的工作有相当密切的关系，所以1956年9月，梁思礼与冯世璋等8位科技人员奉命从电信技术研究所调到国防部五院工作。从这时起，梁思礼开始了长达近60年的导弹与航天研制之旅。

国防部五院属于军队编制，所有人员调入后即加入中国人民解放军。32岁的梁思礼英姿勃勃，终于放飞了工业救国的人生理想，他的心情就像秋高气爽的天气，透亮、畅快。

为了尽快投入导弹研制，在钱学森的安排下，国防部五院成立一个月后，设置了10个研究室。鉴于当时国内外的严峻形势，保密工作极为严格，这10个研究室，不是从一室开始排序，而是从六室开始。

六室为总设计师室，主任任新民；

七室为空气动力研究室，副主任庄逢甘；

八室为结构强度研究室，主任屠守锷；

九室为发动机研究室，主任梁守槃；

十室为推进剂研究室，主任李乃暨；

十一室为控制系统研究室，副主任梁思礼；

十二室为控制元件研究室，副主任朱敬仁；

十三室为无线电研究室，副主任冯世璋；

十四室为计算技术研究室，副主任朱正；

十五室为技术物理研究室，副主任吴德雨。

梁思礼有着自动控制的专业功底，担任了十一室的副主任，当时手下有7

位研究人员。

生活安顿、组织落实后，大家个个情绪高涨，纷纷准备挽起袖子大干一场，可是走进研究室，大家突然间傻了眼——啥是导弹啊？怎么干啊？

原来进入国防部五院的人尽管全是精挑细选的精英人才，可是除了钱学森等少数科学家外，他们谁也没有导弹方面的知识，来之前大家只知道“炮弹”，可从没听说过“导弹”，绝大多数人都没有见过导弹长什么样，既不了解它的构造，也不知它的功能，更不知该如何制造这个家伙。

钱学森充分估计到了这一点，很快就在全院范围内开展了一场“导弹扫盲”战，他亲自编写扫盲教材《导弹概论》，亲自登台讲课，还亲自拟定空气动力学、发动机、弹体结构、自动控制、电子线路、计算机等有关专业的学习计划，把各方面的专家发动起来，请他们一齐上阵参加“扫盲”，他请梁守槃讲授“火箭发动机”，庄逢甘讲授“空气动力学”，史超礼讲授“航空概论”，朱正讲授“制导理论”等。在466医院简陋的食堂里，梁思礼和很多人一起坐在长条凳上听钱学森的课；还有些小课是在医院小会议室里听的，记得墙上还挂着一块小黑板，钱院长和其他专家的讲课持续了3个月。其间，梁思礼作为研究院唯一的自动控制博士，也给新来的大学生们讲授了自动控制课。

1956年年底，苏联援助的两枚P-1教学弹运到了北京，这是大家第一次见到导弹实物，那个稀罕劲儿就别提了。梁思礼从外看到里，从头摸到脚，原来这个庞然大物长得和大炮弹差不多嘛。当时没有图纸，大家就根据钱院长讲课的知识来认识导弹。一开始，梁思礼觉得洲际导弹特别神秘，听了钱院长的课后茅塞顿开，原来它是大导弹顶着中导弹再顶着小导弹，一级一级地飞，直到击中目标。

在这几个破旧的医院和疗养院里，200多位航天人开始了艰苦卓绝的创业。一场没有硝烟但却惊天动地的攻坚战打响了！

苏联援助的 P-1 教学弹的原型德国的 V-2导弹

2. 到瑞士买导弹

国防部五院成立之初，一无技术，二无设备，三无厂房，可以说是地地道道的“三无”研究院。聂荣臻曾和钱学森讨论过，要是全靠自己一穷二白两手空空地从头干起，可能需要七八年才能把导弹研制出来，而且搞出来的还是比较初级的东西。在美国核大棒的威胁下，新中国能获得七八年和平发展的时间吗？聂荣臻曾经向几位身经百战的老帅、老搭档探底，大家的回答都是：摇摇头。

研制导弹如果能获得一些外援，情况就会乐观多了。

1956 年 9 月，聂荣臻托李富春副总理访问莫斯科时提出请苏联援助中国导弹新技术的请求，然而苏方的答复却给他浇了一盆冷水。苏共中央复函说：考虑到导弹技术的复杂性和中国目前缺乏干部的情况，他们认为对中国的援助只能限于培养干部，可以提供 2 枚供教学使用的 P-1 导弹，派 5 名教授来中国讲学。再就是，可以接受 50 名留学生到苏联学习。苏联的态度不冷不热，1956 年年底，人家也真的送来了两枚教学弹，但是这毕竟是一种过时了、早已被淘汰了的旧家伙，负责领导国防科研工作的聂荣臻副总理几乎急白了头。

梁思礼这些基层的技术人员也很着急，但又不知道该从何处下手。他回忆当年的情景说：

当时我们一无资料，二无实物，只能看国外一些公开发表的杂志上的论文，迫切需要有个实物看看。我是十一室的副主任，搞控制系统，更是不知道导弹的控制是个什么样，那会儿就想，要是能买进来一些导弹实物或者一些设备就好了。

机会来了。1957 年 8 月，梁思礼接到了一项秘密任务，与外贸部仪器进出口公司的张济舟处长一起去瑞士，看看能不能从欧洲买点“东西”回来。当时欧洲只有瑞士一个国家和中国建立了外交关系，对中国的经济技术封锁并不十分严格，恰巧国防部五院得到了一本瑞士出版的《奥利康防空导弹》，书中详细地介绍了奥利康防空导弹。梁思礼仔细地翻看这本难得的书，如获至宝。

奥利康是瑞士于 1946 年开始研制的全天候型中程、中高空地对空导弹武器系统，既可用于要地防空，也可用于野战防空。导弹的主要承包商是奥利康机床有限公司。该公司先后生产了 RSA-54、RSB-56、RSD-58 三种导弹。此外，还生产了 RSC-57 训练弹。训练弹在战斗部部位安装了遥测设备和降落伞回收系统，因此训练弹可以多次使用。梁思礼还了解了奥利康导弹的战术技术性能：弹长 5.7 米，弹径 0.36 米，翼展 1.3 米，射程 30 千米，射高 20 千米，导弹全重 400 千克，战斗部重 40 千克，飞行马赫数 2.4。系统以营为建制单位，每营由一个指挥站和三个导弹连组成，指挥站配有警戒雷达；导弹连由一部跟踪雷达、一部制导雷达和六部双联装发射架组成，全系统车载机动，能独立作战，全连一分钟内能发射 12 枚导弹。

如果能买到一枚实弹，那该多好啊！

瑞士的湖光山色秀美迷人。立于欧洲之巅的少女峰，如同利刃直插云天，皑皑白雪与璀璨的阳光交相辉映，在深蓝色的天幕衬映下，层层白云似涌动的波涛，雪峰犹如乘风破浪的一帜风帆。雪峰的受光面冰雪棱角分明，背光面雪层舒缓柔软，恰似出浴的美女犹抱琵琶半遮面。一切是那么纯净，那么圣洁。

可是梁思礼一行哪有心思去欣赏美景？他们必须克服困难买回东西。购买国防高科技产品向来是个敏感话题，在西方国家对刚刚诞生的新中国层层封锁、处处封锁的形势下，更是如此。他们在伯尔尼中国大使馆住下，在商务参赞的帮助下通过各种关系找到二道贩子“黄牛商”，拐弯抹角地提出想购买光学电影照相机（这种相机可以用来测量弹道）。“黄牛商”便以顾客要看照相机为名，带着梁思礼他们到工厂里转了几圈儿。在工厂里他们看到了奥利康导弹，然后顺势提出还想买一些工厂研制的新技术产品，比如导弹和一些设备。企业家远没有政治家那么高的敏感性和警惕性，也没有看出这两个中国人的蓄意目的，有生意做当然是好事，于是积极给他们疏通购置军火的渠道。购买手续极为复杂，最关键的是如何取得瑞士政府的出口证。梁思礼他们必须编造各种合理合法的理由，为此他们在瑞士整整工作了 4 个月，费尽周折最后把货物全部订到了。梁思礼和张济舟高兴得心花怒放，两人弹冠相庆，由于是第一次到欧洲，他们还找机会到苏黎世、洛桑和日内瓦转了一圈儿。

1957 年 8 月，梁思礼还接到了一封喜信，他的第一个孩子出生了，是个大胖小子，信中还夹着爱妻赵菁抱着儿子梁左军的一张照片。妻子告诉他，分娩很不顺利，是住在梁思礼母亲家突然破了羊水生下来的。梁思礼远在国外，帮不上妻子什么忙，看着母子俩的照片，心中既兴奋，又平添了几分挂念。

正当要签合同的时候，国内突然发来一份电报，说大部分产品不买了，只买几件弹道电影经纬仪等小产品就行了。买回来的电影经纬仪后来交给了酒泉导弹试验基地（后来的酒泉卫星发射中心）和中科院长春光机所，在我国“两弹一星”工程中发挥了重要作用。

1957年，梁思礼在瑞士收到赵菁抱着儿子的照片

原来，此时中苏关系出现了转机。上台不久的苏共最高领导人赫鲁晓夫因全面否定斯大林，又悍然出兵波兰和匈牙利，在社会主义阵营中陷入了孤立；他在同马林科夫、卡冈诺维奇、莫洛托夫进行的苏共党内斗争中，也胜算未卜。在此情势下，赫鲁晓夫十分希望毛泽东能亲自出席在莫斯科举行的世界共产党和工人党会议，以示中国共产党对他的支持。毛泽东提出，只有苏联答应在尖端技术方面援助中国，他才同意前往莫斯科。于是，苏联对于援助中国导弹武器方面出现了一些松动。1957 年 9 月，聂荣臻率团访问苏联，10 月，中苏双方签订了《中华人民共和国政府和苏维埃社会主义共和国联盟关于生产新式武器和军事技术装备以及在中国建立综合性的原子工业的协定》(简称《国防新技术协定》)。苏联同意援助中国地地导弹、地空导弹、空空导弹和反舰导弹，并在 1957 年到 1961 年年底，提供导弹样品和技术资料，派遣专家帮助我国进行仿制，并允诺供给射程达 1000 千米的 P-2 导弹技术资料。

1957 年年底，西德西门子公司想和中国发展贸易，主动邀请中国派代表团去西德参观工厂。那时中国和西德尚未建立外交关系，外贸部决定让在瑞士的梁思礼、张济舟和中国驻瑞士使馆商务处的一秘、二秘组成代表团，作为中华人民共和国第一个到西德的商业代表团去西德参观。他们一行参观了一些工厂和研究所，虽然没有达成实质性的贸易，但是开创了中德交流的先河。

经过多年封闭，梁思礼回国后第一次去西方发达国家，所见所闻颇有新鲜感。他回忆说：

1957 年，梁思礼（左二）在瑞士与张济舟等合影

梁思礼（左二）等在西德科隆大教堂前合影

西门子公司的专家开着小甲壳虫式的大众汽车以180千米高速，在希特勒时代留下的宽广的高速公路上飞驰，感觉汽车都快飘起来了，心都有些发毛。不过，我也看到，在沿街漂亮现代化的住宅楼背后仍遗留着大量的瓦砾废墟，连著名的西德科隆大教堂也还在修复。这已经是第二次世界大战后12年了，说明战争给世界造成的创伤恢复起来是多么困难！

直到1958年年初，梁思礼才回到北京。

3. 历练教导大队

1957年年底的一天，夜幕降临，天穹仿佛被泼洒了墨汁，星月黯然。与苏联接壤的满洲里火车站荡漾着严冬的肃杀，淹没在一片黑暗里，四周静悄悄的。突然间，养路段的狗竖起耳朵狂吠起来，尖锐凄厉的叫声打破了夜空的寂寥。

北边发来的火车很久没有在夜间开过来了，此时铁轨有了动静。不一会儿，一道雪亮的火车灯光撕开了沉沉的夜幕，苏联方向开来了一列披着厚实伪装的专列。站台上警戒森严，荷枪实弹的军人护卫在列车两旁，几束手电光划过车站，专列上下来了几个人，站台上传来了俄语口令声。短暂的交接后，苏联专列上的东西被秘密装进了中国的火车，神不知鬼不觉地悄悄向北京长辛店车站驶去。当时苏联的铁路是宽轨，中国的铁路是窄轨，所以从苏联过来的火车进入中国后必须要调换车箱。

火车上坐着苏军上校普列奥布拉任斯基带领的一个缩编导弹营102人，还装载有援助中国的两枚P-2近程导弹以及测试、发射、运输和加注等地面设备。在中国航天人急切期盼的目光下，他们踏上了中国的土地。

为了尽快向苏联专家学习，1958年1月11日，国防部五院和军委炮兵联合成立了炮兵教导大队，由苏军导弹营官兵讲课并操作示范。在开学典礼上，钱学森说："对导弹武器装备，我们还是个不会走路的'孩子'，现在是刚刚起步。

我们深信，在党中央的正确领导下，在启蒙老师苏联专家的帮助下，经过我们自己的辛勤努力，一定会走、会跑，成长壮大。”他还告诉大家：“P-2 导弹是苏联第一代产品，谈不上先进，但对我们来说，毕竟有了教学实物，可以使我们少走弯路，我在美国就没看到这样的实物，要好好学。”

梁思礼 1958 年年初从瑞士、西德回国后，被分配到新组建的炮兵教导大队，任技术副大队长。教导大队大队长是来自炮兵的上校孙式信，政治委员是上校宋杲，副大队长是郭升允和葛林，技术副大队长是梁思礼和黄迪飞，还有谢光选、唐津安、范士合、张继庆、丛树国、李一鸣、蒋通、李同立、陈怀瑾、戚发轫、沈辛荪、王德臣等科技干部，学员来自国防部五院、总参作战部、总后军械部、空军、哈军工等。

1 月 16 日，梁思礼接受了国防部长彭德怀授予技术少校军衔的军令。佩戴少校军衔的梁思礼，显得格外英姿飒爽。他明白，既然成为了中国人民解放军军官的一员，就必须按照军官条例要求，做到兢兢业业、戒骄戒躁、努力工作、

1958年1月，梁思礼在国防部五院被授予少校军衔

努力学习、提高军事素养和政治素养，发扬官兵团结、军民团结、艰苦奋斗的优良传统，为巩固国防、保卫祖国、维护世界和平而奋斗。

作为技术副大队长的梁思礼，每天都朝气勃勃地跟在苏军官兵后面，既当教导队领导，又当教导队学员。他的首要任务是通过苏军 P-2 导弹营官兵按职对号包教包学，使我方指战员将该型号系统的兵器原理、作战使用与维护保养技能学到手，培训自己的研制、创新和教学、试验队伍，为组建我军地地导弹战斗部队与发展我国航天事业做准备。

由于苏方提供了整个 P-2 导弹武器系统的实物和教材，又有苏军官兵手把手的辅导，梁思礼和学员们一样，对导弹的认识有了很大提高。短短数月一期的教导大队，为我国导弹事业训练出第一批粗识导弹的人才，后来他们都成为二炮和五院的骨干力量。

经过 3 个月的理论学习、操作教练和两次“初级点火”合练，全体学员都在考试中取得优良成绩。3 月 15 日合练时，贺龙、陈毅、聂荣臻三位元帅和黄克诚总长、张爱萍副总长亲临视察。4 月 6 日至 8 日，中苏双方指战员在北京昌平南口地区进行首次战术演习。苏军上校普列奥布拉任斯基对我方部分指挥员进行了现场口试，对他们的回答予以肯定；对学员们的考试结果，苏军教员也很满意。苏军营长高兴地说：“中国同志完全可以独立掌握使用导弹武器了。”4 月 15 日，苏军官兵完成任务回国。

在教导大队，梁思礼与黄迪飞住一个房间。尽管梁思礼是个吃过洋面包的“海归”，黄迪飞是个打过仗的军事干部，两人却相处得很好，黄迪飞给梁思礼讲了许多战斗故事，梁思礼听得津津有味。

梁思礼从来没当过兵，也没有接受过任何正规的军事训练，所以，在教导大队乍一过起军事生活，还有点不习惯，有一次他还闹出个大笑话。那一天，梁思礼作为技术副大队长早晨出操时训话，他一开始讲，学员们马上立正，他本应该发出“稍息”口令后再讲话，可他根本不知道此规矩，一个劲儿地讲下去，结果大家只好笔挺地立正站着，听他把话讲完。

梁思礼在教导大队工作了一个月后，五院领导派他陪苏联专家去选择仿制导弹的工厂，他就离开了教导大队。虽然在教导大队仅呆了一个月的时间，但这是他的第一次军旅生活，这段经历给他留下很深的印象。

4. 隐姓埋名

进入国防部五院大门，梁思礼首先受到了五院干部处处长的接待，一见面，处长就开宗明义地提出要注意保密，强调在这里工作有三不准：“不准向无关人员，包括家属和亲友暴露自己的工作性质；不准暴露机关的住址；不准随便与外国人接触。”并且告诉他，对外联系只能用信箱代号。干部处处长

梁思礼入教导大队后与家人合影

说，现在你们搞的是尖端武器，为适应对敌斗争的需要和情报与反情报斗争的需要，你们必须隐名埋姓，和过去做地下工作一样，虽然严格保密会带来不少麻烦，但是从国家利益考虑，你们不习惯也得习惯。

梁思礼生活在一个大家庭里，上面有 7 个哥哥姐姐（四哥思忠早逝），每个人几乎都是社会活动家，都有很大的朋友圈，要梁思礼做到缄口不语，其困难是一般人难以想象的。

梁思礼回国后，最初分配在邮电部工作，他有时住在北京南小街大姐梁思顺的家里。与他一同从美国回国的好友陈辉等人在外交部工作，外交部离南小街很近，所以，回国之初他和陈辉还有其他留美朋友经常会面。进入国防部五院后，他必须遵守纪律，全身心地投入中国航天事业。为了保密，他断绝了对外的所有联系，连他的母亲、哥哥姐姐以及其他亲戚，都不知道他在哪里、在干什么。陈辉说："梁思礼回国后好像突然从地球上消失了。"当 20 世纪 80 年代改革开放以后，梁思礼又出现在过去的老朋友面前时，大家惊讶不已，而此时的陈辉已是《China Daily》(《中国日报》) 的常务副总编了。

在朋友圈里消失的梁思礼，活跃在另一个看不见的战线上。

1957 年 11 月，国防部五院提出了《关于导弹研究院体制意见的报告》，建议以五院的机关为基础，组成总院；以五院 10 个研究室中的前五室为基础，组成一分院，负责各类导弹总体设计和弹体、发动机的研制任务，驻地在云岗附近（后迁至南苑）；以五院后五室和中国人民解放军通信兵部军事电子科学院（其前身为军委通信部电信技术研究所）的 6 个研究室和 1 个试制工厂合并组成二分院，负责各类导弹控制系统的研制任务，驻地在永定路附近。国防部很快批准了国防部第五研究院的报告，11 月 16 日，一分院、二分院同期成立。梁思礼所在的控制系统研究室分在二分院，主要承担火箭、导弹控制系统的研制任务。

很快，国防部五院制定了研制工作规划，提出在 1958 年至 1962 年的 5 年时间里研制多种地地、地空和岸舰导弹，包括仿制 P-2 导弹。

1958 年 4 月 17 日，二分院成立了第一设计部，番号为中国人民解放军 0038 部队二大队一中队。第一设计部有 100 多人，下设三个研究室：一室为地地导弹控制系统研究室，主任黄纬禄，副主任梁思礼、沈家楠；二室为地空导弹控制系统研究室，主任李蕴滋，副主任吴宝初、陈雁；三室为陀螺仪自动驾驶仪研究室，主任郝复俭，副主任吴中英。

导弹控制技术是从仿制苏联 P-2 导弹起步的。

P-2 导弹是第二次世界大战后德国 V-2 火箭的改进型。二战期间，希特勒在德国佩内门德半岛上建立了以布劳恩为首的导弹研制队伍，他们所研制的 V-1、V-2 火箭曾给英伦三岛造成了巨大的威胁和损失。在第二次世界大战期间，美国还不能从事这方面的研究。直到第二次世界大战结束，美国得到了大批德国导弹专家和生产 V-2 火箭的设备，才开始了地地导弹的研究，可见研制地地导弹的艰巨性和复杂性。P-2 近程地地导弹，主要用于摧毁敌方战役纵深内配有强大对空防御力量的重要军事和工业目标。导弹全长 17.7 米，最大直径 1.652 米，尾部有 4 个梯形尾翼。起飞重量 20.5 吨，以液氧和酒精为推进剂，发动机地面推力为 37 吨。导弹最大射程 590 千米。导弹的控制系统是惯性—无线电混合制导系统，纵向射程控制采用惯性捷联式制导，横向采用无线电横偏校正系统。它由四个部分组成，即制导系统、姿态控制系统、弹上电源配电系统和地面测试及发射控制系统。

前来援助的苏联专家针对在中国建设仿制导弹工厂的问题分为两组，每组各对一个分院，分别对我国航空工业及电子工业企业进行考察。二分院组成以钱文极副院长为首的陪同代表团，梁思礼从教导大队抽调出来参加这个代表团。中方代表团陪同苏方专家到全国各地挑选仿制导弹的工厂，走了多半个中国，回到北京后，对执行协议作了进一步的探讨。梁思礼回忆说：

梁思礼（左四）等与苏联专家合影

苏联决定援助中国三个型号的导弹，并同意帮助中国仿制它们。那时正值我国实施第一个五年计划，苏联援助我国建成了156项工程。这次苏联专家就是从这些已建的工厂中选定仿制导弹的工厂。

1958年6月19日，二分院收到了仿制所需要的一部分图纸资料，黄纬禄和梁思礼一面组织人手突击翻译资料，一面组织技术骨干讲课。黄纬禄讲无线电测距，梁思礼讲惯性制导，沈家楠讲无线电制导……整个设计部掀起了学习的热潮。大家一张图纸、一张图纸地研究，一个一个数据地琢磨，极力想搞清楚技术条件的内涵及其与左邻右舍的关系。

工厂选定后，帮助仿制生产的26名苏联专家先后抵达二院，其中到梁思礼所在的第一设计部的就有19名。苏联的援助仅仅局限在生产环节，他们可以很热情地告诉中国人如何生产导弹，却并不打算告诉你如何设计导弹，在国防高科技领域，从来没有人会把核心技术拱手相让。

1958年7月，五院派技术人员组成工作组下到导弹仿制工厂，配合工厂进行生产准备工作，处理生产中遇到的各种问题，监制产品和培训人员，同时也提高设计人员对导弹的认知水平。

下厂工作组分东北区和西北区，梁思礼出任西北地区下厂工作组组长。从此，他隐名埋姓在八百里秦川的军工厂里，工作了很长时间。

5. 求援“老大哥”

1958年冬天，正在下厂中的梁思礼突然接到了一项新任务，要他参加一个访苏代表团。代表团的规格很高，海军政委苏振华上将为团长，海军副司令员方强、二机部副部长刘杰、国防部五院副院长刘秉彦为副团长；代表团人数也很多，有军方的、工业部门的，还有一些技术顾问。国防部五院派了孙家栋、梁思礼、赵元亮和舒诚4名技术顾问。代表团的任务是和苏联谈判，希望“老大哥”帮助中国研制核潜艇以及艇上的导弹武器装备等。

原来，此时的中国海军正在谋划未来的大发展。

1954年，美国建造的世界第一艘核潜艇“鹦鹉螺”号服役，1957年，苏联第一艘核潜艇下水。核潜艇的出现把一个国家的战略防御推向远海，并能够以其强大的机动性和隐蔽性发起核反击，它既具有毁灭性的攻击能力，又具有强大的威慑力量，正因如此，核潜艇被认为是一个国家最为倚重的战略核打击力量之一，也被美国称为“三位一体”中的核反击力量。

时针回拨到1958年6月22日，海军政委苏振华参加了毛泽东主持召开的军委扩大会小组组长会议。毛泽东谈及海军建设时，面带笑容地说：“几年以后，形势会有改变，将来钢生产出来了，工厂搞起来了，要造什么样的飞机、什么样的军舰呀？”随后，毛泽东问道，“海军需要多少钢？”

苏振华谨慎地答道：“造150艘潜艇，大约要30多万吨钢。”毛泽东摇头说：“太少了，还可以多搞些。”

1958年6月27日，主持国防科技工业工作的聂荣臻元帅向中央和毛泽东主席呈送了一份绝密报告《关于开展研制导弹原子潜艇的报告》，报告指出：“我国的原子反应堆已开始运转，这就提出了原子能的和平利用和原子动力利用于国防的问题。关于和平利用方面，科委曾开过几次会进行研究，已有布置。在国防利用方面，我认为也应早作安排。为此，曾邀集有关同志，进行了研究，根据现有的力量，考虑国防的需要，本着自力更生的方针，拟首先自行设计和试制能够发射导弹的原子潜艇。”报告得到了毛泽东的圈阅批准。这份不同寻常的报告，拉开了中国研制核潜艇的序幕。也就是从这一天起，中国的核潜艇事业踏上了蛟龙入海的漫漫征程。

为了对核潜艇研制工作做到心中有数，聂荣臻在呈送报告之前就召集海军政委苏振华、副司令员罗舜初，中国科学院副院长张劲夫，一机部副部长张连奎，二机部副部长刘杰，国防部五院院长钱学森、副院长王诤等领导同志和有关业务部门负责人，就研制导弹核潜艇问题进行了座谈讨论。与会者对研制我国的导弹核潜艇表现了极大的热情，并就研制的原则、进度、任务分工、组织领导、总装厂建设等方面的问题取得了一致意见。

毛泽东作出研制导弹核潜艇的决策后，二机部于当年9月组建了反应堆研究室，负责核动力研究。海军和一机部共同组建了核潜艇总体研究室，负责总体设计、研究和任务的安排落实。从此，研制导弹核潜艇这项具有深远意义的重大科研项目，在中国大地上秘密拉开了序幕。

1958年10月，海军政委苏振华率代表团访苏。这次访问的时间拖得很长，原因是苏方的态度一直很暧昧，不说给，也不说不给，代表团提出想去参观苏联的核潜艇，但他们想方设法找借口推辞。

回忆参加这次访苏经历，梁思礼对谈判中的曲折和艰难深有感触：

那次实际上去的时间很长，我们想搞潜艇发射的固体导弹，当时苏联也正在搞，但苏联不愿意给我们。莫斯科的冬天很冷，我记得住在莫斯科的北京饭店，在那儿一呆就是两三个月，谈得很艰难。

最后还好，苏方同意给我们两个导弹，一个是潜艇发射的液体导弹，另外还给一个海防的舰对舰导弹，用快艇发射的，叫544。

我们到克里米亚黑海海军基地去看装了导弹的潜艇。在海军基地司令部所在地萨瓦斯托布尔，地方上的官员对我们比较热情友好，不像莫斯科的官员那样冷淡。

后来刘秉彦又带领我们几个搞导弹的人去海参崴太平洋东方舰队，参观苏联的潜艇。从莫斯科到海参崴，那会儿我们没坐飞机，坐的是西伯利亚大铁路上跑的火车。一路走了大概一个多星期，经过贝加尔湖，把西伯利亚铁路整个儿全看了一遍。在火车上走那么长时间，没事干，刘秉彦就给我们讲他在冀中

1958年冬，梁思礼（左一）参加访苏代表团合影

1958年冬，梁思礼（右五）参加访苏代表团合影

平原与日本鬼子打游击战的革命故事。在太平洋舰队，我们参观了潜艇，但那不是核潜艇，是一般的潜艇，也看了导弹，其中有很多值得我们参考的东西。后来苏方同意给我们544。

544引进后，在三院梁守槃的带领下，研制队伍把这个导弹在原来的基础上加长，又做了很多改进，使其射程增大，变成了中国的海防导弹海鹰2号。它在国际市场上为我国赚了大笔外汇，在国际上很出名，外国人称它为“蚕式导弹”。

代表团经过4个多月的谈判，终于达成了从苏联引进部分海军装备的协议，并于1959年2月4日正式签约，这就是《二四协定》。根据协定，苏联向中方提供了常规潜艇的技术资料和设备，派遣专家帮助中国制造，让中国代表团成员参观了列宁号原子破冰船和几种舰艇等。尽管苏方对核潜艇的技术资料十分保密，不肯吐露实质性的内容，但还是回答了一些关于核反应堆方面的枝节问题。

这次不寻常的访问，再一次让梁思礼扩大了视野，吸纳了很多先进技术的信息，也使他更加懂得了研制高科技武器的艰难。

6. 下厂学习探捷径

暴雨还在下，一声霹雳，惊心动魄地炸响，轰隆隆，好似几个空木桶从楼梯上滚了下来。夜空像伐倒的林子一样劈啪乱响，雷声像是天空在抽打条条碎叶。梁思礼蜷起身子，屏住呼吸，他真担心工厂的厂房会不会漏雨。

天刚放亮，雨停了。清江河涨得满满的，鼓着圆滚滚的肚皮，夹带着岸边被冲倒的垂柳，汹涌地向下流去，河水在晨曦下泛着忽明忽暗的幽光。

梁思礼连脸也没顾得上洗，拿了几张旧报纸把一大本图纸包好，匆匆忙忙地向工厂跑去。

在将近两年的大部分时间里，梁思礼都驻守在宝鸡，导弹控制系统的主要弹上仪器就在宝鸡市郊清江河畔的782厂仿制生产。梁思礼和从事机械结构设计、线路设计的设计师们，每天一大早都会夹着一大本图纸来到车间生产第一线，实行设计、工艺、生产三结合。除782厂外，在宝鸡、兴平、西安等地还有一批电子部和航空部的工厂为导弹仿制元器件。梁思礼和他带领的下厂工作队，也要到这里一边学习、一边处理生产中的各种问题、一边参加整机调试验收，并通过仿制生产和验收进一步学习，消化导弹图纸资料，掌握设计技术。

782厂是个军工大厂，基础条件不算好，但这已经是千筛万选找出来的好厂了。万幸的是，各个车间的工人连夜把房顶铺上了雨布，厂房都没有漏雨。虽然天已放晴，但梁思礼的心境还笼罩在阴雨雾霾之中，782厂、115厂和212厂仿制生产的665套设备，经过检查，竟然没有一套合格。原因有多种。

（1）图纸资料不全。从苏联引进的图纸资料不成套，不仅设计方面的图纸资料很少，还缺乏很多技术条件、非标准设备的工艺资料。例如，控制系统中的地面测试发射电器设备就没有图纸资料，这给仿制工作带来不少困难。

（2）元器件品种规格不全。由于我国工业基础薄弱，有相当一部分元器件不能配套生产，有些需要从头研究试制。

（3）工厂技术力量薄弱，技术工人人数少，工种不全，且精密工装设备短缺。

（4）地面测试设备短缺。虽然从苏联进口了少量设备，但大部分仍需要自己设计和生产，很难满足生产的急需。

下厂工作并不顺利。起初，下厂工作组和工厂的职责界面不够清晰，有的工厂认为只要按照苏联的图纸加工就行了，不需要再来一个“婆婆”，于是他们准备了高级办公室，好吃好喝款待工作组，但是限制他们到车间去，工作组的人没事干；有的工厂却认为工作组应该包揽仿制工作，所以干脆来了一个“大撒把”，事无巨细什么都让工作组解决。梁思礼及时写信汇报在工厂遇到的情况，国防部五院二分院迅速派出领导工作组下到工厂，与厂领导交换意见。

认识上取得一致后，工作组和工厂的关系很快融洽了起来。曾经限制工作组到车间的工厂，终于同意工作组参加工厂生产计划的拟定工作，主动与工作组研究超差代料问题。梁思礼在工作笔记中写道：“车间主任答应把两台有毛病的产品拆下来，让我们重新组装。我们还可以到其他车间，亲自动手学习总装配。现在的问题已不是没有东西可学，而是只怕没有时间学了。”

1958年下厂期间，梁思礼（右一）在陕西兴平与苏联专家合影

针对个别厂领导责任意识、大局意识不强的问题，梁思礼反复向他们介绍产品的关联度及其利害关系：“如果其中一个厂的产品不过关，就会影响全局。比如上游734厂的继电器质量不行，就会导致782厂的9个机箱不能出厂，又会影响下游718厂的积分仪无法出厂，最终我们仿制的导弹会一事无成。”

为了解决元器件的问题，二分院副院长钱文极带队，与梁思礼等十多位专家在全国各地跑了很多元器件生产厂，做了大量的考察、调研工作，最终选定一部分器件厂作为定点厂，对这些厂提出适应导弹控制系统的元器件生产技术指标和规范，并一项一项地落实元器件试制生产，控制元器件的质量。这些元器件厂后来大都发展成为专门生产国防军工元器件的“七专”（专批、专料、专人、专卡、专机、专检、专筛）工厂。

工厂技术力量薄弱，就采取边仿制边培训的办法来充实技术力量，提高技术水平。他们派设计人员跟随图纸下到车间班组，直接跟班参加生产，与车间的生产工人打成一片。在车间里，他们既是设计员，又是工艺员、检验员，群策群力解决仿制中出现的各种各样大家都不熟悉也无经验的问题。通过这些措施，大大增强了仿制生产中的技术力量。

在每次下车间之前，梁思礼都带领工作组人员先把有关零件生产图纸看一遍，了解它的用途、安装位置、选用材料、加工尺寸要求、表面处理种类等情况，从中找出一些问题再带着下厂。工人生产操作，设计人员就在一旁对照图纸看，看工人的加工程序和方法，还经常给工人当“小工”，与他们一起交朋友，有不懂的地方就向他们请教。这样，在不长的时间里，梁思礼就学到了不少各类生产工艺知识，对图纸也熟悉了。梁思礼还和设计人员一起利用业余时间有重点地学习公差与配合、机械零件、理论力学、材料力学等有关专业教材，以及图样管理制度、火箭技术导论等，补充了专业理论知识。为了更好地掌握多种仪器设计、处理耗材、超差、代料等问题，大家还学习了其他弹上仪器的图纸，并对它们的材料选用、安装尺寸要求、加工要求等，分类进行比较、分析，从中找出共性和个性的问题，再进一步分析其设计思想和设计方法，在此基础上又搜集、整理了金属材料、塑料与电工绝缘材料、涂覆与电镀等资料，对它们的种类、性能、特点、适用范围、代料规格品种等都一一做了比较。这不仅大大方便了工作，还丰富了设计知识，经过几个月的学习与实践锻炼，梁思礼和工作组成员已经能够独立处理生产中的超差、代料等问题，对弹上仪器也能独立进行测试验收了。

下厂期间，工作比较紧张和艰苦。梁思礼多次告诫下厂工作组人员：“要当医生，不要当法官”，“要当帮工，不能当监工”。这样，工作组人员在处理生产技术问题时时刻刻注意这些，从各方面去搞好与工厂、工人的关系。工作组以厂为家，不分你我，遇事一起商量研究，帮助工厂解决了不少难题。当时工厂建成不久，各项生产管理制度，如标准化管理、工艺规范、检验制度、器材采购供应等还不正规，有不少事情是工作组的同志帮助做的，产品总装后的调试工作，也大都是由工作组人员承担。

到了年底，工厂为了上报产值，急于将产品入库，但有些产品由于没有验收不能入库。为了照顾工厂的利益，工作组有时也采取点灵活的办法，先临时入库报产值，然后再出库继续验收。

看到工作组工作很负责，又很通情达理，工厂也想方设法回报他们。工作组的人员全在职工食堂就餐，工厂发给他们的饭碗比工人用的大一圈。每天午饭时，持大碗者可以单独享用一勺煮黄豆作为营养补助，算是工厂对科技人员的特殊照顾。

1958 年正是我国“大跃进”的年代，那时的口号是“多快好省”，人们的头脑普遍发热，恨不得在几年的时间里就使我国的国防尖端事业赶超世界先进水平。设计师杜有奇在《仿制 1059 控制系统回顾》一文中写道：

我们每天走进食堂，迎面的标语上写着“千方百计快快快”，看到它，我们都不由得加快了自己工作和生活的节奏。在这种形势下，我们每天就只是食堂、宿舍、办公室三点一线，后来办公室、宿舍合并，就只剩下两点一线了。每天工作大约 12 至 13 小时，一切为了上天，成为我们生活的主旋律。

根据计划要求，第一批弹上仿制产品要在 1959 年年底出厂，向 1960 年元旦献礼。为了赶进度，在年底前一个多月里，梁思礼和工厂的工人们几乎是天天加班加点，常常是饿着肚子干通宵，渴了就喝自来水。有几次验收产品时，工作组人员简直到了困得睁不开眼的地步了。

1959 年年底将至，工厂里最年轻的苏联专家列别捷夫知道产品要在年底前出厂时非常高兴，盼着早日回北京过元旦。工厂成品库正在为某台设备钉大包装箱，他也亲自去看，还不时地说：“这个箱子能把我装得下，也把我与产品一起运回北京吧。”然而，当天晚上该设备在做振动试验时，振掉了设备内的零件，例行试验没有通过，还需要检查原因，找到问题，再做例行试验进行验收，年底前出厂无望了。第二天早晨上班后，工作组人员等列别捷夫来一起商量解决问题，但他迟迟不到办公室。过了一个多小时翻译来了，大家急问：“苏联专家怎么没有来呢？”翻译回答说：“他感冒了，还在睡觉，不能来了。”事后才知道，他是由于不能按预期回北京在闹情绪呢。

为了尽快把设计技术学到手，二分院领导要求工作组人员要“脱了裤子下水”。意思是要彻底丢掉知识分子的架子，认认真真、老老实实地向工人学习，向生产实践学习，在仿制生产的海洋中学会游泳。

梁思礼很快便组织工作组成员积极行动起来，按照每个人承担的工作与专业不同进行编组，分头到机加、钣金、塑压、热处理、表面处理、组件、总装、调试等车间、工段跟班学习，有的同志还与工人一起操作，在较短的时间里取得了明显的学习效果。许多同志在自我总结中谈论下车间学习的深刻体会，都认为收获很大，学到了很多书本上学不到的东西，掌握了图纸、明白了原理、学会了调试、丰富了知识、增长了才干，而且终身受益。

1960 年年初，二分院党委在 782 厂召开下厂学习仿制导弹经验交流会，西北工作组组长梁思礼说了一句感触颇深的话：“工厂是知识的海洋。”在当年研究院关于《1959 年技术学习运动总结报告》中有如下的记录：

11分队梁思礼曾经有疑问：通过仿制来练兵是否好，值得研究。这次他在宝鸡现场会上，用一年多的经验令人信服地说明了通过仿制可以大大缩短摸索过程，有可能在一个比较短的时间内掌握导弹技术，因此他说这是一条培养技术队伍的捷径。梁思礼的例子，在我院一部分技术人员中具有一定的代表性，是通过仿制培养技术队伍的方针真正为群众所掌握的结果，一定会进一步加强技术学习的自觉性。

事实证明，在我国导弹与火箭技术的起步阶段，在一不懂设计、二没有经验的客观条件下，走下厂的路是正确的。它不仅能使设计人员学到生产知识，而且能学习、领悟其中的设计思想和设计方法，是认识火箭与导弹技术的敲门砖，是走向自行设计的一条捷径。

梁思礼

梁思礼院士传记

Academician Liang Sili's Biography

第六章

靠别人是靠不住的

梁思礼和他的战友们从仿制起步，艰难地向国防尖端技术高峰攀登。经历了老大哥的背信弃义后，中国航天被逼上梁山，只有自力更生精神是靠山。

1958年4月，聂荣臻向国防部五院下达了仿制苏联P-2导弹的任务，要求第一批仿制的导弹于1959年10月前完成总装，争取国庆10周年前试射成功，于是“1059 ”便成为仿制P-2导弹的代号。正当仿制工作进行得如火如荼之际，中苏两党、两国的蜜月期结束了。1960年8月，援助国防部五院的所有项目突然中止，苏联专家全部撤走，扔下了一个个“烂尾楼”。梁思礼说：“我们被逼上了梁山。事实教育了我们，尖端技术历来是国家关系间最敏感的部位，它永远也买不来！”

1. 压力山大

1958年当“1059”仿制工作全面铺开后，一向性格开朗、有说有笑的梁思礼经常把自己关进办公室，办公室里烟雾缭绕，压力山大的他经常抽烟，而且烟瘾越来越大。

原来，仿制的一个难点、也是让国防部五院院长钱学森最放心不下的就是导弹的控制系统，控制系统研究室主任黄纬禄和副主任梁思礼带领的团队，面临的是一场“恶战”。仿制工作远不像梁思礼想的“照猫画虎”那么简单，苏方提供的资料都是生产图纸和工艺图纸，至于为什么要这么做，没有人告诉你。当时五院要求梁思礼等每个主管设计师都要跟着一个苏联专家学习，尽量向他们学习如何设计导弹，但效果不大。因为派到工厂来的苏联专家大多数是在工厂搞工艺的，对设计工作了解不多。与梁思礼对口的专家为人很好，但可能是搞工艺的，也可能是口封得严，向他问不出多少设计经验。而负责控制系统的专家组组长对中方人员很警惕，他严密地控制他的组员，不许他们随便透露有关导弹设计的任何信息。

为了解决图纸资料不全的问题，梁思礼和其他领导带领技术人员消化了引进的苏联图纸，对没有图纸仅有实物的仪器、设备进行了实物测量，画出了结构图、布线图和原理图，然后在此基础上，对导弹的控制系统进行了反设计。所谓反设计，就是在已知导弹数据的条件下，进行各方面的论证，了解设计者的设计思想及其理论根据，做到知其然也知其所以然，以达到自行设计的目的。通过一次次探索，一点点积累，技术人员对苏联提供的技术资料的运用，达到了较为自如的程度。

为了掌握 P-2 导弹控制系统的设计原理，下厂工作期间的梁思礼带领一些年轻人，钻研理论、消化资料、进行反设计，顽强地摸索着向前走。比如导弹在飞行中有一个变参数系统，梁思礼他们没有电子计算机进行这样复杂的计算，大家只能靠手摇计算机用常参数的方法来解决变参数问题。对于没有图纸仅有实物的仪器、设备，如地面测试发射电气设备等，就根据实物进行测绘，画出结构图、布线图和原理图。

1959 年 3 月，梁思礼担任了自动控制系统弹上电气设备总设计师。

和他搭档的是英国伦敦大学帝国学院电机系毕业的黄纬禄，他比梁思礼大 8 岁，1957 年年底调到国防部五院二分院，1959 年年底任二分院第一设计部副主任，负责仿制导弹的控制系统，是梁思礼他们部门的正职领导。黄纬禄和梁思礼带领着一些刚毕业、毫无导弹基础知识的年轻人，从最熟悉的部分入手剖析P-2导弹，然后小心翼翼地打开控制系统部分电路的图纸、资料，仔细地查看。他们把研究室里的几张桌子拼在一起，紧挨着桌子放一块黑板，大家围坐在黑板前讨论，有什么问题，不需站起来就能直接在黑板上写写、画画，对P-2导弹的生产图纸进行了大量的翻译、分析、复核复算以及实际电路的验证等消化吸收工作。在此过程中，如果谁对某问题比较熟悉或了解较多，便充当临时老师；遇到大家都不懂的难题，黄纬禄和梁思礼便分配大家分头查资料，第二天，大家再围坐在一起，共同讨论。

那是一段激情燃烧的难忘岁月，尽管时光已经流逝了半个多世纪，但是在梁思礼的脑海里，它仍然是鲜活的现实：

那时学习的劲头是很大的，办公室经常通宵灯火辉煌，但当时思想并不很一致。因为那时国内各部门都聘有苏联专家和顾问，在他们的大国沙文主义思想的影响下，加上我们自己又没有经验，于是在学习苏联先进经验时有一种教条主义的倾向，对苏联专家的意见，不论正确与否都强调一成不变地去贯彻执行。对苏联的设计，我们无权批准超差代料，对苏联的工艺不能结合自己的情况作丝毫的更动。比如苏联图纸规定的包装箱要用西伯利亚的白桦木，铸造用的沙子要采用苏联某一河流的沙子，如果都照办的话，那只有到苏联工厂去生产，这是办不到的。后来周维副院长传达了毛主席的指示"自力更生为主，力争外援为辅，破除迷信；独立自主地干工业、干农业、干技术革命和文化革命，打倒奴隶思想，埋葬教条主义，认真学习外国的好经验，也一定研究外国的坏经验——引以为戒"。我们统一了思想，通过向苏联专家学习，努力掌握核心技术，用聂总的形象语言是"爬楼梯"，一步一步地为导弹控制系统的研制打下了基础，培养了导弹控制系统的研制队伍。

功夫不负有心人。慢慢地，控制系统在梁思礼的眼里不再深不可测。黄纬禄也很有信心地说：“虽然我没有真正接触过导弹，也不了解它的内部结构，但导弹控制系统所使用的电路，和我以往在工作中所接触过的电路，还是有相通之处的！”

原来 P-2 导弹采用的是无线电 - 惯性混合制导系统。导弹的纵向射程控制用惯性捷联式制导，横向采用无线电横偏校正系统。纵向捷联式制导系统，是在导弹弹体上沿纵轴直接安装一个摆式加速度表，在飞行中敏感导弹纵向的视加速度（即除引力外，所有外力引起的加速度）。当实际飞行的导弹视加速度值和事先的预定值相等时，就发出关闭发动机的指令，达到控制射程的目的。但是，导弹的视加速度并不等于导弹的真正加速度。当出现推力变化、起飞重量偏差、风和推力偏斜等干扰时，按导弹视加速度关闭发动机就会造成射程偏差。P-2 导弹对发动机推力偏差和起飞重量偏差造成的射程偏差采取了补偿措施，即在关机方程中加进一个与时间成比例的常量，以提高命中精度，这种补偿叫做单补偿方案。无线电横偏校正系统的工作原理是由设在发射点后方的地面发射装置向预定的弹道空间发射两个无线电波束，它们互成角度、宽展适宜并由两个调制频率交替调制，在空间形成一个与导弹的射面重合的等信号面。当导弹在飞行过程中由于干扰而偏离射面时，弹上接收机将收到的信号变换为与弹体偏离等信号面的方位角及方位角速度成正比的指令电压，通过偏航姿态的控制，将导弹拉回到射面中来，实现对导弹的横向控制。

在仿制中，梁思礼和所有科技人员一起拼命学，从不知道导弹控制是怎么一回事，到逐步了解导弹飞行主动段是如何控制的，横偏校正系统是怎样工作的。就是这样一点一滴，日积月累，他们搞清楚了 P-2 导弹控制系统的工作原理和设计参数，为自行设计做好了技术储备。

几个月后，黄纬禄和梁思礼带领控制系统组画出了 P-2 导弹控制系统的设计图纸。梁思礼兴奋地在笔记本上留下了记录：

从1959年6月开始，组织了决战指挥小组。奋战几个月，突破了关键技术37项，完成两套地面控制系统，攻克137套弹上控制设备的15项关键技术。

2. 争气

正当梁思礼雄心勃勃地准备继续扩大战果、开始控制系统的总装之时，西伯利亚的“寒流”来了。

1959年，中苏两党两国的关系开始恶化，苏联的援助工作开始大打折扣。这年的9月底，赫鲁晓夫来华参加中华人民共和国国庆10周年阅兵式时，提出在中国建立长波电台和建立苏中联合舰队的建议，毛泽东断然拒绝了苏方的要求，致使双方的分歧进一步加大。第二年7月16日，苏联政府照会中国政府，决定自1960年7月28日至9月1日，撤走全部在华的苏联专家，同时停止发送援助中国建设的设备、关键部件和重要物资。

在苏联专家撤走之前，梁思礼已经明显地感到他们的态度有了变化。他提起这件事就气愤不已：

当我们想发射P-2导弹考核试验靶场时，他们处处设卡，说我国生产的液氧不合格，一定要求使用苏联西伯利亚生产的液氧。液氧在－183℃就会变成气态氧，从那么老远的地方运来，运输过程中液氧就会蒸发得寥寥无几，这明显是在有意制造障碍。

得知苏方的决定，中国政府紧急复照苏方，希望他们重新考虑并且改变这一决定。但是，让中国人万万没有想到的是，他们盼星星盼月亮等来的回音，竟是苏方以毫无商量余地的态度，在一个月的极短时间内，撤走了援华的1390名苏联专家，撕毁了两国政府签署的12个协定，废除了200多个科技合作项目。到8月12日，在国防部五院的苏联专家全部撤走。

仿制P-2导弹的任务刚刚进入关键阶段，老大哥撤走专家、终止图纸和设备供应的行径，使导弹仿制计划濒临夭折。中国人终于明白，世界上没有任何一个国家愿意培养自己潜在的竞争对手，尖端技术是永远买不来的！

聂荣臻对广大科技人员说：“逼上梁山，自己干吧！靠别人是靠不住的，党中央寄希望于我们自己的专家！”

梁思礼回忆说：

在二分院第一设计部工作的最后4名专家，于1960年8月12日全部回国。

由于他们撤离得特别突然，一些关键设备只供货一半就停止了供应，有些未到的图纸资料也不给了，这等于是对我们的仿制工作釜底抽薪。在这种情况下，有些人出现了悲观情绪，如果没有苏联的援助，我们恐怕干不下去，要收摊不干了。但是，党中央指示我们要自力更生，发奋图强，依靠中国自己的力量把导弹打上天。原来从原材料到元器件全都应该由苏联提供援助，现在他们撕毁了协议，逼着中国自己去做这些原材料。这样的压力反倒促进了我国航天事业自力更生的步伐。

后续的仿制工作是极其艰苦的，比如导弹所用的材料、元器件等很复杂，许多都是中国自己没有的。聂荣臻提出全国大会战，行行业业支援航天，全国大协作，开展重要原材料、基础元器件、关键设备的联合攻关，尤其是重要原材料的协同创新，当时全国各地直接或间接参加联合攻关的单位多达1400多家，逐渐建立起了我国自己的材料和元器件协作网，使我国的工业基础大大提升了一步。梁思礼说：“苏联人逼我们，反倒把我们的能耐逼出来了，有很多原来我们不会做、做不了的东西，通过仿制1059导弹全带起来了，等于带起了整个国家的基础工业，他们也是‘功不可没’啊。”

到1960年上半年，仿制P-2导弹所需材料的绝大部分都按技术要求试制成功。梁思礼带领着工作组继续下厂，不仅仅下到整机厂，还深入到元器件生产工厂里去，解决各种元器件问题。苏联专家撤走后深陷困境的仿制工作，很快就变得井然有序起来。

1960 年 10 月，仿制的 1059 导弹终于总装完毕，临近发射试验前，导弹加注什么推进剂呢？苏联专家撤走前曾明确告诉中方，你们生产的液氧杂质太多不合格，待中方向苏方订货后，苏联的液氧又迟迟不见发货。

“1059”总设计师、中国专家梁守槃不甘心，他在办公室里反复计算，通宵达旦。一天清早，梁守槃激动地告诉大家：“我保证，中国的液氧没问题！是苏联专家计算错了，他们把杂质的气态容积当作了液态容积……中国的液氧完全可用，如果出现严重后果，我个人愿接受一切处分。”

钱学森经过复核，果断支持使用国产推进剂。

1960 年 11 月 5 日，在苏联专家撤走后的第 85 天，凝聚着中国人民自力更生精神和不屈不挠意志的 1059 仿制导弹，在酒泉导弹发射试验基地腾空而起。7 分 32 秒后，弹头准确命中 550 千米外的目标，这是中国人的争气弹！

梁思礼的同行，亲自参加这次发射的技术人员董若环在回忆录中这样写道：

记得，在那布满干枯骆驼草的戈壁中，我们住在一个尚未完全建成的筒子楼里。气温是摄氏零下二十几度，早晨洗漱是靠战士挑来的几桶热水加上楼道里大缸中的冷水混着使用，厕所在楼外相当远处，晚上是漆黑一片，只能靠手电帮忙。饮食条件也相当艰苦，主食是青稞面做的黑褐色馒头，副食也很简单，肉、菜都靠从兰州运来，供应量很少，但是，这些生活小事都被测试发射导弹掩盖了。

发射的当晚，“1059”矗立在发射台上，几只探照灯的光柱把“1059”全弹和整个水泥地发射场坪照得很亮，我们配合发射团的工作，协助解决技术问题。虽然只是初冬天气，但已夜寒难耐，我们个个头戴皮帽、身着皮衣、脚登皮靴，但还是冻得手脚麻木。生理的感觉已全被精神的关注所取代，思维完全集中到一点——测试与发射。当我平生第一次现场目睹导弹在红色火焰簇拥下飞离发射台、稳稳升空时，当我看它顺从地程序转弯飞往目标时，当我听到准确到达落点、发射试验成功的广播时，我确实被这壮丽的景观和成功的喜讯震撼了！

梁思礼也回忆说：

发射这天正好是老搭档谢光选的生日。“1059”发射成功，大家高兴极了，聂老总已是60多岁的高龄，不避大西北戈壁滩上的刺骨寒风，亲临基地指导发射。在晚上的庆功宴上，聂老总发表祝酒词说：“在祖国的地平线上第一次飞起我国自己制造的第一枚导弹，这是毛泽东思想的胜利，是工人、技术人员、干部以及解放军指战员辛勤劳动的结果。这也是我军装备史上一个重要的转折点。”他接着说：“这次试验情况，我已经打电话报告了毛主席和周总理，他们听了都很高兴，要我代表他们向全体参试人员表示祝贺和谢意。同时要求大家再接再厉，争取更大的胜利。”他又接着说：“我为我们五院规划的研制路子是先仿制，后改进，再自行设计。现在，“1059”发射成功，标志了仿制阶段将要结束，开始转到自行设计阶段，希望大家奋发图强、自力更生，扎扎实实地再干他一二十年，直到搞出我们的洲际导弹上天！”

3.“东风二号”首飞爆炸

1962年的早春，酒泉导弹试验基地丝毫没有江南“绿柳才黄半未匀”的春意，迎面吹来的风还是冷得让人打寒噤。梁思礼缩着脖子，紧紧地攥着衣服领口，加快步伐向导弹测试间走去。

这几天我国自己研制的东风二号导弹即将进行发射试验，但是导弹起竖后，下面的燃气舵不停地抖动。梁思礼和试验队员怎么也找不到原因，心急如焚的他急得满嘴大泡，烟也抽得愈加厉害。一天他抽着烟和在北京的控制系统研究所所长黄纬禄通电话，一起分析原因，一团团翻滚的烟雾把女电话员呛得睁不开眼。等他走后，电话员硬是从话筒里磕出了半筒子烟灰。

东风二号导弹的研制要从两年前说起。

1960 年，在“1059”导弹即将仿制成功时，国防部五院就提出要在仿制的基础上，自行设计具有实战价值的东风二号中近程导弹。在一次党委扩大会上，钱学森坚定地说：“苏联专家说他们走后，这些导弹零件会变成废铜烂铁。这不行！我们就是要自力更生，一定要自行设计出自己的导弹！”

中国航天人放弃了扶着苏联老大哥肩膀登天的想法，在仿制成功“1059”导弹的基础上，走上了一条艰难的自力更生的道路。

东风二号导弹以“1059”导弹为基础，总体设计不做大的改动，只是增大火箭发动机的推力，并对弹体结构、控制系统做相应的改进设计，使其射程从 500 多千米增加到 1000 千米左右。在自行设计中近程地地导弹时，为了满足控制系统新的测试要求，地面测试发射电气设备还改进和新设计了提高陀螺仪修零精度的修正放大器、姿态控制系统静态测试仪、转接控制器等。

1960 年 12 月 3 日，国防部五院发布命令，任命梁思礼为二分院第一设计部副主任。1963 年 2 月 19 日，又任命他为东风二号导弹控制系统主任设计师。

梁思礼任中校时与赵菁合影

梁思礼回忆：

第一发中近程地地导弹的设计是各系统自己分别搞的，因为当时有“1059”的样子，所以基本上还没有脱离开苏联的框框。

为了缩短研制周期，控制系统仍采用“1059”的体制，制导系统采用捷联式制导方案，射程控制采用电解积分仪，横向控制采用无线电横偏校正系统，但在部分整机和线路上做了许多修改，如横偏校正系统加大了发射机的功率，水平陀螺仪上程序机构的凸轮重新进行了设计，变换放大器选择了磁放大器的方案，舵机进行了改进设计等。据统计，控制系统与“1059”不同的设备共有65项，其中完全重新设计的19项，改进设计的46项。可见两者虽然体制相同，但已做了相当大的改进。

梁思礼的工作日记中有这样的记录：

纵向制导用电解积分仪，事先充电量相当关闭发动机时的速度，放电完时内阻骤增，使电解元件两端电压骤增，此电压经磁放大器放大后，通至电磁继电器使其接通，发动机闭合。事实上由于发动机推力偏离额定值，起飞重量的偏差等，会引起射程偏差。

可见他在考虑着对这种干扰的补偿。为什么要搞补偿呢，原来这是将一定量的电流通过补偿线圈来平衡部件不动时地心吸引力对摆产生的倾斜，补偿值是采用一个平均值，横向靠无线电校正。

第一枚中近程地地导弹研制进展很快，大约近两年时间完成了总装测试，于1962年3月4日出厂。运送导弹的专列从北京出发到酒泉导弹试验基地，要翻过海拔近4000米的乌鞘岭。梁思礼和总装厂的同志一起押运导弹产品，从感情上讲，所有研制人员都对自己花了很多心血亲自研发的这枚导弹非常珍爱，大家都把导弹看作自己第一个要出嫁的女儿，生怕发生什么问题。因此，火车每走一段路就停下来，让车上的人小心翼翼地对产品进行检查，结果火车一直走了 5 天 5 夜才到达试验基地。

梁思礼充满了必胜的信心，那时他的第三个孩子即将出生，他和妻子约定，如果生男起名梁凯，生女则叫梁旋，他做好了“凯旋”的充分准备。

导弹到了发射阵地以后，虽然大家表面上信心很足，但心里又好像不太踏实。梁思礼生怕会出现意外，天天和技术人员一起苦思冥想技术细节，他烟抽得很厉害，每天消耗两包“大前门”香烟。意外还真的出现了，当高高的导弹立在发射车上时，在猛烈的寒风中，导弹下面的燃气舵开始不断地抖动，梁思礼他们不知道发生的原因，于是一边在现场测试，一边请北京导弹控制所做各项模拟仿真试验。他在酒泉基地不断地和在北京的黄纬禄所长电话沟通，一方面通报靶场现场的测试情况，另一方面了解所里故障模拟仿真试验的进展，电话经常是连续不断地打上几个小时。本节开头讲的就是此时真实的一幕。

经过所里的实物故障仿真试验与试验结果的比对，发现燃气舵抖动问题一时无法解决，但可能不会影响发射。经过技术阵地测试、发射阵地合练检查和发射前测试、加注、瞄准后，东风二号导弹首次飞行试验终于确定在 1962 年 3 月 21 日 9 点进行。

大家期待的目光都聚焦在导弹身上，谁也没有想到，导弹刚刚起飞几秒钟，明显地偏离射面。弹体产生摆动情况，而且振幅越来越大，以至于弹体 18 秒发动机起火，火苗从尾舱内窜出，69 秒，随着一声巨响，导弹喷着大火坠毁在发射台不远处，地面被炸出深 4 米、直径 22 米的一个弹坑。

1962年3月21日，东风二号导弹首飞失利

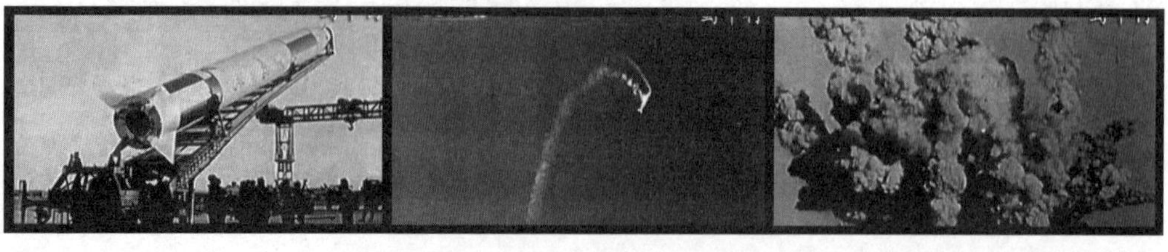

巨大的爆炸声震惊了所有在场的人，第一枚自行设计、生产的中近程地地导弹悲壮地夭折了。很多人趴在地上把头埋在沙子里，好久好久没有抬起头来，总装厂的工人师傅失声痛哭。梁思礼蹲在大坑边抱着脑袋，两眼盯着坑底，心痛得一句话也说不出来。

梁思礼对当时的爆炸记忆犹新：

导弹发射前大家都要撤离现场，其他同志都撤到导弹后方几千米远的敖包山的山顶上，我和陈德仁同志（我是控制总体室主任，他是方案理论室主任），我们俩人都搞控制系统，想看看导弹飞起来弹道转弯的情况。于是，我们坐上吉普车到导弹侧面1~2千米的地方观察，当时确实有点盲目自信，实际上这样做是很危险的。结果，导弹发射起来以后，像喝醉了酒似的摇摇晃晃，头部还冒着白烟，最后落在了发射阵地前300米的地方，因为里面的推进剂装得满满的，导弹落到地上炸起了一个蘑菇云，地面砸出了一个20多米直径的大坑。我们高高兴兴充满希望地发射出自己历尽艰辛设计制造出的导弹，又亲眼看着它坠落在地，非常沮丧。

4. 这个插曲很有意义

中近程地地导弹试射失败的第二天，五院副院长王秉璋、钱学森乘专机赶赴试验现场，立即召开全体试验人员大会，传达了聂荣臻元帅的勉励："科学试验有两种可能，一是成功，一是失败。既然是试验，就有失败的可能嘛。这次失败，为下次奠定了成功的基础，失败是成功之母！"他还说道："科学试验允许失败，并指示各级领导，不要追查责任，重要的是找出失败的原因，以利再战。对于查出故障原因的人，还要给予奖励。"并指定钱学森立即组织故障分析。钱学森也在会上说："我们是第一次自行设计，难免不成熟，要经得起挫折的考验。"一直在试验现场的王诤副院长鼓励大家说："东二尚未成功，同志仍需努力。"

试射失败，给控制系统的设计人员造成了很大的压力，梁思礼以负疚的心情，立即直接加入基地事故现场故障分析小组，认真查找自己的问题。回京后，又与所内技术人员历时 4 个月从控制系统元器件、部件到各分系统，从分系统到整个控制系统，不知经历了多少回合的故障分析。在故障分析过程中，钱学森每星期来所一次，听取大家的意见，并一同参加讨论。梁思礼清楚地记得钱学森给控制系统设计师们打气说："导弹飞行稳定问题，国外早已解决，西方资产阶级能办到的事，东方无产阶级也一定能办到，控制系统一定要杀出一条血路来。"

于是，第一设计部组织了以陈德仁等为首的 15 人杀血路分析小组。在黄纬禄、梁思礼、沈家楠等专家带领下，控制系统设计师们开展了一场杀血路的战斗。在遥测、外测参数不全，又无飞行试验结果分析经验的情况下，很快开始了紧张的故障分析工作。

该组夜以继日地进行分析和试验，梁思礼与设计部科技人员从导弹的改进部分入手，对东风二号导弹控制系统每一个环节的问题都抠得很细，都问一个"为什么"。通过大量分析、计算和故障模拟试验，终于查清了控制系统失稳的原因是弹体弹性振动引起的。

作为第一个自行设计的型号，大家缺乏经验，没有系统工程的概念，不会从全局出发考虑总体和分系统之间、以及分系统与分系统之间的关系，把复杂的问题看得过于简单了。其一，没想到东风二号导弹的弹体比"1059"弹体加长了 3 米，导弹长细比有了明显增大，飞行起来会出现"扁担效应"，像挑扁担一样，出现弹性振动，这一振动会引发一系列问题。其二，为了方便部队测试操作，设计师系统好心好意把控制系统仪器舱从非常狭窄的弹体中段移到了尾段。从表面上看，这一改动无关紧要，可是没想到原来位置上的仪器舱处于全弹振动一阶振型的波节，受到的振动很小，而移动后的仪器舱恰好处在全弹振动的波腹，受到的振动异常的大。

这两个“没想到”，导致了弹性振动频率与控制系统频率产生耦合，控制系统失稳破坏了弹体结构，加剧了导弹解体。

梁思礼说，那会儿还没有“系统工程”这么一说，但是通过钱学森带领大家进行系统的分析，我们知道了问题出在两个分系统的耦合上，根子是不懂得从总的大系统着眼。后来经过钱学森的理论提炼，我们明白了要从总体设计，即系统工程角度来设计导弹，这是我们认识上一个很大的提高。

问题找到了，如何修改设计？

梁思礼立即组织控制系统设计人员一起查阅、翻译了大量国外资料，反复研究控制对象和控制装置的特点，归纳出美国 12 种主要导弹的制导方式及特点，推导了在考虑弹体弹性振动、推进剂晃动、静不稳定度以及大风、阵风等干扰作用下，系统的运动方式及其稳定性控制方程，提出了优化控制装置安装位置、采用程序变、网络变、速率陀螺反馈、冲角控制、模型反馈、正弦信号试探自适应、横向加速度稳定晃动等多种技术方案及具体的解决措施，并对每一种方案和措施都进行了充分的验证。那一段时间，钱学森每周五都亲临第一设计部参与、指导控制系统的故障彻查与改进工作。在《二分院 1963 年上半年研制工作计划执行情况的报告》中，有如下记载：

上半年以稳定系统为中心，进行了大量的分析、计算和试验工作。目前已基本解决了试射中暴露的弹性振动与系统抗干扰性两个问题。

试车弹控制系统检验性模拟试验，从1月中旬开始准备到5月中旬全部结束，共计完成了双波道晃动、三波道刚体和双波道弹性等三项模拟试验。通过试验结果分析，证明稳定系统设计的参数可以满足技术任务书的要求。

为了提高设计精度，黄纬禄与梁思礼还主持控制系统方案大讨论，让年轻技术人员充分发表自己的意见，同时虚心倾听别人的意见，鼓励互相提问题，辩论问题。在大家畅所欲言中，黄纬禄与梁思礼经过认真分析，认识到原方案采取加速度表上加入K补偿，误差较大。于是他们提出，新的设计方案要考虑弹体俯仰角问题，用水平陀螺仪来修正导弹的速度误差，从而引出了双补偿方案，提高了设计精度，为后续在研型号的制导方案奠定了基础。

经过两年多时间的拼搏，梁思礼以及总体部、各分系统的工程技术人员共完成了4类17项试验：第一类，包括结构静力试验、稳定系统仿真实验等7项系统鉴定或验收试验；第二类，包括弹上测量系统、综合测试等5项系统与系统间的协调性试验；第三类，包括全弹试车等2项试验；第四类，包括弹体横向振动特性的测定等3项振动试验。踏踏实实的脚印，踏出了通向成功的道路。

1964年6月29日，茫茫戈壁艳阳高照。改进后的东风二号导弹，腾空而起，直扑目标。

7月9日、7月11日，东风二号导弹连续发射2次，均获成功。9月至10月间又连续发射5次，也获成功。

试验结果证明，梁思礼和大家的工作卓有成效。经过修改的控制系统，设计是正确的，质量是可靠的。

梁思礼曾总结说：

东风二号导弹第一次失败，从个人历练来说，失败比成功更有启发、更起作用。正因为失败以后做了大量工作，总结了经验，才使我们把坏事变成好事，才真正懂得应该怎样自行设计。我们总结的三条经验是：

1. 必须重视总体和系统的综合设计

从外观上看，东风二号导弹掉下来像是稳定系统设计上有问题。最初一段时间内，第一设计部承担着极大的压力。问题分析清楚后，大家认识到它不是单独某个分系统的问题，而是两个系统交链产生的问题。在仿制阶段不会出现这类系统之间不匹配的问题。因为别人一切已为你设计好了，你只要照着做，各系统凑到一块儿必然是协调的。可是自行设计就不同了，总体不是各分系统的简单“代数和”，它是一个有机的整体，是“化学和”。即使每个分系统单独试验时没有问题，并不等于诸分系统联在一起就没有问题。所以必须加强总体和分系统的综合工作，要从全局高度去研究和规定各系统之间的关系，而系统内部也必须规定各仪器设备之间的衔接匹配关系。分系统要服从大局，自觉地贯彻总体的要求。这套做法经过以后多个型号的研制实践，就演变成为现在的系统工程。

为了加强系统总体，第一设计部从组织上有意识地强化当时理论研究室的系统方案组、稳定组和综合室弹上、地面综合组。在加强理论工作方面，总体设计部和第一设计部对弹体的传递函数方程进行了修改和补充，充分地考虑弹性振动和推进剂晃动的影响，使被控制的对象的数学描述更接近真实。综合组以弹上和地面大图为依据，负责对各系统内部和外部接口的协调和匹配，并处理联接后的新问题。

2. 必须重视加强地面试验

从失败中使我们深刻认识到，导弹上天之前一定做好充分的地面试验，尽量把问题在地面上彻底解决。为了深入了解全弹的弹性模态，在702所建造了我国第一座振动塔。对全弹在加注状态下进行横向振动，以确定各阶振型的频率、波形和阻尼系数。以试验测得的数据修正理论模型，使弹体传递函数更真实地反映上天后的飞行状态。全弹振动试验还有另一重要任务是选择速率陀螺的最佳位置。全弹振动试验虽然是一部和702所的任务，但它已经成为第一设计部非常关注、不可缺少的地面试验。第一设计部把一个旧车库改造成综合实验室，在其中进行弹上及地面全系统综合试验，以暴露系统之间不协调的问题和经常冒出来的干扰问题。综合试验通过后，还要与一部和遥测、外测、安全系统一起进行匹配试验，还要在全弹试车台上进行全弹试车。在飞行试验前还要在基地进行合练，以检验导弹与地面设备和车辆的协调性，同时对全弹所有的系统进行一次全面实地考验。

这些试验都成了司空见惯的传统做法，但它们都起源于东风二号的首发失败，直到现在，这整套地面试验程序对提前暴露质量问题仍然起着不可替代的作用。

3. 必须严格遵循研制程序办事

当时，我们确实是“初生的牛犊不怕虎”，只凭着一股子热情和勇气，大家的工作是千军万马齐头并进。控制系统还没有做完，各种试验就交付总装，发动机总装完之后还在等发动机试车结果，这就违背了导弹研制的客观规律。我们从失败中认识到，无论设计、试验、生产，都要按一定的程序进行，前一段工作没有完成，决不可贸然进入下一阶段。

由于梁思礼善于总结，且归纳到位，钱学森还专门委派他和孙家栋分别到二分院和一分院，面向研究室主任和六级以上技术领导、骨干，进行宣讲。

1964 年 7 月中旬，聂荣臻副总理在北戴河听取国防部五院的工作汇报时，

1962年2月，国防部第五研究院科学技术委员会成立

笑着说:“现在看得更清楚了，1962 年试射未成功，的确不是坏事，这个‘插曲’很有意义。研究设计正反两方面的经验都很重要。”

5. 打磨新枪，两弹联姻

1964 年 10 月 16 日，中国第一颗原子弹成功爆炸。美国新一届总统约翰逊却说:“中国的原子弹只是一个粗糙拙劣的装置。”没出几天他便改变了这种说法。因为在他们捕捉到的云层并经过测试和分析后，发现中国的原子弹使用的是铀 235，其爆炸威力要比美国投放到日本的那两颗原子弹设计得更加完善。美国国防部长麦克纳马拉不相信中国人的能力，预言:“中国 5 年内不会有原子弹运载工具，没有足够射程的导弹，原子弹也无从发挥作用。”有些媒体还嘲笑中国是:“有弹没枪”。

他们不知道的是，中国人已潜心打磨新枪了，此时正在筹备子弹上膛的事儿。这把秘密研制的新枪，就是中近程导弹的改进型。

1965 年 1 月，梁思礼所在的国防部五院改制为第七机械工业部（简称七机部）。5 月，所有人员集体转业，脱去军装，一切待遇按地方规定执行。同年，

东风二号导弹研制成功

七机部制订了 1965 年至 1972 年八年战略导弹发展规划，即“八年四弹”规划。

四弹为：中近程导弹、中程导弹、中远程导弹和洲际导弹。

这时，梁思礼正在参与中近程导弹的研制工作。1965 年 6 月 1 日，七机部任命梁思礼为导弹控制研究所副所长，并任命梁思礼为我国自行设计的中近程地地导弹改进型控制系统主任设计师。

导弹、原子弹“两弹结合”的重要前提是要造出合适的“枪”，即中近程导弹。其射程要达到 1200 千米，比已研制好的导弹射程大大增加，这不仅需要增大发动机的推力，控制系统也需要做方案性的设计修改。

在黄纬禄、梁思礼的主持下，控制系统将无线电横偏校正制导系统改为全惯性制导方式。除继续采取单补偿外，他们还考虑到造成法向干扰力和干扰力矩的干扰，其中风的干扰最大。以往的发射是靠试射前临时测风，再在地面改变电解元件充电时间来进行修正，而现在他们采用法向加速度表测法向加速度，经放大后和水平陀螺仪取得的俯仰角偏差一起送入计算装置，获得法向补偿信号来补偿。横向控制改用了惯性坐标转换方案，用模拟加速度表测得部件坐标系的视加速度，轴向加速度表也测得视加速度，再通过由部件坐标系转换到惯性坐标系的近似转换式，进行横向自动导引。稳定系统变换放大器也改用了磁放大器。

这样的改进，提高了作战性能，更加符合实战要求。

由于导弹控制研究所已经对上述技术问题进行过充分的预先研究并且有了成功的预研成果，所以，只用了 10 个月就顺利完成了导弹的修改设计与试验，为装载核弹头进行“两弹结合”试验打下了基础。

两弹结合，就是把核弹头装在导弹上，在所经受的环境气象条件下，其要求更加复杂苛刻，研制难度确实很大。聂帅提议这项工作由钱学森、钱三强共同主持。

导弹总体技术负责人谢光选在相关会议上介绍：

两弹结合，好比一个“啰嗦汉”娶了一位娇小姐。之所以这么说，是由于导弹起飞前要有起竖、粗瞄、垂直测试、火工品安装、推进剂加注、精瞄等一连串的啰嗦事；而原子弹却是个怕热、怕冷、怕潮、怕振动、怕过载、怕冲击、怕静电、怕雷电的娇贵小姐。导弹、原子弹同属于尖端技术，由两个系统分别研制，双方互相都不了解。两弹从恋爱到结婚，有一个从相识到结合的复杂过程，有大量的工作要做。

谢光选说到这里，忍不住抿起嘴巴笑了起来。

张爱萍副总参谋长听得哈哈大笑起来，边笑边把两手一握风趣地说：“我就要当‘啰嗦汉’和‘娇小姐’的介绍人，硬要把他们撮合在一起欢欢喜喜拜天地，我要当他们的证婚人，给历史做个见证。不要怕美国人说中国是‘有弹无枪’，我们就要枪好弹好，打出一朵朵漂亮的、有声有色的蘑菇云。”

钱学森插话说：

当然，搞“两弹结合”是非同一般的事情，美国从原子弹到“两弹结合”搞了13年，苏联搞了6年，我们暂定3年“结婚”，或者再提前1年，那就要我们在座的介绍人加把劲。还有一个问题也是一道关口，怎么过关就看我们的弹道专家咋个唱戏啦。中央专委已经给大家把台子搭好了，这个台子就是我们辽阔的960万平方千米的国土。美国人在海洋上搞导弹核武器试验，那是因为他们有海上霸权，有20多艘航空母舰和几百架飞机，他在海上打靶，世界上哪个国家敢干涉他。苏联有2200多万平方千米的大疆域，不需要到大海上去。苏联的原子弹、导弹试验是在地广人稀的西伯利亚进行的，试验的风险很小。我们试验既不能到海上，因大海大洋的出入口都被美国封锁了，更不可能到西伯利亚，只能在自己的国土上进行两弹结合的飞行试验。为避免不幸事件发生，弹道设计一定要准确无误，所以产品必须是高质量、最可靠的，二机部、七机部都要采取严格的措施，特别是担负具体设计制造任务的单位，更不可有一丝一毫的疏忽。只有追求永远的成功，这一对“夫妻”才会和谐美满。

钱学森的话令在座的人肃然起敬，更感国家使命的庄严，肩上责任的重大。

“两弹结合”试验比单纯的原子弹试验更为困难和危险，一是导弹不能偏航，二是核弹头必须在预定目标上空实现核爆炸，稍有差错就会造成严重后果。在西方国家称这种试验为“魔鬼的选择”。

梁思礼带队在酒泉导弹试验基地发射中近程地地导弹改进型 8 枚定型弹后，又直接带队参加了“两弹结合”的全程试验。按照设计部的职责分工，在技术工作方面由黄纬禄、梁思礼负责，具体分工是黄纬禄以无线控制为重点，梁思礼以惯性控制为重点。

“两弹结合”试验计划为先冷试(不装核燃料)，后热试(装核燃料进行爆炸)。梁思礼为确保控制系统的弹上、地面仪器、设备性能良好，质量可靠，遵照周总理指示的“严肃认真、周到细致、稳妥可靠、万无一失”的 16 字方针，带领试验队做到三认真：第一，认真做好发射前的技术准备工作，确保发射可靠。在事先 8 次飞行试验成功的基础上，又采取了 5 项可靠性措施。第二，认真做好测试发射工作，确保发射成功，严把质量关。当时任所长的梁思礼和控制系统综合设计室主任刘纪原，主管弹上、地面设计的张西方、张季亨等设计人员，经过日夜连续奋斗，查出导弹控制系统弹上 3 个仪器输出振荡、6 个仪器内部有异响等 20 多个问题，除 8 台仪器更换外，其余都在现场得到妥善解决。同时认真检查了导弹系统地面设备 30 多项。发现连接不好的部位，进行了处理，保证了设备、信号畅通，确保了控制系统运行无误。第三，认真搞好团队协作，确保圆满完成发射任务。在“两弹结合”的测试过程中，全体参试、设计和工作人员不分弹上、地面，不分二机部、七机部，不分试验部队和地方单位，都积极认真地搞好团队协作，对测试、发射中出现的问题，不是互相推诿责任，而是积极查找原因，排除隐患。

七机部一院和二机部核九院在基地研究电路原理图时，梁思礼建议在一院的电路中增加一个漏电电阻，以避免高压静电带来的影响。这一建议得到一院、九院同志的赞同。

谢光选是这样回忆的：

当时钱学森问我，查出什么问题没有，我回答说，我在电路方面不怎么熟，他说，你找过梁思礼么？后来我找了梁思礼。一院、九院研究电路原理图时，梁思礼考虑到核弹头的安全性，为保万无一失，建议在一院的电路中增加一个漏电电阻，防止高压静电的产生，得到一院、九院的赞同。但基地有些同志提出，按照上级指示精神要报聂帅批准后才能组织施工，双方意见不一，钱学森同志说，设计师系统有更改技术状态的权利，这项改动立即实施，并由我报告聂帅。

为考验核弹头引爆控制系统的可靠性，从 1966 年 4 月 10 日到 5 月 23 日，先后用中近程导弹进行了 4 次飞行试验，均获得成功。9 月 15 日，飞行试验达到了战术技术指标中最大射程的要求；10 月 7 日，为考验导弹头部和弹体安全自毁系统工作的可靠性，导弹在酒泉导弹试验基地进行了飞行状态下的自毁试验，取得了满意的结果；10 月 13 日至 16 日，为检查核装置引爆控制系统能否正常工作，又

聂荣臻（前排左五）与参加导弹核武器试验的科技人员合影（前排左二为梁思礼）

进行了 2 次冷试，两枚导弹均在目标上空的规定高度爆炸。

至此，导弹已完全具备了“两弹结合”的热试条件。

1966 年 10 月 27 日，东风二号甲导弹与核弹头对接好竖在发射台上。此时火工品已装好，稍有不慎就会发生弹毁人亡的重大事故。梁思礼不顾个人安危，亲自带领控制系统二岗和一岗的测试人员检查弹上各仪器和电缆是否可靠连接，特别是上弹检查连接电池的正负极性连接是否正确、牢固。

当测试人员刚撤离到安全地区，那动人心弦的时刻到了，随着一声春雷般的巨响，导弹携带着核弹头从熊熊烈焰中腾空而起。紧接着一颗绿色信号弹升起，高音喇叭里陆续传出了“导弹飞行正常”“核弹头在预定的距离精确命中目标，实现核爆炸”的响亮声音。

“两弹结合”试验获得圆满成功！

发射现场沸腾了，大家激动地互相拥抱，热泪流在了一起。戈壁滩上，竖起了一面鲜艳的五星红旗，身着厚厚冬装的聂荣臻、钱学森、谢光选、梁思礼等站成一排，大家发自内心地笑起来，摄影师定格了这些共和国的功臣们的笑容。

“两弹结合”试验成功

6.割尾巴，固电刷

1964年9月，中央军委下达了组建第一个战略导弹阵地的命令。那年冬天，时任中国人民解放军副总参谋长的张爱萍，带着梁思礼与部队一位处长亲赴全国各地勘选导弹部队驻地和阵地。当时正好是严冬，东北雪下的很大，深达膝盖，也没有道路。他们拄着木棍，一起钻山沟、穿密林，风餐露宿，路滑泥泞，年轻的军官要搀扶他们，都被婉言谢绝。他们走过每个点位，都对即将开建的导弹阵地的山形、等高、坡度和石质进行详尽的考察。一条山沟、一条山沟地踏勘，一个阵地、一个阵地地选点，一行人风尘仆仆，每日行车和步行百余里。

为了探清一个阵地的方位、坐标和射程，梁思礼他们亲自用尺子测量大地。张爱萍谆谆告诫主管部门的同志，苏联的地形与我们不同，决不能照搬他们的数据。

东风二号导弹是按苏联的框框搞的，原有的控制系统采用无线电横偏校正系统，即该系统向空中发送一个无线电等信号面，导弹发射后沿着等信号面飞行，假如偏离等信号面，则由弹上接收机等自动校正横向偏差，从而提高横向落点精度。

但横偏校正系统有一个局限性，在苏联的发射勤务指南中严格规定了阵地的地形要求，不符合这个要求就会使等信号面发生畸变，会影响命中精度。苏军的阵地多在开阔地上，他们很容易按照发射勤务指南操作。而我国为了作战需要，阵地要建在山区隐蔽的地方，横偏校正系统在山地会受到地形的干扰，导弹发射时，搜索雷达必须搬到朝向发射目标的位置，如果发射目标变化，搜索雷达就得随之搬来搬去，像一条要不停甩动的大尾巴，很难达到实战要求。为了验证影响等信号面的程度，第一设计部组织童铠等设计人员和部队的用户代表，一起在西安近郊用飞机进行了等信号面测量，历时几个月，证明等信号面确实发生了畸变，说明苏联勤务指南上所讲的是有根据的。

由于作战使用不便，1965 年年初，导弹部队要求研制单位去掉无线电横偏校正系统，即“割尾巴”。在一个型号飞行试验成功接近定型的时候，要求做这样大的方案变动，无疑是非常困难的。但这是用户的需要，实战的需要，梁思礼和他的研制团队必须千方百计去满足。

好在当时有较成熟的技术储备，早在 1961 年 9 月，国防部五院二分院组织了控制系统技术发展途径的方案大讨论，在全惯性制导方面提出了许多新思想和新方案，其中“双补偿制导方案”和“横向坐标转换方案”，首选列入了预先研究计划，并作为东风二号 02 批 2 组备份方案开展配套预研工作，到用户提出“割尾巴”时，该方案已经经过各种地面试验，达到了可以应用的成熟程度。

在决定导弹上马哪种制导方案时，设计师系统提出了三种方案。第一种方案是“坐公共汽车”方案，即把双补偿和横向坐标转换两套装置作为“乘客”装在东风二号上，在飞行试验时，测得这两套装置的有关信息，以判断工作质量。这种方案比较稳妥，但试验周期长。第二种方案是“半搬方案”，即每次飞行只要更换一套装置，或者把无线电横偏校正系统改为横向坐标转换，而另一套装置仍沿用东风二号的。这种方案有一定的风险。第三种方案是“全搬”方案，即用双补偿和横向坐标转换装置把东风二号原来的制导系统全部换下来，这种方案承担的风险最大，但一旦试验成功，就能立即把新系统正式用到型号上去，可以大大缩短试验周期。

梁思礼、刘纪原等技术负责人充分相信新系统在理论上的正确性和实现的可能性，坚决主张上“全搬”方案。

为此，第一设计部内开展了一场激烈的争论，通过反复讨论比较，1965 年 7 月 5 日，七机部正式批准采用“全搬”方案。由梁思礼带队，仅一年时间就完成了修改设计及飞行试验，并取得连发连中的好成绩。

1967 年 12 月，东风二号甲改进型导弹定型，随之进行了小批量生产，使用情况一直良好。

但是在 1967 年 5 月、7 月和 1968 年 9 月，3 枚批次性抽检弹发射却接连失败，而且故障现象很奇怪。一枚导弹在正常飞行一段后，突然向前翻滚，像体操运动员那样在空中连翻了 7 个筋斗，落在发射台前 160 多米处；另一枚情况更为严重，导弹在刚起飞不久就向前翻滚，像跳水运动员那样落在发射台前面不远的地方，不知是怎么回事。这时成批导弹已生产出来，由于出现故障无法交付部队，研制单位压力非常大。

当时正值“文革”时期，军管会考虑梁思礼对此型号导弹比较熟悉，便将他从洲际导弹研制队伍中调回来处理这个问题。由于没有遥测数据，很难分析，梁思礼建议将两枚战斗弹改装成遥测弹，打遥测弹进行分析。在打遥测弹时再现了同样的翻筋斗故障，幸好取得了遥测参数和外弹道参数。梁思礼和13所的研究员滕人忠对故障进行综合分析，费了很多心血，才彻底从原理上搞清楚，原因是水平陀螺内环校正线路电刷接触不良、烧蚀，使舵偏到振动点所致。产生这一质量问题是因为生产时擅自改变成熟的工艺规程所致。

梁思礼分析道：

正常情况下，水平陀螺仪处在惯性空间，会受到地球自转的影响。当导弹竖立在发射台上，水平陀螺仪受到地球自转的影响，会产生漂移；但修正电路可以不断地修正，使其不产生漂移，陀螺的电刷控制在正负10度的中间，则俯仰电位计的电刷不至于碰挡钉。但是，修正传感器的电刷压力不够，使刷子脱离了修正板，起不到修正作用，那么导弹在发射台上停留时，水平陀螺受到地球自转影响产生的漂移修正不回来；导弹刚起飞，基准坐标已经变了，俯仰电位计的电刷也偏到一边靠近挡钉。导弹立起后，发射时间有时会延误。导弹在发射台上停留的时间越长，电刷离挡钉越近；导弹起飞后，俯仰程序开始没多久电刷就碰到挡钉，致使基准坐标全乱套了，导弹就会向前翻滚。导弹发射后翻滚时间有早有晚，其与发射推迟的时间有关，停留时间越长，翻滚的时间越早。

故障彻底查明了，其产生的机理也搞清楚了。

故障的产生实际上是管理方面的问题，工人在装配时没有按规定的工艺来干，在拧固定螺钉时少拧了 1.5 圈，因此造成了电刷压力不够，水平陀螺仪修正电路接触不良，最终导致导弹翻跟头。

后来，按照工艺要求，工厂把电刷的固定螺钉拧好，同时设计人员又增加了一个监测报警电路，保证电刷脱开时能被及早地发现。梁思礼的出色分析和果断处理决策，使导弹“翻筋斗”问题得到了彻底的解决。

1969 年，东风二号甲改进型导弹正式装备部队，成为第一代为我国站岗放哨的战略核导弹。

1969年，东风二号甲改进型导弹正式装备部队

梁思礼

梁思礼院士传记

Academician Liang Sili's Biography

第七章

东风破晓

叶剑英元帅“没有洲际导弹，毛主席睡不着觉”的话，激励着处在风云激荡年代的梁思礼和数万研制人员披荆斩棘地踏上“东风破晓”的漫道雄关。

20世纪60年代，洲际导弹凭借其超远程的核打击能力，成为大国军事政治博弈中最有份量的筹码。1965年3月，中央专委决定研制中国的洲际导弹——东风五号。1969年冬天，叶剑英元帅在视察国防科研工作时说："没有洲际导弹，毛主席睡不着觉。"

叶帅的话让研制人员们坐立不安，但现实的困境却是国家的工业、技术基础极为薄弱，还有政治斗争的严重干扰。在那个风云激荡的年代，梁思礼和数万研制人员一起，披荆斩棘踏上了"东风破晓"的雄关漫道。

1.苦闷的"文革"日子

1966年"文化大革命"开展得轰轰烈烈，6月，七机部也出现了批判修正主义、批判走资派的大字报。

梁思礼所在的导弹控制研究所是个重灾区，所里还有几位造反派的头头。有一天，梁思礼正在实验室里做实验，突然外面吵吵嚷嚷乱成一片。原来一室的一些技术人员给七机部部长王秉璋写了大字报，正在征集签名呢。梁思礼是研究所的副所长，一室的指导员推开实验室的大门，问梁思礼要不要签名。梁思礼在1965年开展的四清运动中刚刚受到冲击，当时研究所的领导全部“上楼”（挂起来、靠边站），天天不许工作，只能写检查，谁自我检查的深刻，谁才能“下楼”。梁思礼由于家庭出身问题，检查了好多次都通不过，有一次他竟然写了80页的检查，仍然被认为认识不深刻，没有和资产阶级臭知识分子家庭划清界限。好在当时东风二号导弹研制战线急需他去解决技术问题，他才得以勉强被批准“下楼”。

“下楼”后的梁思礼心有余悸，他哪敢忘记工宣队“要到群众中去，和群众打成一片”的教导，这次革命群众找到自己要求支持，这是看得起自己呀。他还看到大字报上已经有一些研究室主任、指导员签了名，顿时热血冲上脑门，未加多想提笔就签上了自己的名字。

睡了一觉醒来后，梁思礼有些后悔。七机部部长王秉璋是个老革命，从1957年调入国防部五院一直担任领导工作，为国防科技工业立下了汗马功劳，工作起来也是个不要命的主，虽然有缺点错误，那也算不上“修正主义”呀。梁思礼思前想后觉得自己昨天的行动有些鲁莽，于是在大字报贴出去之前，他找到了“造反派”，说自己不参加签名了。

没过多久，大字报上墙了，梁思礼的麻烦也跟着来了。大字报上的签名处，副所长梁思礼的名字排在第一个，由于他临阵反悔，他的名字被划上了一个大大的黑“×”。那时候，只有被打倒的人的名字才会被划上黑“×”。七机部副部长曹光琳正巧来所里检查工作，看见大字报以为梁思礼出了问题被揭发打倒了，引得“文革”工作组的人将怀疑的目光盯向了梁思礼。而造反派也有点怨恨梁思礼，认为他临阵脱逃是“假革命”。所以“文革”刚一开始，梁思礼就一头撞上了冲击波。

1966年6月中旬，正当厄运悄悄向梁思礼靠近的时候，东风二号导弹进入了定型飞行试验阶段。虽然工作组还在怀疑梁思礼，但是导弹的控制系统不能没有负责人，梁思礼还是被批准带队去酒泉导弹试验基地参加导弹飞行试验。8 枚定型试验弹发射得还算顺利，梁思礼接着又参加了“两弹结合”试验，在基地一呆就是 4 个多月。

这 4 个多月间，北京乃至全国简直是“天翻地覆”，七机部也形成了“915”保皇派和“916”造反派两大群众派别，两派对峙，天天写大字报，搞批斗会。梁思礼听说北京“破四旧”破得很厉害，母亲的家也被红卫兵抄了，心中不免十分惦记老母亲的安危。无奈，基地工作特别繁忙，容不得他一刻分心，他只好强按思母之心，全心全意地投身“两弹结合”的工作。只有在夜深人静的那一刻，他每每辗转床侧，双眼噙着泪花祈祷母亲平安。他默默地望着大漠的明月，请它给母亲捎去儿子的歉意——自古忠孝不能两全，儿在办国家的头等大事，不能回去照料母亲。

1965年“文革”前，梁思礼和母亲在一起的最后一张全家福

“两弹结合”试验任务结束，梁思礼回到北京，他没有参加任何派别。但是有时单位批斗“走资派”，梁思礼作为陪斗者，也得站在台上接受教育。有一次，造反派找了一根稻草让梁思礼举着，讽刺他是“捞稻草的人”。梁思礼很反感造反派肆意污蔑人的做法和打砸抢的行为，他又是个憋不住要讲真话的人，结果他又吃了一次亏。

作为国防部五院的元老级人物，梁思礼对造反派炮轰聂荣臻，污蔑聂荣臻执行的是修正主义路线很不认同。在一次群众大会上，他以国防部五院见证人的身份发言，历数自己的亲身经历，陈述聂荣臻带领大家自力更生、艰苦创业、为国争光的事实，认为国防部五院和七机部执行的是毛主席的革命路线，不是修正主义路线。梁思礼的发言立即引发了两派斗争的新高潮，一时间大字报铺天盖地。“915”说：梁思礼讲得好极了；“916”说：打倒保皇党的孝子贤孙梁思礼。

由于梁思礼是梁启超的儿子，又在美国留学了 8 年，因此他的一举一动都受到了工宣队、军宣队的注意。他的这一讲话顿时引起了他们的警觉，怀疑梁思礼是否别有用心挑起事端。于是两派都成立了专案组，调查梁思礼有什么问题，工宣队和军宣队大抓现行反革命，无论是哪派的人都抓。梁思礼虽然没有什么“现行活动”，也没有像一些更倒霉的干部被关进牛棚，但是每天心绪不宁，惶惶不可终日。他的哥哥姐姐，如思成、思庄、思懿、思达、思宁都被下放或进了牛棚，梁思礼的爱人赵菁有一阵也因所谓的历史问题被隔离审查，梁思礼独自带着三个孩子到处流浪。原本周末他们经常去五姐思懿家，但是思懿夫妇被审查后，那里也去不了了。梁思礼如同惊弓之鸟，时刻担心自己说不定哪一天被当作“牛鬼蛇神”揪出来，精神上感到非常孤独和苦闷。

梁思礼的母亲被造反派“破四旧”赶出正房，打发进了杂物间。孤苦的老人后来得了肠癌住进了医院，1968 年不幸撒手人寰，享年 82 岁。惊闻母亲去世的噩耗，梁思礼向军管会、工宣队、军宣队请假，想回去为母亲料理丧事，但是未获批准。他们告诉梁思礼，你应当站到无产阶级革命立场上，和封建家庭彻底划清界限。结果这个陪伴梁启超的救国事业四处奔波、为养育梁家众多子女不辞辛劳的善良女人，临终时没有一个儿女在身旁，没有留下一句遗言，就默默地、屈辱地、遗憾地、痛苦地离开了人世。临时照顾过母亲的一位亲戚，由于得了痴呆症，也说不清母亲骨灰的下落，结果母亲的骨灰连一杯也没有留下。每每想到此，母亲温馨的背影就浮现在眼前挥之不去，梁思礼潸然泪下，内疚自责和悔恨遗憾充斥于心，终身难忘。在她去世 27 年后，梁家全体成员在梁启超夫妇墓东侧为她立了一块碑，并在碑后栽种一棵白皮松，命名为“母亲树”，以此纪念他们敬爱的“娘”和“婆”（梁家第三代人对王桂荃的称呼）。

1968 年 6 月 8 日，七机部一院发生了大规模武斗，从国外留学回来的博士、材料专家、703 所所长姚桐斌被打死。姚桐斌是新中国著名的冶金学和航天材料专家，航天材料及工艺技术研究所的主要创建人之一，曾留学英国伯明翰大学工业冶金专业，获博士学位后在英国伦敦帝国理工学院从事研究和讲学。1957 年，在周恩来总理的亲自安排下回到祖国，到刚刚成立的国防部五院担任材料研究室主任，从 1958 年到 1968 年，十年间他领导突破了一系列材料难题，开创了我国自己的航天材料学科，为国防科技工作做出了巨大贡献。

周恩来总理得知姚桐斌不幸遇难的消息后十分痛心，批示严惩凶手。他深知科学家对我国国防建设的重要性，紧急开列了一份重要科学家保护名单，立即命令七机部军管会对七机部所有六级以上的高级知识分子采取保护措施。梁思礼当时是四级研究员，也在被保护之列。二院地处永定路，办公区是一个封闭的大院，为了保护他们这些不可多得的高级科研人员，军管会采取了严格的措施，白天他们上班工作，在下班后不让回家，都集中在图书馆一个封闭角落的几间房子里统一接受看护，食宿都在那里，每天由家属送饭，梁思礼记得那

参加导弹核武器试验全体试验队成员与聂荣臻（二排左三）、钱学森（二排左四）合影（三排右六为梁思礼）

时儿子梁左军每天给他送饭。在走廊的门口，有解放军战士荷枪实弹日夜看守，不许任何人入内，造反派几次想冲进去揪斗人，都被严厉制止。

梁思礼享受这样的待遇被保护了一个多月，等七机部形势稳定下来后，才慢慢恢复了正常的生活。

2. 洲际导弹一波多折

20 世纪 60 年代末，我国面临着严峻的国际形势。

1969 年 3 月，中苏边境发生了珍宝岛武装冲突，中苏关系进一步恶化。国防部长叶剑英元帅说："没有洲际导弹，毛主席睡不好觉。"国家决定集中优势力量，加快研制我国的洲际导弹。

1970 年我国第一颗人造卫星"东方红一号"上天以后，国防科委和七机部腾出精力开始抓洲际导弹。

洲际导弹名为"东风五号"，其射程可达 8000 千米，搭载核弹头可以对来自远方的敌人进行还击，是保卫国家的"倚天长剑"。

当时"四人帮"猖獗，极左思潮盛行，天下大乱。虽然七机部的研制工作没有停止，但“文革”破坏了正常的工作秩序，各种条例、规章制度都被视为“管卡压”，变成了一纸空文。七机部军管会要求科研人员在1970年10月1日前将“东风五号”发射上天。为了赶进度，军管会还提出了改革研制程序、不搞“繁琐哲学”、减少导弹试验数量、缩短研制周期等6项措施，这些措施倒是使导弹的研制进度明显加快了，但这种不按科学规律办事的做法，为后续工作埋下了巨大的隐患。1月13日，一院组成以副院长、“东风五号”总设计师屠守锷为首的19人会战指挥部，导弹各个分系统全线出击搞群众“大会战”。梁思礼在控制所的副所长职务早已名存实亡，基本上是“靠边站”的人，由于解决技术问题，所内也找不到人，军管会还是让梁思礼、牟德贵参加了指挥部的工作，但他是以一个普通技术人员的身份参加研制，虽然他认为跨越研制程序的做法隐患很大，但他没有发言权。在那个非常的年月，不仅他说了不算，就是总设计师屠守锷说的话也不管用。

梁思礼还记得当时的情景：

那时我心想这样搞恐怕要出问题，所以我留了个心眼，弹上产品我没敢拿出去参加“会战”，只建议把地面自动化测试设备交由北京市协作。当时只抓进度，结果这些设备在控制系统综合测试时问题百出，大部分都需要在总装厂返修，甚至重做。虽然经过大量返工凑合着能用，但给以后总装测试和靶场测试又带来许许多多的问题。由于“十一上天”的后墙不到，前一阶段该完成的工作没有做完，就带着问题向下一阶段转，于是问题就都集中到了总装测试阶段。

“东风五号”的第一枚弹，基本上靠的是拼人力、用非常规的办法研制的。导弹的各部件、分系统带着很多没有解决的技术问题，汇聚到了总装厂，导致导弹总装费尽了周折。军管会看梁思礼在中近程导弹改进型的故障排除工作上干得不错，就指定梁思礼主持总装厂的导弹总装测试工作。

过去，总装测试一般只需一个多月时间即可完成，而“东风五号”第一枚弹由于赶进度，控制系统、平台、计算机、伺服机构、遥测系统、外测系统等都是带着本系统未解决的问题到总装厂来的，总装系统联试过程中又出现许多不协调问题，致使整个总装测试花了100天。

梁思礼对那个难忘的100天记忆犹新：

为什么出现这些问题，就是因为搞“会战”的时候，有好多事情需要时间好好地去干，但要赶快出厂，结果好多要干的事情没有干完、干好，就送出来了。如13所的平台，为赶在“十一”前交付，9月31日没做完，就送到总装厂来了，还组织人员敲锣打鼓到院办门前去报喜，表示完成任务了。过完“十一”，再拿回去返修。就这样，分系统没做好，单机没做好，送去做总装调试，怎么干的出来呢？

“大会战”中还有很多地方小厂做的产品根本不合格，焊接质量很差，只好再找航天系统的工厂修改或者重新做，结果表面上轰轰烈烈，实际上欲速则不达。

在一片混乱和重重困难中，梁思礼和同事们就像紧急救火队员，不分昼夜地加班干，他们坚持按聂荣臻元帅倡导的严明的纪律、严密的组织、严肃的态度“三严”作风，一丝不苟，不放过一个问题，不合格的、不匹配的产品退回去或在现场修改。在一次总装中，有一个脱落插头上的小钢珠丢失了，为了不带多余物上天，全体总装测试人员甚至包括在场的总设计师、主任设计师都跪在车间大厂房里到处寻找，最后在一个铁轨缝隙中找到了小钢珠，这个问题才算了结。在另一次测试中，笔录仪上出现了一个不应该有的“毛刺”现象，而且是时隐时现。大家为了查清原因，“守株待兔”等了十几个小时，最后发现是相邻车间瞬间用电载荷突变所致。

梁思礼连续苦战了50天，终于累得尿血住进了医院。后50天由他的同事王永志主持，继续把总装测试搞完。

王永志回忆说：

我去接这个测试，到那儿一看，问题是真多。一给指令，伺服机构就漏油，底下还要放个盆儿接油，一测试还漏电，在高压条件下还漏气。这真是一个三漏机构，装油漏油，装电漏电，装气漏气。

导弹在总装厂总共呆了100天。虽然地面测试时间长了些，但终于使得各系统工作协调、测试参数也在合格范围内，可以用来做飞行试验，导弹最后总算出厂了。

好事多磨。导弹运到酒泉导弹试验基地后，在技术阵地仍是问题不断，如程序配电器中的弹簧原材料有微裂纹。经查是材料成分不对，必须重新更换。又如由于火箭采用的是串联式两级火箭的结构方案，结构尺寸比较大，而设计人员缺少大型火箭的设计经验，心里没底，致使火箭竖立在发射台上测试时，发生较大的振动。这个问题在实验室和总装车间里都没有出现过。

试验队的研制人员日夜奋战，在制导、推进、结构材料、发射测试技术等方面取得了重大的技术突破，排除了故障。由于测试不很顺利，上级领导机关不时放出“要不要转移到发射阵地去”“要不要发射”的怀疑信息，所以大家情绪很低落。结果又用了第二个100天才算通过技术阵地测试，准备转发射阵地。

“东风五号”到发射阵地又进行了4次总检查。根据检查结果，钱学森、屠守锷、梁思礼等认为导弹已经具备了发射试验的条件，他们开始准备回北京汇报的材料。

可是，情况突然发生了变化。梁思礼记得：

这时从北京传来了军管会领导的指示，由于经过这么长时间的反复测试和折腾，这枚导弹“已经老了”，“就让它老死在地面上吧”，不同意发射。我们在试验现场的全体科技人员不同意这种看法，认为这枚导弹的技术问题虽然很多，但经过反复测试和修改，已经基本具备发射条件，上天成功的可能性很大。即使不成功也可以发现薄弱环节，为今后改进指明方向。因此，形成了技术队伍主张打，军管会领导不同意打的局面。由于是洲际导弹的首次发射，周总理非常重视，把钱学森、总设计师屠守锷、总指挥张镰斧、我和王永志等调回北京，于1971年9月8日下午在人民大会堂新疆厅接见并听取我们汇报准备的情况。周总理边听边问，非常认真仔细，最后拍板同意发射，并一再要求我们要做到“严肃认真、周到细致、稳妥可靠、万无一失”。这是在“9.13”林彪事件即将发生的最紧张时候，周总理在日理万机的情况下，抽出时间具体听这枚导弹的汇报，体现了党和国家领导人对航天科研工作的重视和关怀。

周总理特别平易近人。在汇报会结束后，按汇报人员名单顺序问了每个同志的籍贯、年龄和其他情况，就像和大家拉家常一样。当他看到梁思礼的名字时就问:“梁思成是你什么人？”梁思礼回答:“思成是我二哥。”周总理当即说:“那么你的父亲就是梁启超了。”他又看了梁思礼一眼，说:“唔，你很像你的父亲梁启超。”总理接着说，他年轻的时候听过梁启超演讲，还历史地、客观地谈了一些对梁启超的看法。

总理又问梁思礼是否有个姐姐，梁思礼以为他是问在北大图书馆任副馆长的梁思庄。总理摇摇头，说是搞外交的。梁思礼才明白总理问的是在中国红十字总会对外联络部工作的梁思懿。梁思礼回答:“是梁思懿吗？”总理点头说:“对，是梁思懿。”就在“文革”极左思潮闹得最凶、科技人才被任意践踏的时候，周总理对人的关怀、对知识分子的尊重、对历史的尊重、对曾经在他身边工作过的普通人员记得那么清楚，这些都令顶着“反动学术权威”“臭老九”“保皇党的孝子贤孙”帽子还在尽力搞国防科研工作的梁思礼，心中充满暖流。

北京汇报后，梁思礼一行回到基地。

1971 年 9 月 10 日，东风五号洲际导弹首次低弹道飞行试验。导弹起飞正常，一、二级按时分离，但二级飞行至 207 秒时，发动机提前 6 秒关机，导弹比预定落点远了 565 千米。

通过这次试验，“东风五号”上采用的新技术全部通过了飞行考核，证明火

东风五号洲际导弹

箭的设计方案正确，各分系统基本协调。周总理指出，飞行试验基本成功，这个结论给了大家很大的鼓励。

按照原定的试验方案，飞行试验后应及时回收弹头，以便分析试验数据。可是当梁思礼他们向上级申请使用飞机时，得知一切飞机都停飞，连寻找弹头这么重要的事也不行。酒泉导弹试验基地距离中蒙边境近100多千米，部队接到上级指示向中蒙边境调动，空气如凝固般紧张，大家不知发生了什么事，都懵了。

还没等到“东风五号”发射的试验数据传过来，试验队就被要求紧急撤回北京。后来才知道，是“林副统帅”出了问题。梁思礼心里放不下“东风五号”改进的事情，趁着撤退专列一次拉不下这么多设备和人的机会，主动留下来思考、梳理问题。

王永志回忆说：

1971年9月13日试验队接到立即撤出试验基地的通知，我们连收集资料、整理东西都来不及，立即撤退。赶到清水火车站，火车一次也只能拉上十来个人，在这种情况下，梁思礼向我示意让试验队的同志们先走。我们两人就到一边等着，一起继续商讨着没有收回弹头如何确定导弹改进的事宜。我们讨论说这个弹必须进行根本性的修改。比如发射支点一直摇是不行的，非得挪到底下；解决射程不足问题，弹体需要加长1米；这样引起另外一级的仰角太大了，还需要改小。梁思礼还提出有关地面计算机测试的重大修改项目。回到北京后，我们又进行了多次酝酿，形成了十大修改意见，报上级机关得以批准。

当时七机部的有些领导认为在飞行试验中，屠守锷、梁思礼作为技术领导不听指挥，坚持要发射，决定回北京后组织试验队开会批评。幸而不久“9.13”事件的真相公布，政治气氛改变了，批评之事也就不了了之了。

3. 利剑强脑

要想成为战场的主人，重要的不是你拥有多少数量的利剑，而在于你的利剑拥有多强的大脑。导弹控制系统，就充当着“大脑”的角色。

控制系统的功能是保证导弹稳定飞行和准确命中目标，它包括制导系统、姿态控制系统、弹上综合系统和地面测试及发射控制系统四个子系统。

“东风五号”的设计方案开始于 1965 年，可以说它是生逢乱世。在此之前的导弹没有计算机装置，用分离元件组成的计算装置，又大又重，计算精度也很差。“东风五号”要求目标打击精度更高，控制系统首当其冲就要改变过去的制导方案。这是技术跨度非常大的举措，每一项新技术都充满了挑战，都是设计师们需要面对的拦路虎。

为了制订满足精度要求、又具有发展潜力的制导方案，运载火箭技术研究院专门组织了“东风五号”制导系统的方案讨论会，导弹控制研究所在梁思礼和徐延万的主持下，重点对捷联式制导方案和平台 – 计算机方案进行了深入细致的研究。

考虑到平台 – 计算机方案能直接建立惯性基准，不需要坐标转换，同时制导方案比较简单，可以降低对弹载计算机的要求，在制导方程中不出现姿态角，所以也不需要高精度的模数转换或数字输出的传感器。此外，平台能改善加速度表和陀螺仪的动态环境，有利于提高器件的使用精度。因此，经过反复权衡，梁思礼最后决定在“东方五号”上采用这种新的制导技术。

此前，梁思礼做了大量信息收集工作，在他的笔记本上记载着当时国外进展的信息和他的思考，他组织情报技术人员从美国、苏联战略导弹的发展趋势、主要战略武器的技术指标、控制系统仪器中弹载计算机发展概况、陀螺与加速度表、平台、电源、仪器可靠性、地面设备自动化等方面，编译整理出《地地导弹控制系统国外情况简报》，供研究人员参考。他还特别提示大家，要批判地理解和利用它，吸取有用的东西、启发我们的思路，赶超世界先进水平。

平台－计算机制导技术，是将平台上测得的三个姿态角信号经过分解器和综合后送到弹载计算机。同时将测得的三个加速度信号送到弹载计算机，由计算机根据制导方程和导引方程进行制导计算，控制导弹飞行。

平台－计算机制导技术的关键是要有运算速度快、小型化的弹载计算机，也就是集成电路计算机，由它完成制导程序的实时计算，发出各级关机信号、程序俯仰信号、遥测数字信息以及修正弹道用的导引信号。它的成败，关系着“东风五号”有没有聪明的大脑，决定着我国的战略武器能否形成战斗力。

1965 年，国外的集成电路刚刚研发出来，仅有美国民兵 -2 导弹使用了集成电路弹上计算机，元器件还经常出问题。而我国的计算机正处于从电子管向晶体管转变的时期，其整体技术还比较落后，此时梁思礼他们的决定无疑是具有前瞻性的大胆决定。梁思礼用“在白纸上画画”来形容这项任务的艰难，“再难，也要咬着牙走下去，必须把技术掌握在自己手里，因为这是国家的需要”。

任务落在了梁思礼领导的控制所和航天 771 所的身上。先由控制所下达任务书，提出技术指标，再由 771 所具体研制。

20 世纪 60 年代对于大多数中国人来说，计算机似乎是远在天边的“尤物”，即使是控制所的技术人员，对计算机也不大熟悉，除了能提出体积、质量、可靠性与适应恶劣环境要求外，也提不出设计计算机需要的性能指标要求。任务书中只有计算的公式、计算时间与用当量表示的计算精度等内容。因此，只有通过仿真计算来求出弹载计算机的字长、容量与速度等基本指标了。

771所计算机专家沈绪榜院士回忆说：

那个时候，弹上计算机该怎么做是个空白，没有技术指标，没有合适的元器件，梁总根据现实条件，主动从系统设计上想办法，特意从控制所安排崔鑫水等人直接与我们一起研究摸索。那时候好几盘纸带都给你，让你算出在指定精度、计算周期、体积、功耗不超过多少的条件下，做出这么一台计算机。接到这一任务，我就与崔鑫水一起在晶体管计算机上算。

万事开头难。由于受条件限制，很多工作都需要手工来完成，大量数据只能靠穿孔纸带输入，运算一次很不容易，要花很长时间。为了赶时间，办公室里白天人人伏案，夜夜灯火通明，谁也不愿离开工作岗位。梁思礼经常到实验室了解指标计算、逻辑设计情况。沈绪榜等人就依据逻辑设计做线路设计、版图制作、芯片制备、器件组装、整机装调、运行考核、三防处理、例行试验等，这一系列的工作就像一条流水线一样不停地运转着。1966年9月，一台全部国产的22位双极小规模集成电路弹载计算机终告完成。

正当大家如释重负、喜极而泣的时候，一个坏消息传来，大家的脑袋很快就耷拉了下来：所有指

1979年，梁思礼在一院12所办公室办公

标都达标，只有一个指标未达标——计算机体积过大，装不进弹舱，而且由于所用的组件太多，可靠性也不高。

梁思礼明白，解决的办法唯有提高芯片的集成度，芯片用的少，体积就小了，计算机上的组件少了，可靠性也就相对提高了。可在当时，这是个大难题，没有一年半载是搞不出来的。

梁思礼开动脑筋和大家一起商量，能不能从设计上来想办法，在满足精度的要求下，调整计算机字长，这样计算机体积不就小了吗？

谈起当时的思路，梁思礼常常引以为豪：

我与一室搞制导系统的同志决定从理论和系统设计上去解决问题。我们重新推导了制导方程和关机方程，牺牲一些方法误差，以减少计算机的负担，从而减少计算机的复杂性。从整个制导系统来看，方法误差增大后影响不大。由此我们的弹上计算机采用的是增量计算机方案，没有乘除法，只有加减法，虽然粗了一些，但是少用了近1/3的集成电路，解决了小型化难题。

沈绪榜非常感谢梁思礼，他说：

在我们的计算机研制遇上几乎不可逾越的鸿沟时，梁思礼从系统的角度考虑问题，放宽了设计上的方法误差，乘除干脆不要了，只搞加减，那就简单多了。对误差的处理，大家从方式上、从平台上、从计算机上这么一分配，就解决了大问题。

虽然弹载计算机研制好了，但经过试运算，精度指标达不到，满足不了使用要求。沈绪榜与崔鑫水俩人怎么也想不明白，自己是按教科书的精度分析方法分析的，怎么会出这么大一个漏子呢？于是他们俩天天猫在实验室，一台机器两人用，X、Y、Z 三个方向算呀算，一个方向算不出来，再改另一个方向算，还是找不到误差是怎么来的。就这样连续不断地算了三个多月后，梁思礼来到实验室和他们一起分析缘由，仨人讨论来讨论去，“三个臭皮匠顶个诸葛亮”，终于想到这样分析的是一重积分的误差，而实际运动是从加速度到距离的二重积分，所以这在 4 毫秒的运算周期中，积累误差就来了。终于找到了误差的原因，他们由此提出了一种多重积分误差校正的新方法。

很难相信，这台用于东风五号洲际导弹的计算机，竟然是只有 12 条指令、没有乘法、除法指令的算术型增量计算机，其运算速度只有每秒近两万次的水平，存储量小得只有 768 个字，制导计算完全是通过增量的累加得到全量的。航天科技工作者用智慧的头脑使得小机器完成了大使命。

崔鑫水在回忆这段经历时说：

冷战时期，美国、苏联对我们实行封锁。当时大家的脑子比较简单，上到所长，下到主任、组员，大家都一样，对于物质待遇追求方面都没有想那么多，一天到晚想的就是如何使工作顺利，效果尽量好，补偿尽量完善，想的就是要争口气，下定决心自己干，相信自己能干出来，最后实践证明，我们一步一步地走向了成功。

梁思礼说：

那会儿就是团队精神，就是大家互相帮助。系统有困难，他那边努力；他那边有困难，搞系统的努力。大家没有保留，互相协作。他的机器不保留，我们的计算公式也不保留，大家就在一起干，这确实是我们中国自己的创新，连个螺丝钉都是中国的，这是真正的国产化。

20 世纪 60 年代末，我国第一台全部采用国产集成电路的弹上微型计算机

东风五号洲际导弹准备进行全程飞行试验

终于诞生了。1971 年 9 月 10 日，这种计算机成功地参加了东风五号洲际导弹首次低弹道飞行试验，在全国电子行业开了先河。

在 1986 年出版的《当代中国的航天事业》一书中，这样描述和评价了梁思礼的创新性贡献：

为提高大型运载火箭的制导精度，专家梁思礼和他的同事们经过理论研究和反复计算，完成了关机方程和导引方程的推导，从而有可能用一个中速度、小容量的箭上计算机完成大型运载火箭的高精度复杂运算。这样的制导方案和国外常用的平台式制导系统相比，具有突出的优点和创新，为我国惯性制导系统的发展开辟了新的途径。

4. 战术导弹使用速率捷联惯导系统

导弹要准确地扑向目标，离不开方向盘把握方向。谁是导弹的方向盘？原来它是控制系统中的惯导系统。梁思礼就是打造这个方向盘的人。

惯导系统主要分为平台式惯导系统和捷联式惯导系统两大类。二者主要的区别是：前者有实体的物理平台，陀螺和加速度计置于陀螺稳定的平台上，该平台跟踪导航坐标，以实现速度和位置解算，姿态数据直接取自于平台的环架，它不仅体积大、重量重、可靠性低、维护复杂、费用昂贵，而且系统性能还受到机械结构的复杂性和极限精度的制约；后者利用计算机强大的解算和控制功能摒弃机电平台，将陀螺和加速度计直接连在载体上作为测量基准，惯性平台的功能由计算机完成，该系统结构极为简单，减小了体积、重量，降低了成本，简化了维修，提高了可靠性。1969 年，捷联惯导系统作为“阿波罗”13 号登月飞船的应急备份装置，在其服务舱发生爆炸时，将飞船成功地引导到返回地球的轨道上，成为捷联式惯导系统发展的一个里程碑。

在我国早期的中近程、中程、中远程地地导弹研制中，由于没有计算机，采用的是不完整的惯导系统，叫做位置捷联惯导方案，是用位置陀螺确定导弹飞行中的空间位置，再通过计算装置来控制导弹的飞行轨道。位置捷联惯导系统傻大笨粗，方向把握的精度不高。

梁思礼有个非常好的习惯，经常关注国外精确制导技术的研究。他发现在保证命中精度的前提下，国外已经把低成本和小型化作为研制工作重要的参考指标。他敏锐地觉察出，捷联惯导进一步的发展是使用速率陀螺装置，就是速率陀螺加上弹上计算机，称为速率捷联惯导系统，这将成为中近程战术导弹最理想的选择。

速率捷联惯导装置由两个挠性陀螺、三个加速度计、电子器件与变换器组合在一起，装在弹体上。一个惯性组合，可把弹体三个方向的速度、三个方向的角速率同时测出来。这个装置小巧、灵活、精湛，造价每套仅百八十万元，每年可产几百套，配合四元数计算为数学平台，效果非常好。

相反，如果让战术导弹也使用洲际导弹的平台 - 计算机系统，那尺寸大暂且不论，仅每套两三千万元的成本，专业厂每年只能生产 1~2 套的速度，都让使用单位吃不消。所以梁思礼的意向很明确——战术导弹应该选择成本较低的速率捷联惯导系统。

20 世纪 70 年代末，国家从“文革”的阴影中走出来，梁思礼也迎来了思想创新、技术创新的春天。1978 年 1 月，在中央派驻的工作队的主持下，一院党委重新任命了控制所的领导班子，梁思礼任所长兼党委副书记。1 月 31 日，七机部党组决定恢复型号总设计师制度，并任命了各型号的总设计师，其中任命梁思礼为东风五号洲际导弹副总设计师。

2 月 20 日，七机部有 76 名代表参加了全国科学大会，有 148 个项目获奖。梁思礼等参加了大会。他获得了 4 项全国科学大会奖：地地型号导弹补偿方案制导系统；脉冲数字控制系统研究；某导弹控制系统综合设计；某导弹全惯性制导系统。

焕发了青春的梁思礼，像是一下子回到了年轻时代。他积极组织了速率捷联惯导系统的预先研究工作，一干就是 10 年。预先研究的课题组设在控制所，由一室、六室和 13 所的一部分人联合研究。

该课题开题时，一些权威人士听着连连摇头，认为是不可能的。理由一是，我国的惯性器件精度与国际水平相比还很落后，陀螺仪精度差 50 倍，加速度计精度差一个数量级；理由二是，由于陀螺漂移和加速度计的误差随时间逐渐积累，惯导系统长时间运行必将导致误差积累。

梁思礼的信念很坚定："什么事都是逼出来的。过去苏联撤走援助，把我们逼得能干了；现在困难逼我们，一定能把我们逼得更聪明。"

梁思礼反复给他的干将们打气：随着计算机技术的迅猛发展，运算速度提高、体积减小，以及惯性器件精度的提高和尺寸的减少，都使得在运动体上构成捷联系统在工程上成为可能。

梁思礼思考着将陀螺敏感载体运动角速度，送给导航计算机，通过积分得到载体坐标系，再在导航坐标上转换矩阵，而后将加速度计测量所得的比力进行变换，根据转换矩阵和姿态方位的唯一关系，可计算出载体的姿态和方位角。

沿着这个思路，在工程实践中，就可以将陀螺仪和加速度计直接安装在导

1983年8月，梁思礼（二排右一）等参加中国宇航学会制导与控制技术交流会的专家合影

弹上，省掉了机电式的稳定平台。但平台的概念仍然存在，它是用计算机软件建立的“数学平台”来代替机电平台实体，又称“软框架”，这样就为速率捷联惯导系统的发展创造了条件。

制导方案技术专家王永平说：“80年代中期，围绕着上平台系统还是上捷联系统有过一场大的争论。有的老专家提出捷联系统量程范围宽，动态误差大，精度不可能太高。但在梁思礼的力推下，课题组苦干了三年，用丰硕的成果，打消了人们的疑虑。”

课题组成员管润东动情地回忆道：

研制过程太艰苦了，什么事情都得自己动手干。我们在某机场做挂飞试验，由于是军用机场，空域飞行时间不便协调，接到通知就必须立即起飞。有几次是在$-20℃\sim-15℃$天寒地冻的时节做试验，我们都没有羽绒服穿，仅靠一件军用棉大衣御寒。我们在飞机上把惯性组合设备包上棉被挂在机舱外侧，舱门不能关闭，试验人员靠一条安全绳拴在腰间蹲着操作设备，遇上大风，人冻得浑身发抖，心里就想有一口热水喝就好了。有的人晕机呕吐，机上没有塑料袋，只好抓起鞋套往里面吐。在机场做试验，没有生活服务项目，连厕所都没有。遇上沙尘天，沙子打在脸上生疼，但是试验还要继续做，而且从飞机上下来，容不得你休息，就要当即处理试验数据，因为下一项试验在等着用呢。

梁思礼对课题组的工作给予了极大的肯定，他说，这个课题非常重要！没有这个课题，就没有后来的捷联惯导。该课题为后来的型号研制开拓创新打下了很好的基础，成为我国真正的第一个应用型速率捷联惯导系统。

1987 年结束课题时，梁思礼任该课题评审组组长。后来这个项目获得了国家科技进步二等奖。

在这个课题的基础上，速率捷联惯导系统开始在二院的一个型号、066 基地的一个型号、一院的两个战术型号中应用，一院的型号最先打成功，随之，后续的型号也开始使用。

事情也不是一帆风顺，1991 年有三个战术近程导弹使用该系统后，飞行试验都失败了，导弹落点出现很大的偏差。1992 年，航空航天部林宗棠部长任命时任部科技委副主任的梁思礼和部总工程师王礼恒为精度分析小组负责人，去解决出现的故障。梁思礼组织一院有经验的老同志直接参加分析，发现是设计队伍比较年轻、缺少经验，在结构上没有考虑惯性器件支架的位置和支架周围的环境等问题。使用该系统时，由于惯性器件固联在弹体上，所以导弹发射飞行时的振动和冲击环境，会使惯性器件发生动态误差，如果不注意惯性器件的“生存环境”，就会发生偏差。没过多久，设计人员采取了一系列改进措施，很快就把问题解决了，使得这些战术导弹顺利定型装备部队，极大地提高了我国常规武器的战斗能力。

后来，速率捷联惯导系统遍地开花，几乎在所有的导弹型号上得到了应用，地地战术导弹、地空导弹、飞航导弹、海防导弹都采用了此项技术，甚至神舟飞船的返回舱也用上了这个系统，还延伸用于运载火箭的上面级、冗余制导，

应用了速率捷联惯导系统的地地战术导弹

梁思礼领导的团队走出了从成功到成熟的道路。

1993 年，使用速率捷联惯导系统的导弹交付给二炮部队列装。

在 1995 年人民解放军进行的东海演习中，导弹发发全中，被媒体称为“能精确打到台独分子李登辉办公桌上花盆”的导弹。自从演习后，二炮的知名度大为提升。应用速率捷联惯导系统的导弹装备部队，大灭了台独嚣张气焰，大长了军威和国威。

5.“地测”升级“弹测”

导弹发射前，必须经过严格的“体检”，要全面地检查导弹各个部位的性能、参数是否达标。

梁思礼负责的地面测试发射控制系统就是导弹的体检师。地面测试发射控制系统一般由测试和发射控制两部分组成。测试部分负责参数测量，发射控制部分具有供配电、状态控制与显示、点火与紧急关机等功能。

地面测试发射控制技术经历了手动、程控、计算机控制等发展过程。这个过程与我国导弹、火箭技术的发展紧密相连，是一个结合我国国情不断采用新技术，完善功能、提高性能和自动化程度的过程。

梁思礼亲身经历了这个艰难的发展过程。20世纪60年代初，我国近程导弹使用的测试发射控制系统基本是手动操作，用电表和人工读数进行参数测量，用人工扳开关和继电器电路实现状态控制。那时，完成全部地面综合发射测试，约需8小时。到研制中程导弹时，采用了半自动化测试，发射准备时间为3小时。到研制中远程导弹时，虽然采用了自动化测试，但由于测试项目多、状态多，地面测试设备繁杂，发射准备时间约为6小时。

随着计算机技术的飞速发展，计算机智能化的优点越来越显现。梁思礼敏锐地感觉到，应当让这个聪明的家伙加盟导弹体检师的队伍。

梁思礼首先想到了一个人——弹上计算机的设计专家沈绪榜。他把沈绪榜请到了酒泉导弹试验基地。当时，“东风五号”已经使用了沈绪榜和他的同事设计的弹上计算机，他想听听这位计算机专家的想法。

沈绪榜回忆说：

在基地我第一次看到了自己设计的弹载计算机和洲际导弹，我也看到控制系统的测试设备功能有些不完善，无法测试到控制系统的各个部分。于是，我就将自己的想法告诉我们771所带队的副所长。副所长马上跑到副总指挥钱学森那儿去汇报了。第二天钱学森的秘书把我找去，我向钱老详细汇报了用计算机对控制系统进行测试的方案和30多个测试项目的测试方法等构想，并说明这需要控制所支持才能干得了。钱老听了我的汇报，当即决定这一任务交给771所完成，由控制所抓总进行测试。

梁思礼正带着大伙儿研究计算机测试的可行性，听到这个令人兴奋的消息，一个词儿立即冲进脑际：“相见恨晚”。他马上跑到沈绪榜的宿舍，抓住他的手连连说：“你说得真好，我也有同感，应该这样，应该这样！”

根据沈绪榜的建议，钱学森提出：“利用弹载计算机，加上若干地面设备（如信号源、采样开关、测试控制台等）来测试弹上控制系统。”这样，到1971年

梁思礼（右）与沈绪榜（左）讨论问题

东风五号导弹准备进行首次飞行试验时，梁思礼他们决定，把原来用地面测试设备来进行测试的方案（简称地测方案），改为用弹上计算机来进行测试的方案（简称弹测方案）。

由于计算机比程控电路具有更强的功能，弹测方案丰富了测试内容，缩短了测试时间，提高了测试效率。该方案利用计算机的功能，实现了数据的自动转换、自动装订及校验等功能，改进了测试方法，增加了测试项目。一些需要较多计算的参数的测试，以往不具备条件，现在都可进行测试，例如惯性稳定平台稳定回路的动态测试、加速度计的当量值测试、姿态角传感器传递系统测试及惯性器件的指令检查项目等，都是采用弹测方案才实现的。

弹测方案还采用了抗干扰能力强的积分式模数转换器，可定时自动进行“零位”校验、修正转换系数及“漂移”系数，以减少环境条件对模数转换器的影响，保证测试的精度。由于实现集中显示、测试和控制，使地面电缆网减少了一半，既节省费用，又便于操作。在数字传输电路中，还首次采用了镀膜屏蔽电缆代替过去的同轴电缆，而且随时可以把测试数据和状态信息送向监控指挥中心。

梁思礼回忆说：

钱学森很赞成弹测方案，还专程到我所综合实验室来找我，我也很赞成，所以很快我们就干起来了。我提出综合测试必须与搞计算机的联合起来，因为一方知道该怎么做，另一方知道该怎么测，这样就能想办法去做好。

为了实现弹测方案，梁思礼与从事综合测试的孙凝生等人做了大量的工作。他们与771所承担弹载计算机和测控台、计算机研制的人员一起，协同工作。为了增加弹载计算机的功能，控制所主动把指令系统做了改动。经过各有关方面的努力，弹测方案终于获得了成功。

这两种方案相比，在测试体制、方法、功能、速度、抗干扰性能和故障诊断等方面，弹测方案比地测方案均有了较大的提高。测试方法的升级，大大缩短了测试时间，提高了测试效率，对于提高导弹作战反应能力具有极大的现实意义。

任何事物都有两面性，“弹测方案”也有它的不足之处。弹载计算机的基本任务是完成导弹飞行中的控制，某些试验测试状态因与基本任务相矛盾而不能进行。随着计算机技术的发展，梁思礼他们又研制了在地面使用计算机进行控制的测试系统。由于地面计算机的基本任务就是测试和发射，可不受限制地充分发挥作用。

后来弹测方案也运用到了运载火箭上，第一个应用的是长征三号运载火箭，获得了很好的效果。20世纪70年代，把计算机控制纳入测试系统，成为了我

1993年元月，梁思礼在长征三号运载火箭地测系统鉴定会上讲话

长征三号运载火箭

国运载火箭地面测试发射控制分系统发展的阶段性标志。

6. 从“百花齐放”到“一枝独秀”

酒泉卫星发射中心航天试验队食堂的炊事员从傍晚一直站到天黑，门框都被捂热了，还是不见五院卫星试验队的人员来吃饭。食堂就挨着试验队宿舍，每天一到饭点，宿舍那边就传来了说话声，热闹着呢，今天这是怎么了？

原来一颗返回式卫星发射在即，可是在测试时突然卡了壳，卫星试验队带来的测试设备机箱风扇发生了故障，卫星测试只好暂停。大家急得像是热锅上的蚂蚁，一拨人在想办法排故，另一拨人在和北京商量对策。然而，时不我待，按照发射进度，卫星必须在一定时间内完成测试。即使从北京再带一台设备，那也是远水解不了近渴。如果耽误了星上控制系统测试，就会错过最佳发射窗口，导致卫星入轨后无法正常工作。想到后面带来的麻烦，卫星试验队里笼罩着一片焦虑的气氛，哪里还有心思去吃饭呢。

凝固的空气里突然响起了一个声音，有个试验队员说：“火箭试验队带了一套备用设备，咱们干嘛不去他们那里借用一台机箱用呢？”一语捅破了窗户纸，这句话提醒了卫星试验队，他们赶快派人去火箭试验队借来了一台测试机箱，插入卫星控制系统测试模块后，卫星测试工作继续进行了。

食堂里终于有了笑声。炊事员一边忙着招呼大家吃饭，一边琢磨“卡马克”是个什么东西，因为他们满耳朵听到的都是对这个玩意儿的誉美之词，试验队的人说，没有它，根本就不可能借用别人的设备。

“卡马克”，指的是CAMAC，是英文Computer Automated Measurement And Control 字头的缩写，即“计算机自动测量和控制国际通用标准接口系统”。试验队用上这个系统，最大的功臣莫过于梁思礼。

无论是导弹、火箭，还是卫星，发射前的体检工作和发射后的数据分析工作一个也不能少。20世纪70年代以前，我国导弹自动化测试的程度很低，大部分的测试工作都是手动的人工操作和利用机械式或电子控制的巡回检测装置，只有特殊的重要的部分才使用电子计算机，从而测试时间长；由于操作人员容易失误，测试结果也难以重复，出现差错时也难以查找。最为严重的是，各个型号队伍都各自研制一套自己的测试系统，大家都从头做起，互不通气，测试设备都是专用的，不仅各型号之间不能通用，有时同一个型号的不同批次也不能通用。随着导弹型号越来越多，每批产品之间的技术状态和指标不同，加上航天产品技术复杂、功能全、批次多，测试的难度增加，每上马一个新的型号，就要研制不同的专用测试设备，呈现“百花齐放”的乱象。

梁思礼看在眼里，急在心头，他对此进行了认真的调查，发现当时航天系统有 20 多个单位、三四千名技术人员在干同一类的事情，大家闭门造车，技术上往往是低水平重复；新的型号上来了，老型号的测试系统就搁置起来，设备重复研制生产的经费仅以 70 年代末期的统计为例已花了几千万元；如此做法，既耽误研制进度，又浪费大量的人力、物力和财力，还给部队的使用带来了很大的麻烦。

梁思礼认为，这是直接关系部队战斗力的大事，必须痛下决心，使导弹的测试彻底走出小生产的“作坊”模式。

1980 年 5 月，“东风五号”试验成功后，国防科委主任张爱萍针对型号测试工作中设备分散、批次多、互换性差、低水平重复研制等问题，提出要搞标准化、系统化、通用化、规格化的通用自动化测试系统的研制。七机部根据张爱萍主任的要求，于 1980 年 11 月在郑天翔部长的大力支持下，由林爽、宋健两位副部长挂帅，组织了一院、二院、五院，成立了由 7 人组成的测试、遥测总体方案论证小组。这个小组对部内外负责测试设备和数据处理设备研制生产的 20 多个部、所、厂、站进行了调研，调研地区遍及北京、上海、沈阳、哈尔滨。

通过对现有计算机系统方案及各种接口方案的梳理和分析，论证小组确定了测控系统必须引入计算机为主机的控制方案，采用标准化、系统化、通用化的模式，采用模块式组合结构，尽量减少控制方案的数量。基于这三条思路，论证小组通过对几种国际标准的比较，选择了国际上美、苏、日、德、法、英等 20 多个科技先进国家都采用的 CAMAC 系统，并形成了方案论证报告，包括结构标准、信息传递标准、模拟信号标准和软件标准等多种国际标准。CAMAC 系统的特点是：接口标准化，功能模块化，结构积木化。它对外部设备和计算机依赖性小，如要改变主机机型，仅改动 U 型机箱控制器或分支驱动器即可，在计算机硬件日新月异的时代，它随时可以方便地升级换代而不必像专用系统那样大动干戈。

方案论证报告很快得到部党组的批准，1981 年 7 月 23 日，七机部下发了《关于研制通用测试设备的通知》，明确要求今后研制的导弹、卫星、运载器、弹头、战术导弹及地面系统的综合单元测试设备，都要统一到 CAMAC 系统上来。

1981 年 9 月，七机部集中了几个研究院从事地面测试设备研制的技术人员组成总体组，随之正式成立了 CAMAC 系统总师系统。由于总体组的人员来自于一院 12 所、二院 17 所、五院 501 部和 502 所，所以 CAMAC 工程代号为“125 工程”，任命梁思礼为总设计师。

在梁思礼的带领下，“125 工程”研制的序幕拉开了。然后相继开始了总体设计、系统设计、模件研制、软件研制、系统实验等各阶段的研制工作，CAMAC 系统标准规范等文件的制订也同时展开。

首先，梁思礼与总体组确定了系统控制方案、各项总体设计文件和模件的

20世纪80年代，梁思礼（左四）在现场检查质量工作情况

研制方案。用于测试的计算机根据不同的场合和用途选用了两种微机系统，一种配用 CCU 控制方式，另一种配用分支驱动器控制方式，然后选择了一院和五院 5 个型号的导弹、火箭、卫星作试点，用上述两种 CAMAC 控制方式实现试点型号的测控和综合测试。

其次，根据系统测试控制对象化的要求，研制不同模件，用以完成不同的测试控制任务。如选用采集开关、A/D 变换器，交流变换器能完成直流电压和交流电压的测试，选配相应的控制开关和 D/A 变换器，可以输出模拟量控制输出。总之，两种微机系统和系统配置相应的模件和软件，便能完成直、交流电压量、电流量、时间率、频率值、相位、转速、温度、反电势等各种物理量的测量，还能完成高精度的测试、长距离的传输。

另外，总师系统还组织编写了《“125 工程”总技术条件》《“125 工程”功能模件任务书》《“125 工程”电子元器件筛选条件》等一系列设计文件和测试方针及质量管理规范等文件。

在工程研制中，梁思礼以对工作高度负责的精神始终与总体组一起，制订系统方案及各种技术指标，带领全体人员精心设计、科学施工。在关键时刻，他敢于拍板，对于 CAMAC 系统应用于正在研制中的型号起到了积极的促进作用。当时型号的测试设备水平还很落后，使用计算机的测试设备并不多。CAMAC 系统用于导弹、火箭和卫星的测试设备属于一项新生事物，领导和总师需要承担一定的风险，对测试设备研制人员的个人利益也有一定的影响，因此在推广时还是遇到一些阻力。

为推广 CAMAC 系统，1985 年梁思礼撰写了《在航天部内全面推广贯彻 CAMAC 系统标准》一文，并在多个研究院、所做报告，苦心孤诣地介绍 CAMAC 的作用，不厌其烦地宣传推广 CAMAC 将给航天发展带来的好处，还编写教材组织培训。

20世纪80年代，梁思礼（中）在运载火箭现场指导工作

梁思礼以及研制团队成员多次深入一线，解疑释惑，做了大量工作，终于得到了研究院领导的大力支持，率先将CAMAC系统用于“东风五号”（01批）综合测试设备、某导弹型号和长二丙运载火箭地面测试系统、两种返回式卫星姿态控制系统测试设备中，并且取得了很好的效果。

在总体设计完成后，梁思礼他们又组织各研究院分头研制不同的硬件模块和软件，从1981年9月至1984年9月，经过几年的努力，完成了上百种硬件模块和几十种应用软件。严格按CAMAC系统标准规范研制生产的55种硬件和5个软件文本通过了部级鉴定，开发的多个战术战略导弹、卫星CAMAC应用系统和工业仿真系统中有7个通过了部级鉴定，充分论证了CAMAC系统标准能够满足航天部各型号或工程的测试与控制任务的要求。

几个试点的实践证明，采用CAMAC系统标准规范是航天型号和其他测试设备通向模块化、通用化、系统化、标准化和自动化的重要途径。有了CAMAC系统标准规范，设计师，特别是系统设计师就可以根据各自的实际需要，使用CAMAC硬件和软件产品，快速、灵活、方便地组建各种规模的通用CAMAC测试系统。这些CAMAC硬件、软件和测试系统与以往研制的专用测试设备相比，都具有较好的质量、较高的可靠性和自诊断能力，并使研制经费大大降低。大系统的测试设备每套可节约80~100万元，小系统的测试设备每套可节约40~60万元。不同型号的测试设备的继承性可以达到60%~70%，使型

1988年10月，梁思礼参加某型号 CAMAC 测试发控系统鉴定会，该系统获得国家科技进步奖二等奖

号测试设备的套数明显减少，研制周期缩短 50%。另外，由于采用了 CAMAC 系统标准规范，使用部门可以缩短培训时间，方便维护、修理和使用，便于军、民品结合，还有利于国际技术交流和向国外出口航天产品。

本节开头的一幕，就是试点中发生的真实故事。由于使用了 CAMAC 系统的通用机箱，卫星试验队更换了火箭试验队带去的机箱，很快就解决了问题，保证了发射前测试任务的顺利进行。这样的例子还有很多，这在以前是根本不可能做到的。

此后，航天产品的地面测试系统不再允许各型号自搞一套，把经费和精力投入到水平更高的专用模件和功能模件的研制上。适应中国国情的 CAMAC 系统的研制推广成功，使我国导弹、运载火箭、卫星的地面测试设备变“百花齐放”为“一枝独秀”，逐渐走出小“作坊”，大踏步向标准化、系统化、模块化、现代化方向发展，为赶上和达到世界先进水平奠定了扎实的技术基础。

从 1985 年到 1991 年，“125 工程”共获得部级科学技术进步奖 24 项，其中一等奖 5 项、二等奖 11 项、三等奖 8 项。1987 年，梁思礼因为在 CAMAC 工程的研制工作中贡献突出，获得国家科技进步奖二等奖。

梁思礼

梁思礼院士传记

Academician Liang Sili's Biography

第八章

引发脑力震荡

梁思礼是导弹控制系统专家，但他的思想从不局限在控制。他的许多重大建议及其实施，往往引发一场如同脑力震荡般的技术、管理革命，影响全局。

梁思礼在航天工程领域是个不可多得的具有前瞻性思维和勇敢担当的人。

父亲早年“放洋”，东临日本、西游欧美的经历，使得梁思礼很早就知晓“天外有天”；8年的美国留学生涯，更使他具备了良好的外语、开阔的视野和多维度思考问题的能力。他虽然是导弹控制专家，但他的思想从不局限在控制系统，他对新鲜事物具有极强的敏感性，经常考虑很多与航天事业发展有关的全局性问题，他的许多重大建议及其实施，往往引发一场如同脑力震荡般的技术、管理革命。

1.“算总账”不是好办法

1980年夏末秋初的一天，时任七机部第一研究院党委书记的张镰斧找到梁思礼，对院里的一项提拔决定进行一次例行谈话。

张镰斧告诉梁思礼，研究院准备任命他为副院长，并就今后的工作意向征求他的意见，梁思礼当即表示希望从事航天产品质量方面的工作。1980年11月17日，梁思礼被正式任命为第一研究院副院长，主抓质量工作。从此，他走上了航天产品质量和可靠性工程的研究、探索之路。

20世纪80年代，正是美国企业开始应用质量管理大师威廉·爱德华

美国质量管理大师戴明

兹·戴明的理论，进行大规模质量管理体制变革的时期。

戴明是美国人，他的理论创建于20世纪40年代，他倡议把统计学运用于工业生产，强调质量控制的重要性，但是没有引起美国企业和政府的重视。1947年他被盟军最高指挥部派赴日本，帮助当地的战后重建。战后的日本，工业基础几乎全被战争摧毁，物资的匮乏使大量美国货流向日本，日本对美国的贸易产生了巨额逆差。当时的日本产品，以质量低劣而闻名。国际市场上，“Made in Japan”的标记，等同于劣质产品的代名词。

过去，几乎所有人在质量管理上都有两个认识误区：一是认为质量是生产者的责任，二是认为高质量必然造成高成本。而戴明为了澄清这两个误区不遗余力。他在东京对日本最有实力的21位企业家（控制着日本80%的资本）传授他的管理思想时，强调道：“大多数的质量问题是管理者的责任，不是工人的责任，因为整个愚蠢的生产程序是由管理者制定的，工人被排除在外。”同时他指出：“如果能争取一次把事情做好，不造成浪费，就可以降低成本，而毋需加大投入。”

在随后的30年间，戴明不断完善关于质量管理的理论框架和操作要点，如“管理十四要点”、分析解决质量问题的“四步质量环节：学习、吸收、消化、创新”等，都是在日本成型的。

戴明的一整套理论在日本创造了奇迹。1955年，日本的产品质量总体水平超过了美国，到了20世纪70年代至80年代，不仅在产品质量上，而且在经济总量上，日本工业对美国工业造成了巨大的挑战，来自全球各地的买主均为日本产品疯狂不已，日本的企业界对戴明感恩戴德，称他为质量管理的“教主”。此时，美国才如梦方醒，赶紧“出口转内销”，推行戴明的日本经验。

梁思礼是对国外新经验非常敏感的人，也很善于与自己的工作实践相结合，解决新问题。当时研究院内型号研制任务不断增加，新技术大量应用，产品质量问题层出不穷，各级领导为此疲于奔命，到处“救火”，堵漏洞。他担任主管质量的副院长后，更加迫切地感到，必须探索一条新的，快、好、省的产品质量可靠性工程道路。

可靠性工程是为了达到系统可靠性要求而进行的有关设计、管理、试验和生产一系列工作的总和。它是在总结工程经验并伴随着近代数理统计学、系统论发展的基础上逐步形成发展起来的，利用可靠性工程技术手段能够快速、准确地确定产品的薄弱环节，并给出改进措施和改进后对系统可靠性的影响。

他意识到，在航天系统内，对于可靠性工程的理解过于看重它的事后影响，所以早期对航天型号产品的可靠性研究偏重于产品失效率的统计计算，对于正在研制的产品走的也是以试验、筛选、检验控制为主，设计为辅的“失效工程”路线。通俗的说法，叫做“马后炮”。

梁思礼对自己多年亲身经历的导弹控制系统研制中的成功经验和失败教训，进行了反思和总结：

研制第一代武器的教训就是在型号开始时和整个研制过程中对质量和可靠性重视不够，直到遥测弹开始总装齐套时才强调质量。在总装测试之前，甚至在出总装厂之前，才搞群众运动式的质量复查，有时在靶场即将试射时还要复查质量，这种最后算总账的办法实际上是一种“不得已而为之”的办法。当然做比不做要好，但它是不能从根本上解决问题的。因为，如果没有做到“从头抓，不间断地抓”，到总装测试时，设计和生产都木已成舟，即使在复查中发现了质量问题，改也困难。过去质量复查往往只能补补漏洞，小修小改，不能从根本上消除隐患。在更多的情况下，只是判断一下质量问题可能带来的后果，如后果不严重，就只好带着问题上天。

第一代武器许多质量问题的“病根”，在于有些新技术在预研工作不充分的情况下就仓促上马，边研制边攻关。但型号产品有时间要求，没有时间去解决技术关键，只好带着问题步入以后的研制阶段。

我们过去也有成功的经验，如XX3，在20世纪60年代初期，当时是按专业分院，比较认真地贯彻了聂总的“预研、型号研制和小批量生产”三步棋的方针。在XX3上马之前，发动机、惯性器件、控制系统等都有了比较充分的预研储备。某些关键元器件的技术关键均已突破，新的制导系统已通过试验弹的系统试验。因此，XX3从设计方案到第一发飞行试验，仅用了一年九个月的时间，而且质量一直比较好。

梁思礼越来越清晰地认识到，只依赖成品检验和统计计算的质量管理方法，已经不能满足当前武器多型号研制发展的需要。他查阅了一些国外的资料，但

梁思礼（左二）在控制所实验室指导工作

是当时正值改革开放初期，国门刚开，关于质量管理的理论，能够了解到的大多是一些从事批量生产企业的资料，而像航天部这样既有设计，又有生产、试验等研制任务的综合性很强的单位，可资借鉴的资料和经验都很少。航天工程本身又是一个大型的系统工程，不像电视机、电冰箱或机床等民用工业产品那样单纯，所以既无理论又无现成的经验可以照搬。

梁思礼在 1982 年所长质量工作会议上总结道：

我们是你中有我、我中有你的大系统，可借鉴的资料就更少了，我们只能通过总结自己的经验，学习运用全面质量控制原理和普遍规律，结合自己的情况，从现有的水平出发，去创造，去实践，逐步地形成航天部全面质量管理系统的方法和理论，靠自己去闯出一条具有航天部特色的全面质量管理的道路来。

他特别提出了自己的新观点：

过去，人们往往把可靠性工作只和概率统计、可靠性预测及可靠性评估、抽检等可靠性数学联系起来。我认为，航天产品的可靠性工作不是一个学术问题，而是一个工程实践问题。

他总结分析了航天型号研制的现状和特点：

第一，子样少。航天产品的研制不同于民用产品的批量生产，每个批次的研制产品数量很少，而且设计都各不相同。“在小子样情况下，运用数理统计方法，很难达到应有的置信度，计算出来的东西不可信”。所以不能仅依赖失效概率统计去筛选、检验和把关。

第二，研制周期有限，导致质量与进度发生冲突。在计划安排时，往往是预定了一个完成日期，然后从后向前倒排，也叫“后墙不倒”。每个研制阶段并未按科研规律和程序的需求分配时间，而是取决于最终上交产品的期限。

第三，研制经费有限。经费下达往往只考虑型号产品研制成本，其中未包括可靠性工作所需的资源。

在这种情况下如何提高航天产品的可靠性？梁思礼进行了大量的调研，总结了正反两个方面的经验教训。1992年，他撰写了一篇文章《导弹控制系统研制工作的质量和可靠性管理》，全面阐述了他调研后对可靠性工作本质的理解，他写道：

日本的可靠性专家指出："质量是生产出来的，不是检验出来的。"

这句话很有道理，但不够全面。全面地看，可靠性和质量是设计出来的、生产出来的、管理出来的，而不是试验出来的、检验出来的、统计分析出来的。

可靠性工作在本质上是一个管理问题。在具体实施上，又是要在整个型号研制过程中，解决一系列问题的工程技术。应从工程技术的角度考虑和处理这一问题。可靠性工作只有渗透到每一个研制阶段，每一项科研、设计、生产任务中去，才能真正奏效。各种试验、工厂检验、质量复查，都是可靠性工作的必要手段，今后必须加强，但它们只能说明产品可靠性的现状。同样，可靠性数学的应用及普及推广也是必要的，但我们只能用它作为一种工具，定量地预测或评估产品的可靠性。它只能比较定量地说明产品的可靠性达到多少，靠它不能提高可靠性。要想从根本上提高产品的固有可靠性，只能通过周密的设计、精心的生产和严格的管理。

梁思礼还对"产品的质量和可靠性是设计出来的、生产出来的、管理出来的"理念做了详尽的解释：

设计本身就决定了产品固有的可靠性。生产是按照设计的要求去做。如果图纸本身的可靠性水平就那么高，生产也无法提高。有许多表面上看来是生产质量问题，仔细分析起来却是因为设计质量造成的。原材料、元器件本身的质量及其正确的选定、正确地使用是设计的基础，还有工艺方法和环境条件的确定，试验技术、试验参数的正确性、计量标准的精确度、测量仪器的好坏、计算方法和计算工作的正确性、各种各样的技术保障工作等，都是基础性的东西。根深才能叶茂，一座高楼大厦建筑在沙滩上，是站不住脚的。

研究设计也好，试验也好，应该是“金字塔”式的，也就是基础要宽大，全弹（即塔尖）才能稳固。而现在成了“陀螺”，成了“倒三角”。我们的劲头、领导的精力、我们的经费，应该更多地用在哪里，是用在前工序还是后工序呢？我们现在是按“倒三角”式的不稳定的形式工作，而不是“金字塔”式的稳定的形式工作。我们今后应该更加重视技术基础工作，把主要精力放在前工序上，特别是要加强预研工作、方案可行性论证、方案设计、元器件质量及试验工作等。

梁思礼的这一观点，给当时相对封闭的航天人注入了一股清风。在他的启发下，航天质量管理理念提升了一大步：系统可靠性不能仅仅依靠对系统的检验和试验来获得，还必须从设计、制造和管理等方面加以保证。首先，设计是决定系统固有可靠性的重要环节，制造部门力求使系统达到固有的可靠性，而管理则是保证系统的规划、设计、试验、制造、使用等阶段都按科学的程序和规律进行，即对整个系统研制实行严格的可靠性控制。各级领导很快达成了以上共识。

2. 梁氏可靠性理论

梁思礼又借鉴国外的可靠性理论结合中国航天的小批量研制生产实际，总结提炼出“十倍理论”“水桶理论”“全面质量管理十原则”，用以指导一院的质量可靠性工作。

“十倍理论”，即可靠性工作应从源头抓起，工作重心前移，即从导弹研制过程的源头抓起。航天产品的研制过程为：预先研究—方案设计（包括技术攻关）—初样设计—试样设计—飞行试验—定型—批量生产。只有抓好预先研究这一源头，才能达到事半功倍的效果，它是实现快、好、省的产品研制目标的

20世纪80年代末，梁思礼（右二）在中国宇航学会质量可靠性专业委员会成立大会暨首届学术交流会上当选为专业委员会主任

前提和基础。经过充分完整的预研设计，是产品高可靠运行的关键所在，型号研制工作每深入一步，对系统或硬件的设计修改就增加一份困难，所付出的代价也随之增大，一个问题处在概念设计阶段时，可能花 1 元钱就能解决，而问题拖到方案设计阶段，就要花 10 元钱，拖到初样阶段，就要花 100 元钱，以此类推，拖到定型阶段，则木已成舟，花再大代价也无法更改。“十倍理论”表明两者呈数量级变化的关系。

“水桶理论”，即水桶装水多少，取决于最短的一块木板，“整个产品的可靠性，取决于最薄弱环节的可靠性，最薄弱环节加强了，产品的可靠性也就相应提高了”。一个“短板”解决了，再对下一个薄弱环节“补短”，这样，总的可靠性就会逐步提高。

“全面质量管理十原则”，即：

（1）预防为主，事先控制。将事后把关转变为事先控制。

（2）从源头抓起，实现全研制过程的质量控制。

（3）可靠性设计，编写《可靠性设计手册》，加强设计评审。

（4）可靠性增长及充分的地面试验，PDCA 循环，用充分的地面考核试验检验设计方案的正确性。

（5）举一反三，防止故障再发生。

（6）提高外协件的可靠性，抓质量信息的积累和反馈。

（7）加强技术基础工作。

（8）生产过程质量控制。

（9）用全员的工作质量来保证产品质量。

（10）在使用和维护中坚持质量第一。

这十条原则涵盖了研制工作的方方面面，既有原则，又有具体内容，非常全面、实用。

如在“可靠性设计”原则中，对编写《可靠性设计手册》以及落实、设计、审核职责等提出了明确的要求。在“可靠性增长”原则中，强调了过程管理、改进，“尽早告警，及时纠正，也就是 PDCA 循环的原则，尽早发现薄弱环节，及时解决”。在“举一反三”原则中，则重点说明当产品出现故障后，一定要追根求源，彻查原因，针对失效机理采取相应的改进措施，避免类似问题再次发生，使质量问题彻底“归零”。在“加强技术基础工作”原则中，提出了提高元器件、原材料的可靠性，加强工艺基础、计量及标准化工作，等等。

为了使十条原则得到落实，梁思礼一方面积极地向下属厂、所推广这十条原则，强调全面质量管理要做到“三全”，即全面工作、全过程、全员参与，还制订了一系列保障措施，如：建立质量管理体系，为质量工作“立法”；加强信息系统的管理及质量教育培训，制订质量保障计划等。

在他的大力宣传和推广下，产品质量和可靠性的三个“出来”的观点逐渐深入人心，得到了一院和七机部领导的一致认同。他推行的关于质量和可靠性的一系列观点、建议和措施，在科研生产中得到积极推广并取得了明显的效益，使一院逐渐走出质量问题成堆的困境。其中最明显的效果，就是我国的长征二号运载火箭连续成功地把23颗返回式遥感卫星送上了天，该火箭获得了中国航天工业总公司颁发的“金牌”火箭的称号。

梁思礼在可靠性领域做出贡献的可贵之处有三点：首先，具有开创性。20世纪70年代以来，国内军工行业遭到“文革”十年动乱的破坏，科研管理体系已濒临瘫痪或半瘫痪状态；国际环境也处于冷战时期，国外科技信息已对我国封锁多年。因此，在无现成经验可以借鉴的情况下，他探索并倡导了一系列适合中国航天实际的质量和可靠性管理的理念和方法。第二，方法有效。他提出的一系列提高产品质量和可靠性的措施切实可行，就是“从实践中来，到实践中去”，对航天型号产品质量的持续改进大有益处。第三，注重提高。他提出全面质量管理的概念，强调质量可靠性必须渗透到科研生产的全部过程中，覆盖到全体人员和全部工作中。

1992年任新民院士主持召开“载人航天可行性论证会”时，梁思礼做了一个《关于载人航天的可靠性考虑》的报告。与会专家认为，报告针对载人航天

梁思礼（右一）等调研“长二捆”火箭质量问题

梁思礼（右）和任新民（左）、孙家栋（中）讨论质量问题

工程，提出了“极小批量的全面质量管理道路十原则”，对载人航天工程的质量和可靠性具有十分重要的意义。梁思礼在航天型号质量可靠性方面的有益探索受到了钱学森、林兰英、庄逢甘等专家及同行的肯定和好评。庄逢甘院士曾这样评价：“梁思礼在导弹控制系统研制工作的质量和可靠性管理方面发展了一套适用于整个航天产品的管理办法。”

梁思礼曾担任航天部科技委可靠性专业组组长、中国宇航学会质量可靠性专业委员会主任、航天质量协会领导等职务，他在不同场合积极宣传，不遗余力地推动各项质量工作的落实。他撰写的《导弹控制系统研制工作的质量和可靠性管理》被收入《中国科学技术文库》（科学技术文献出版社）。

除了研制洲际导弹的贡献之外，梁思礼在可靠性工程方面做出了突出的贡献，1993 年 6 月当选为中国科学院院士。

3. 驰骋计算机设计领域

在主持了两年质量工作以后，1983 年梁思礼又有了新的“发现”：在影响航天产品质量中的人、机、料、法、环（人员、机器、材料、法规、环境）等诸多因素中，人的因素所占的比例相当的大。比如当时航天产品的机械和电路板图纸都是由设计师手工绘制，机械图由描图员、晒图员复制为蓝图，电路板图由贴图及照相工人复制为底片，然后才下车间加工。中间环节多、出错几率大、修改困难、效率低下；产品的力学、热学特性等只能等加工出成品后，通过试验得出结论。可见产品的制造模式已经不能适应现代型号产品生产发展的需要。

由于梁思礼早在东风五号洲际导弹采用计算机方案时就开始接触计算机，对其功能和特点有较深刻的了解，所以他想到，如果能够运用计算机技术，通过编制各种程序、驱动各种控制，来完成不同的人工工作，就能大大地减少出错的可能，因此他开始关注 CAD/CAM（Computer Aided Design/Computer Aided Manufacture），即计算机辅助设计与计算机辅助制造这一技术领域。

CAD/CAM 是 20 世纪 60 年代在计算机被广泛运用以后，在制造领域逐步发展形成的一门新学科。其主要特征是，将计算机运用于各种设计、生产过程中，利用计算机运行速度高、图形处理效率高、

梁思礼在家中电脑前工作

存储记忆能力强、检索查询方便等特点，帮助设计和制造人员进行创造性工作。

1983 年，梁思礼调任航天工业部科学技术委员会常委，他向航天部领导提出开展这项工作的想法，并在部里的支持下，开始了国内外的调研工作。

在国内，他们调研了三机部的飞机零件制造厂和六机部的造船厂等单位，这些厂所大都引进 IBM、CDC 等大公司的大型计算机系统，设备的硬、软件都非常昂贵，实现起来比较困难。

当时，航天部在 CAD 方面的技术，还是一张白纸。首先，理念上一片空白，而且一无设备，二无人员；其次，对 CAD 能否解决航天系统自身的问题，也存在疑问。1983 年 7 月，部里决定派人赴美国考察，由部机关、一院、二院、三院和 771 所、710 所等单位选派代表组成一个 7 人考察团，梁思礼任团长，成员有谌潜、王文超、张志义、王新福等，这次考察成为航天系统开展 CAD/CAM 工作的起点。

20 世纪 60 年代中后期，美国在航天、航空工业需求的牵引下，有力地推动了 CAD 技术的发展。为了增强产品的竞争力，洛克希德·乔治亚公司、麦克唐纳·道格拉斯公司、波音公司、格鲁门公司等，都相继开发了自己的 CAD 系统，将各种分析功能模块有机地组合起来，从概念设计、初步设计到详细设计、数控、质量控制等各生产管理环节都在软件平台上实现，一整套软件包共用一个数据库，在同一个几何模型下工作，如果模型数据改动，则数据库中的全部图纸中的相关数据也随之改动，这些不同功能的软件包，组成了一体化设计系统。如麦克唐纳·道格拉斯公司的 CADD、波音公司的 IPAD 等设计系统，包括了绘图、设计分析、制造以及销售等各个方面。波音公司的 IPAD 等设计系统涉及空气动力学、结构力学、传热学、气动弹性力学、飞行力学、自动控制、动力装置等 14 个学科，共 300 多个程序，各个公司都在为自己的一体化设计系统而努力。当时美国的 CAD/CAM 技术已在航天、航空、船舶、汽车、机械产品制造、土木建筑、制鞋制衣等各个行业和领域广泛应用。

梁思礼利用自己娴熟的英语对话能力，以及曾在美国留学的经历，迅速拉近了与美国专家的距离，经常直接与国外一线专家深入探讨问题，得到了一手资料。他了解到，在设计工作中大约有 50%~60% 的工作量属于制图工作，此外还有大量的设计、计算和查找表格、曲线等工作。使用 CAD，可以使设计人员从这些繁琐、重复、容易出错的工作中解放出来，集中精力从事带有创造性的工作。他还了解到，美国企业已经做到了把各自独立的 CAD 和 CAM 有机地

梁思礼（左一）在美国考察时与美国专家讨论问题

结合在一起，获得了通过数据库实现 CAD/CAM 设计、生产一体化的成功经验。

考察团在匹兹堡参观了西屋公司，该公司已将 CAD/CAM 技术广泛应用于机械结构设计与分析、电子线路设计、生产、工厂管道设计等方面，仅在材料一项上，就减少废料 17%；在底特律参观了通用汽车公司的一个分公司，他们将 CAD/CAM 技术应用于车身外形设计、磨具设计和制造、机构运动学设计、工厂布置、电子及数控等方面，已将原来汽车外形设计需要 4 周时间减少到 2 周。梁思礼一行还在他美国的老朋友、时任波音宇航公司首席科学家林桦的帮助下，到波音宇航公司详细了解了 CAD/CAM 的应用情况。

通过参观，考察团对这些公司的 CAD/CAM 技术发展史、现状、技术、培训等方面的情况有了较为深入的了解。回国后，考察团根据了解的情况，写了一份详细的考察报告，汇报了国外情况，并开始在部内倡导推广 CAD/CAM 技术。

梁思礼通过部内计算机工作会议等不同场合，多次提出 CAD/CAM 技术在航天部内如何开展的思路，包括“理清管理渠道，加强集中管理；以任务带学科，以应用促研制；以 CAD/CAM 为目的集中力量搞一种 32 位超微机的 CAD/CAM 工作站；集中人力、物力，结合技术改造搞出 CAD/CAM/CIM 一

梁思礼在翻阅 CAD/CAM 图书

体化规划等十余条具体的建议和措施。

在部领导的支持下，梁思礼和谌潜等人争取到 60 万元启动经费，由 710 所三室牵头，一院、二院、三院、五院抽调人员，成立了以总体组为代表的组织机构；确立了以经济、灵活的小型计算机工作站和 PC 机为主机，引进并分析、消化国外的 IESP 软件，将其改造后用于航天产品的技术途径，并在一院、五院选择一部分研究所做试点，推广 CAD/CAM 技术。这项工作首先从培训 CAD 绘图开始，后来又逐步扩展到 CAPP（计算机辅助工艺设计）、CAT（计算机辅助测试）、CAE（计算机辅助工程分析）、CAQC（计算机辅助质量管理）等各个领域。各单位的 CAD 组织机构从那时开始建立，CAD 工作也由完全陌生到部分人员初步掌握并逐步在设计人员中推广。

梁思礼将这些计算机辅助用途总结为“CAX”，其中的“X”根据需求可以变化。经过一段时间的 CAD/CAM 程序模块“本地化”改造及培训工作，计算机辅助电路板布线、出图，以及计算机辅助绘制机械图的技术被越来越多的设计师熟练运用。CAD/CAM 技术开始在部里的许多所、厂应用，并取得了初步的成效。1985 年经过“本地化”改造的结构分析软件，在民用技术上首先发挥效力，应用于香港天坛大佛的抗风力学分析，后来又用于无锡大佛的力学分析。

与此同时，梁思礼不失时机地在各种场合大力宣传 CAD/CAM 理念，为此他撰写了题为《增强 CAD/CAM 意识》的文章，发表在 1992 年《航天工业管理》第 4 期上，引起了大家的重视。他的这些努力与成果推动了航天领域计算机应用的发展，为日后中国航天制造业走向现代化起到了积极的促进作用。

经过一段时间的实践，梁思礼对于 CAD/CAM 有了更深刻的理解，他在 CAX 和 PDM（产品数据管理）思路的基础上，又开始进一步探讨新的问题，即如何将一个一个孤岛式的 CAD、CAM、CAE 等功能软件模块有机地集成在一起。总体组在学习、分析、消化国外引进的 IESP 软件包以后，认为该软件架构已经落后，不符合计算机技术发展趋势，因此提出必须自行研制一套全新的适合于本单位的软件，走出一条中国航天自己的CAD/CAM集成化之路。在梁思礼等人的倡议下，从1990年开始，部领导和部机关组织精兵强将，投入大量资金，以总体组和710所为主，集中精力对航天飞行器一体化设计与制造系统软件（AVIDM）进行了开发研制。

这是一个开放式框架结构的大型软件系统，它可比喻为一个书架，CAD、CAM、CAE等软件好比一本本书，放在同一个书架上供设计师使用，它是一体化的信息和数据共享。在经历了一系列艰苦的软件开发、演示验证、试用等环节后，1992年AVIDM系统开发研制完成。这标志着自主可控的、具有中国航天特色的计算机应用技术上了一个新台阶。

1994年，梁思礼率代表团再次到波音公司访问，重点考察了以并行工程方法进行研制的波音777飞机的设计、生产过程。并行工程（CE）是集成、并行地设计产品和相关过程的系统化方法。它通过组成多学科的研制队伍、改进产品研制流程、利用计算机辅助工具等手段，使设计人员从设计开发的早期阶段就考虑到产品全生命周期中包括质量、成本、进度和用户需求等所有因素，达

2001年6月，梁思礼在AVIDM工程专题会上发言

到缩短产品研制周期，提高质量降低成本，从而增强企业竞争力的目的。梁思礼深切感到，并行工程实际上与当年毛泽东主席提出的“鞍钢宪法”“两参一改三结合”有异曲同工之效。波音公司将这一理念融入计算机环境中，形成全新的管理模式，强调团队精神、协同工作，等于是一次改进研制流程的管理革命。为此，他撰写了一篇题为《并行工程的实践》的考察报告和一篇题为《论加强技术基础》的论文，全面介绍了波音公司采用并行工程的方法研制 777 飞机和 737X 飞机的优化过程，在航天部内大力宣传并行工程的先进理念。

AVIDM 系统研制开发成功以后，又经过几年不断发展、完善，成功地运用于运载火箭、卫星型号研制当中，拓展出一系列导弹、卫星研制的集成化系统，成为航天系统自主创新的示范工程。CAD/CAM 技术在航天运载器姿控系统、卫星天线、雷达、弹用涡喷发动机、卫星阀门等系统和产品的设计中得到广泛应用。如航天产品中复杂的导弹弹头分析、导弹结构设计及卫星整流罩等产品的有限元结构力学特征分析与仿真计算等，都是成功的应用范例。

在信息安全已成为国家安全重要组成部分的今天，回望梁思礼当年倡导在航天、军工制造行业发展自主可控的软件系统，更是具有深远的国家安全战略意义。

4. 终结软件“三自”模式

1992 年，梁思礼在美国一所大学考察机器人时，发现大学里有一个专门搞软件工程化的研究所。他便前去参观，直接向一线人员了解情况，美国朋友送给了他几本有关软件工程、软件测试和度量的书。他在考察中得知，美国国防部制订的对军用软件开发单位开发能力的评估办法中把能力分成了 5 个等级，其中每一个等级里面又细分为 4 等，他想办法拿到了这份评估办法资料。随后，梁思礼又去书店选购了几本相关图书。

考察回国后，他翻阅、思考、研究这些材料，觉得软件工程化问题非常值得航天系统借鉴。联想到航天系统虽然随着计算机及其应用的普及，软件开发越来越受到重视，但是还存在 7 个方面的问题：

（1）软件开发单位没有相应的软件开发管理机制，没有组织机构和岗位，缺少管理办法和规章，一些管理者甚至在技术领导思想上存在“软件不过是硬件的附属物”的误区。

（2）软件开发单位不了解软件工程规范的作用，也不知道需要什么规范。

（3）不重视软件需求分析和软件设计，把必要的文档看成是额外负担，互相联系仅靠口头的“君子协定”或虽有文字约定但很粗略，导致接口部分责任界面模糊，埋下了质量隐患。

（4）软件更改缺少严格的控制与管理。

（5）软件开发者习惯于从头到尾自己一人负责，分析、设计、编码、测试全由自己完成，即“自编、自导、自演”。

（6）缺乏严格的检验，没有独立的测试队伍。

（7）对“维护”缺乏认识，在经费安排上从不考虑维护的需要，在组织上没有建立相应的队伍，以至于发现了问题也得不到改进，不能使软件越用越好。

梁思礼认为，这些问题说明，我们基本上还处于手工作坊式的软件开发时期，按美国国防部的评估等级，恐怕连最低的第 1 级也达不到，而美国要求开发军用软件的单位必须达到 3 级以上的水平，为“挑战者”号航天飞机开发软件的 IBM 公司则达到了最高的 5 级。每每想到此，梁思礼都忧心忡忡。

1992 年 1 月 8 日，中央专委召开会议，专门研究发展我国载人航天问题。会议认为，“从政治、经济、科技、军事等诸多方面考虑，立即发展我国载人航天是必要的。我国发展载人航天，应从载人飞船起步”。1992 年 9 月 21 日，中共中央政治局第 13 届常委会第 195 次会议在中南海勤政殿召开，审议了中央专委提交的《关于开展我国载人飞船工程研制的请示》，会议批准载人飞船工程立项上马，并要求像当年抓“两弹一星”那样抓载人航天工程。自此，我国载人航天工程全面展开。

梁思礼为载人航天工程历经坎坷终于上马而感到无比兴奋，并由此想到这是推行航天软件工程化的极好机遇。原因一是，载人航天工程极高的可靠性安全性要求，需要软件工程化作保障；原因二是，新上马的工程，从头抓起比在工程中间插入和工程结尾阶段挤进去要相对容易。

于是，他从航天系统技术与管理两方面入手，首先与中国载人航天工程总设计师王永志进行沟通并提出建议，探讨技术实施的可行性，王永志当即拍板接受了他的建议。然后又向时任航空航天部副部长的刘纪原汇报，介绍美国航天飞机和波音飞机公司实行软件工程化管理的经验。

梁思礼分析了载人航天工程的三大突出特点：一是安全性、可靠性是关键；二是系统及其庞大复杂；三是整个系统及其主要分系统中，计算机软件起到神经中枢的作用，是系统安全性的关键部分，一旦软件失灵会带来灾难性后果。

梁思礼还分析了载人航天系统中软件具有的特点：第一，嵌入系统中的软件多为关键软件，应具有很高的可靠性、安全性、可行性；第二，嵌入式软件具有苛刻的实时要求，要在严格的时序下、在严格规定的很短时间内完成操作；第三，嵌入式软件规模很大，结构相当复杂，“挑战者”号航天飞机的飞行控制软件有 50 万行源代码，我国神舟载人飞船上将多达 70 万行源代码。

梁思礼说，从前我们的计算机还没有这么发达，嵌入式软件还没有这么多，依靠“三自”的办法还能勉强度日。现在今非昔比，如果不用“软件工程”的方法，就会全乱套。梁思礼建议，以载人航天工程作为试点，实施软件工程化。

刘纪原副部长和王永志总设计师对此非常赞同。王永志曾经在航空航天部一院当过院长，1988 年的一次教训使他记忆犹新：

梁思礼（前排左一）参加中国载人航天工程第二步前期论证会

那是一次导弹发射试验，很多领导都乘专机到发射现场观摩。可是临射前测试时，突然发现制导系统出现大的干扰，当时怀疑是软件出了问题，可是只有一个人管软件，所有的盘都在他的兜里放着，谁也不知道这个软件是怎么弄的，别人都帮不上忙。他一个人压力巨大，折腾了一夜，才发现不是软件的问题，是计算机出了问题。这事想起来后怕，万一这个人生病了、调离了、出国了，别人看不懂他编的软件，离开他玩不转，这是多么危险的事啊！

刘纪原和王永志决定，载人航天工程有 7 个系统，软件工程化工作首先从航空航天部负责的火箭和飞船两个系统推行，其他系统陆续跟进。

梁思礼还向王永志推荐了一位搞系统软件很有成就的专家何新贵。很快，中国载人航天工程办公室就成立了以何新贵为组长的软件工程化专家组，负责建立软件工程化体系，指导载人航天工程的软件开发、文档编制、质量控制、评审与测试，以及安全性设计等活动，并通过软件工程化工作，建立软件质量独立检测机构和体系，广泛培训参研单位的技术人员和管理人员，使之从规章制度和研制技术上，保证载人航天工程任务的顺利实施。

王永志在一次专访中谈到：

搞载人航天工程时，中央专委四号文件就有这么一条：载人航天工程是迄今为止中国航天史上系统组成最复杂、规模最大、要求最高的一项巨型工程。这么大的一项工程，面这么广，用这么多的软件，必须要有更先进的管理，怎么办？只有借鉴软件工程化管理。

1992年，我被任命为载人航天工程总设计师之后，第一步就是进行质量控制，有十项基本要求，其中有一条就是软件实现工程化管理，这是带法律性质的强行规定。

当初我们对硬件的管理是很有一套办法的，比如说我们一个工程图有设计、有校对、有审核、有评审、有标准化管理、最后批准。每一张图纸在标图栏里头，你干什么都标上，这张图纸得经过这么多的手续才能下厂生产，软件也必须这么做。首先是软件的设计，设计的依据是什么，得有人提总体的要求，然后你才设计这个软件，软件都哪些人设计，设计完后校对、审核、评估是谁，都必须记录在案。评估是第三方评估，不是编软件的这个人，甚至都不是你这个单位的；测试也是第三方测试，测试的设备也不是你编程单位的。这样才能做出结论，看你的软件行不行。

我把这个思想从航空航天部带到现在的总装备部了，下决心整个工程实现软件的工程化管理，这是中国第一个全面实现软件工程化管理的工程。但是软件这套东西是挺复杂的，我就成立了一个软件专家组，给工程总设计师当参谋。当时我找梁老总，你看谁当组长比较好，他建议何新贵，然后还有王纬、谌潜。

一开始，大家还不太习惯，梁思礼就多次向各级总师、各个研究院所反复介绍国外的经验和软件工程化的基本内容及其重要性，并明确提出软件开发必须要依据一定的方法，采用一系列技术，对工程全生存周期通盘考虑，使主要的开发和管理行为规范化。他比喻说，如果把软件 5 级成熟度比作是小学五年级的话，我们现在幼儿园还没开始办呢，应该开始购买小桌子、小椅子，开始办幼儿园。他组织人员参照国外经验编写了 4 大本软件工程标准，以此为蓝本大力推广。

在载人航天工程立项至初样研制结束期间，软件工程化从自上而下地推行，逐步成为全型号队伍自觉的行为。

在这期间，梁思礼做了一系列策划：一个决心，就是要彻底解决软件开发的“三自”模式；两个目的，要实现软件的“透明性”和“可控性”；三步走战略，第一步要做到软件开发过程的透明，第二步要全过程按软件工程化开发和管理型号软件，第三步要建立和健全软件的开发和测试手段，以测试促开发，以过程保质量。梁思礼还提请航空航天部计划司考虑：成立相应机构，赋予一定职责，支持一定经费。在他的建议下，落实了八项措施：成立软件专家组；确立了“软件主任设计师”岗位，在原先“行政管理”与“技术管理”并重的基础上，形成了软件质量与硬件质量并重的管理责任；将软件作为产品纳入技术状态表、计划配套表和产品配套表；制定软件技术状态控制要求及图样管理制度；制定软件文档编写及归档办法；制定软件质量管理办法，软件验收交付管理规定；开发软件配置管理系统；给予软件开发费。

梁思礼参加了多次软件工作会、交流会、培训会等，参与制订了 1993 年到 1994 年的主要工作项目，为以后的软件工程化管理奠定了基础。

当载人航天工程进入试样以后，面临即将到来的首飞任务，软件工程化的工作更加急迫。由于前期工作到位，基础扎实，很快就形成了较为系统和完善的软件质量与计划管理规范性文件，研制了专门用于软件测试的“仿真测试平台”，组织了软件走查工作，采用信息化的手段进行配置管理，组建软件检测站开展第三方确认测试，软件产品有了配套的产品证明书和履历书。

在火箭和飞船两个系统推行软件工程化初步经验的基础上，其他系统，如飞船应用系统、测控通信系统、航天员系统也跟进采用了软件工程。

由于按软件工程化的规定办事，载人航天工程的软件成熟度得到很大提高，

2003年10月，梁思礼（左）与载人航天工程总设计师王永志（右）合影

2009年春节，梁思礼（中）与神舟六号航天员聂海胜（左）、神舟七号航天员翟志刚（右）合影

上天运行没有出现过问题，圆满完成了各次任务。

2003年10月，当我国首飞航天员杨利伟安全返回后，在领导、专家与航天员见面会上，王永志总设计师握着梁思礼的手动情地说："你倡导的软件工程化起了大作用"，这是工程总设计师对梁思礼所做工作的充分肯定。

软件工程化不仅在载人航天工程中起了很大作用，后来航天所有的型号研制都采用了软件工程的规定和标准，使航天产品的可靠性大为提高。

5.拥有中国"心"

1989年3月，梁思礼担任了航空航天工业部科学技术委员会副主任，虽然他已经身居二线，但却一如既往地冲在一线，甚至有过之而无不及。他有一个叫得很响的观点："科技委要在超前性、战略性、方向性、影响全局的大问题上，给部领导当好参谋。"

在一次科技委常委评审专业发展战略会上，他们发现上级预研部门过分强调把电子技术集中统一在机电部，而对发展专业电子技术（如有特殊要求的航天

1989年8月，参加航空航天部科技委第一次会议的全体代表合影（前排左三为梁思礼）

电子）重视不够，于是写了一份《航天电子专业发展战略》向上级领导和机关作了汇报，建议机电部重点搞通用型、基础性的电子技术，一些具体在型号上使用的电子产品则由航天系统自己搞。这个观点得到了上级的首肯。

与此同时，梁思礼利用“专家论坛”等载体，积极倡导电子系统小型化与系统集成。在一些专题报告会中，他详细地介绍了随着电子、半导体、计算机、网络、通信、软件等技术的飞速发展，社会已由工业化时代转入知识经济时代。他认为，工业化时代的竞争关键在于机器，谁拥有先进的机器设备，谁就有了先人一筹的竞争优势；而在现代信息化社会里，经济的基础已从自然资源转为知识资产，独特的知识就成了战胜对手的唯一筹码。从海湾战争到北约对南斯拉夫的空袭中可以看出，现代战争实质上是国防电子的较量，进一步说就是含有“知识”成分的 IC 和器件的自主设计与制作能力的竞争。

梁思礼在航天系统反复强调：高可靠、低功耗、轻小型化、缩短研制周期是航天电子技术的发展方向，这个发展方向正是航天弹、箭、星、船上的电子设备的迫切需求。高可靠，可以减少系统中功能冗余，从而简化系统组成；低功耗，可以减小系统中能源部分所占的重量；电子系统的轻小型化，可以使得结构重量进一步降低，减少的推进剂重量可以提高导弹的射程和机动能力，或提高运载火箭的运载能力，增加卫星和飞船有效载荷重量和轨控推进剂的加注量。

但是，由于弹、箭、星、船上的电子设备受到技术水平的限制，同时受到行政单位自成体系研制模式的影响，设备的功效得不到充分发挥，导致一定的资源浪费。解决资源紧张与资源利用不充分的矛盾，必须依赖创新和技术发展。

现代航天飞行器控制系统中，最核心的就是它的芯片系统，就如同人的大脑一样，它能对飞行过程中采集到的各种数据图像进行判断处理，并根据处理结果向飞行器的各部位发出行动指令。他举例说：

我们在型号研制和生产时，一个元器件往往牵动着众多人的心。如，选用的国外元器件已经停产，无法采购，必须换型；采购的这批国外元器件批次性报废；元器件经检测是假冒的等，这些都是我们在型号研制中经常遇到的。每次这样的消息传来，对整个工作的进展都可以说是不小的打击，都要投入大量的人力、物力去补救，去解决。尤其是元器件的停产，又要做大量的换型评价工作。选用自己的高质量、高可靠的元器件是我们每个系统设计人员的心愿，也是各方迫切的要求。但是国产航天用元器件，特别是高端、高性能的元器件，一是品种少，可供选择的余地少；二是用户少，质量是否稳定、各项性能指标是否达标没把握，有时供货周期还不稳定；三是与其他的国产货物美价廉不同，我们的国产元器件比起进口器件价格往往更高，甚至是几倍、几十倍，因为不是批量生产；这就造成了国产元器件

2004年，梁思礼（左二）参加宇航智能控制技术国家级重点实验室技术验收会

选不到、不敢选、选不起的局面。

面对这样的局面，梁思礼一方面鼓励航天人要有信心，坚定使用国产元器件的信念，能用的尽量使用；另一方面敦促应从弹上电子系统中“含金量”高的元件入手，引入新的设计理念，以拥有专用集成电路的自主知识产权，避免我国武器研制生产受制于国外。

的确，技术的发展给各种飞行器设计带来的变革是巨大且深刻的。尤其是微电子技术、微机电技术以及软件技术等的突飞猛进，导致了新的设计概念，其中系统集成以及 SOC(系统级芯片)设计就是顺应这种技术发展趋势的未来火箭、导弹控制系统的主流设计方向。传统的控制系统组成是由一个个结构上独立的设备通过电缆连接组成的整体。随着智能设备的增加，电缆的连接越来越复杂，系统的可靠性在降低，系统的适应性、扩展性也在减弱。为了解决这个问题，美国航空电子系统定义设计的 1553B 串行总线，通过串行总线技术，使得系统的规划更加统一和简练，但仍然存在着设备数量多、占用空间大、功耗大、牵扯面广、适应性通用性差、开发周期长、效率低下等缺陷。在这种情况下，系统集成与 SOC 应运而生。当时，无论是国内还是国外，完全的 SOC 还无法一步实现，但将多个设备的功能集成在一个机箱内，形成小型化的“单机系统”，是“片上系统”的过渡，也是技术发展中必不可缺的环节，并将为 SOC 打下系统结构的基础。随着微电子技术的发展以及背景型号的牵引，火箭、导弹控制系统集成设计的需求十分强烈，势在必行。

梁思礼特别关注这一新的技术的发展，出国考察时深入了解前沿动态，曾多次在出国访问的考察报告上介绍相关情况，积极倡导、推动 12 所要加强这方面的技术研究，并帮助 12 所于 2003 年获批准成立了国家重点实验室，其中重要的一项工作就是研制航天控制系统 SOC 的设计，应用于我国航天型号。

12 所的设计人员林金永在采用 FPGA(现场可编程门阵列)技术实现弹载计

算机等电子系统的系统集成设计工作中回忆说：

梁老总形象地把设计一个电子系统比作搭积木的过程，认为在这个过程中有三种标准的积木块，即微处理器、存储器和FPGA或ASIC(专用集成电路)芯片，并介绍美国的电子系统设计师用现场可编程门阵列或复杂可编程逻辑器件作为电子系统逻辑控制的第三个积木块。伴随着EDA(电子系统集成化)软件工具和半导体技术的不断发展，航天数字电子系统尤其是弹载计算机和各种控制器的三种积木块已是大势所趋。尤其是FPGA将半定制器件逻辑集成度高的优点和可编程逻辑器件的用户可编程特性二者紧密结合，使其具有结构灵活、高密度、高性能、开发工具先进、开发成本低、标准产品无需测试、质量稳定和可实时在线校验等特点，从而使电子产品达到小型化、集成化和高可靠性，大大缩短设计周期、降低设计经费，并最终提高设计的安全性。

在梁思礼的建议下，控制所率先成功利用FPGA实现了弹载计算机接口电路和CPU外围控制电路的集成设计，并投入弹载计算机的应用。其中，专用6路16位可逆计数器在二次集成之前，所占的面积为（158×140）×2平方毫米。经过二次集成后，占用的印制板面积为27.5×27.5平方毫米，是集成前的1/55。原来用63个小规模集成电路，现在只用一个大规模的 FPGA 芯片和一片 EPROM(可擦除可编程只读寄存器),从而实现了小型化。所用的 FPGA 芯片集成为 6000 门。显然,经过二次集成后,原电路所使用的元器件品种、数量及印制板面积均大大减小。

CPU 外围控制电路及遥测电路的二次集成初步具有了系统级集成的设计思想。因为 FPGA 内部集成了 4 块中规模集成电路和 30 多块小规模集成电路,它用于中断控制、总线控制、弹地通信控制、地址译码和遥测数据的串行移位等,把这些芯片的功能集成到一个 10000 门的 FPGA 芯片内,体积与 80486CPU 相当。若采用 20000 门的 FPGA,则可实现上述所谓的第三块积木化的单片化,即用一片 FPGA,就可实现 CPU 外围控制电路、遥测移位电路、专用可逆计数电路、时序控制电路的功能。这种集成水平最适用弹上仪器减重,增加导弹、火箭射程。有了系统级的集成芯片,冗余、容错设计就有了更大的物理空间,导弹、运载火箭就会有更高的可靠性和生存能力。

电子元器件是电子技术设计的基础,电子技术的发展总是伴随着元器件技术的发展而发展。从使用分离元件到 IC(功能芯片)、SOC(系统级芯片)、SiP(产品级集成芯片),电子设备所用元器件数量越来越少、功能越来越强大、手段越来越灵活、研发周期越来越短、成本越来越低。采用 SOC 技术后,很多功能可以由一块芯片实现,甚至几个系统的功能都可由一块芯片实现,这不仅仅使电子设备的体积和重量等技术指标大幅度提升,更促使电子技术的设计理念、设计方式、分工模式也发生了根本的变化,促进了系统融合的发展和研制流程的创新,从而引发了一场电子设计的技术革命。

梁思礼建议:作为对各项指标有苛刻要求的电子设备,理应顺应技术发展的趋势,抓住机遇,借助 SOC 技术,有效提升航天电子设备技术水平,实现跨越式发展。

梁思礼说:

SOC 指的是在一块芯片上实现系统的信息处理功能。它是解决弹、箭、星、船上的电子设备资源矛盾的必然选择，虽然弹、箭、星、船上的电子系统功能各异，实现方式、接口类型各不相同，但是它们在本质上都是对通过采样得到的信息完成数字信号处理，所不同的只是信号处理的算法。

SOC 是提高系统灵活性和设备通用性的有效途径。通过系统策划和顶层设计，对弹、箭、星、船上应用的各类传感器、信息处理装置、执行机构的各个技术层次进行标准化设计，可以实现弹、箭、星、船之间的设备级的产品通用。借助 SOC 技术，信息处理装置可以兼顾通用性与特殊性的要求，从而实现采用通用的硬件设备，配以不同的嵌入式软件，构成不同的系统构成方式。通用的设备可以批量化的生产、货架式供应，以此降低成本并提高质量，缩短研制周期。

他多次给设计单位“支招”，利用 SOC 技术把 CPU 和相关的采集、变换、存储、处理、输入 / 输出等功能集成在一个芯片上，配合相应的嵌入式计算控制软件，对系统中所有信息进行集中采集、集中处理和输出，从而完成全部系统的功能。这样，通过 SOC，使整个系统中所有子系统的功能被融合到一个芯片之上，所有子系统间的信息交接接口变成了芯片内部存储器间的数据交换，

2004 年，梁思礼主持某专项评审会

资源得到了充分利用，相应设备的体积、重量得以大幅度降低。同时，在这种模式下，信息融合可以顺利实现。

因 SOC 前期投入大，是一个典型的高投入、高产出的行业，梁思礼结合国情，明确地指出：要研究航天应用的需求特点，顺应 SOC 的特点和发展趋势，使 SOC 的优势得以发挥，风险得以回避，并借此促进航天 SOC 产业的形成。航天 SOC 的需求，首先，对运算速度、存储容量的要求并不高，但是对可靠性要求极高；其次，对技术和工艺不要求最先进，但是对技术状态和工艺稳定的要求很高，并且要求在相对长的时间内稳定不断地提供同一款产品或者各方面兼容的更高档次的产品；再有，能够在相当长的时间内按照型号质量保证大纲的要求快速地提供合格的产品，并提供及时方便的技术支持和配套完善、易于掌握、使用方便的软硬件开发系统。

可喜可贺的是，在梁思礼的大力倡导和推动下，从 2000 年开始，中国航天科技集团公司就着手研发完全自主产权的微型控制芯片系统。他们突破各种障碍，经过多年坚持不懈的努力，自主研发的 SoC 已经成功应用于航天型号，并经受了考验。随着我国载人航天、探月工程、深空探测、空天运输系统等航天任务的不断发展，SOC 系统在运载器、航天器的应用领域不断扩大，这对 SOC 系统提出了更高的要求，为承担后续更加重要的任务，航天人将研制出速度更快的处理器芯片。

一块小小的芯片，凝聚了中国航天人的太多心血。拥有一颗中国“心”，梁思礼功不可没。

梁思礼

梁思礼院士传记

Academician Liang Sili's Biography

第九章

站在新高度上的忧虑

“责任”和“担当”是梁思礼的使命。他始终站在“一切为了国家利益”的立场，以超前眼光和国际视野，高屋建瓴地为祖国的未来和发展出谋划策。

在梁思礼的内心深处，始终把自己的一举一动绑定在爱国报国的“责任”和“担当”上。除了在国家具有战略意义的航天领域中“铸剑”，梁思礼把眼光放得更远，把责任担得更大，把担当扛得更重。他人生命题的确立、奋斗坐标的定位、人性天平的度量，统统围绕“一切为了国家利益”，他常常站在世界舞台上，放眼高科技前沿，寻找国家的忧虑点，以自己的智慧和能力，高屋建瓴地为祖国的未来和发展出谋献策。

1. 参加联合国核裁军谈判

1988 年仲夏，浮热天气，风动荷影，水弄柳枝。时值正午，远处车喇叭轻响，一辆黑色轿车停下，走下一位略胖的学者，他倒背双手，若有所思地走进了家门。夫人赵菁见状，知道梁思礼肯定是领到新任务了。

20 世纪 80 年代末至 90 年代，在打破西方制裁之后，中国外交工作主要面临三项任务：一是应对随多极化趋势发展带来的国际关系的种种变化；二是反对各种霸权主义和强权政治行径，维护世界和平，推动建立更加公正合理的国际政治经济新秩序，以维护世界各国、特别是广大发展中国家的权益；三是应对经济全球化趋势和高科技迅速发展给我国带来的影响。在第二项任务中，梁思礼扮演了重要角色。

由于梁思礼有着深厚的技术背景，外语又好，所以，1988 年他应邀参加了由中国有关民间团体和各界知名人士发起组成的民间团体“中国人民争取和平与裁军协会”（简称和裁会）交给的有关核裁军的工作，成为“核武器和空间裁军研究组”专家组成员。1989 年 9 月 4 日，作为中国的唯一代表，梁思礼参加了联合国在苏联乌克兰首都基辅召开的裁军研讨会。

在和裁会中，他开始进行战略核导弹和外空武器裁军的研究，参与联合国国际核裁军和军备控制活动，与美国科学院的国际安全与军备控制委员会（CISAC）成员及苏、英、法、奥等国家代表，多方进行会晤与交换意见，并参加国际会议，阐述自己的观点。站在世界的舞台上，他的视野更加开阔，他的思维更加活跃，他说：“我原来是搞技术科学的，现在社会科学方面的事也得接触了，工作涉及的面又扩展了。针对核裁军这个战略问题，现在我考虑得比较多的就是国防战略问题。”

20 世纪 80 年代后期，世界格局悄然发生着改变，美国继续依仗核实力称霸世界，而苏联国内局势正处在以其为首的东欧社会主义阵营解体的前夜。一些无核国家在暗中研制核武器，恐怖主义也是潜在的危险，世界面临着很大的不安全因素。为维护世界和平，由联合国主导的军备控制、核安全及核不扩散的相关活动也在积极推动中。

美国和苏联对核裁军负有特殊、优先责任，他们也是核裁军的主要对象，但是在谈判中，双方都在相互探底，寻求在裁军时保持力量对比的相对稳定。隶属于美国科学院的 CISAC，是个半官方半民间的组织，实际上是一个美苏双方互相通气、摸底、放“气球”交流的渠道。最初只是研究核问题，后来把导弹和外空也纳入其中。该委员会由政界、军界和研究人员组成，这些人都是美国发展核武器、导弹的元老，有将军、前司令等人物。后来他们和中国也开展交往，美国也想了解中国核武备的情况。中国与之对口的是民间“和裁会”，“和裁会”中有许多由国防科工委牵头组织的权威专家，目的是争取在国际核裁军舞台上有更多的发言权。

梁思礼就是在这种背景下被派往基辅，以专家个人身份参加“关于多边信任建立措施和防止战争研讨会”，这是由联合国以世界裁军运动名义组织的一个裁军研讨会。会议的重点是，讨论防止偶发性核武器发射引发核大战和多边核警戒中心问题，同时也涉及常规裁军和一般性建立信任措施及防止核扩散问题。

这是一次重要的国际核裁军研讨会议。与会的有 15 个国家的 27 位代表，其中多半是外交界和军界人士，代表的水平和级别很高，还有由美国耶鲁大学的几位教授组成的研究组，受联合国委托对会议主题做过研究，在会上他们有两个主题发言。会议的内容涉及到核稳定、信任建立措施、核武器数量的合理

有核国家示意图（数据来源：瑞典斯德哥尔摩国际和平研究所）

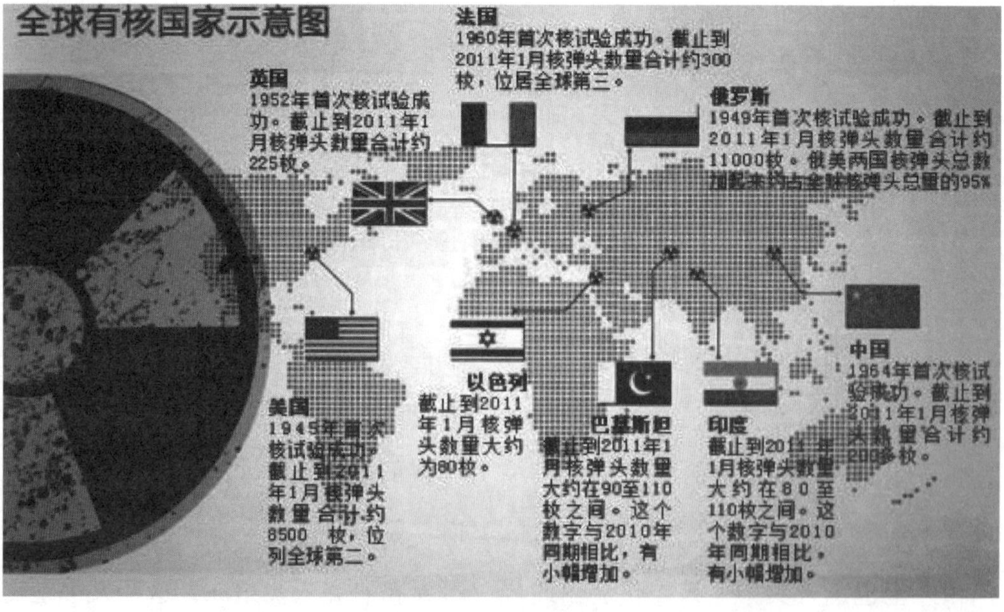

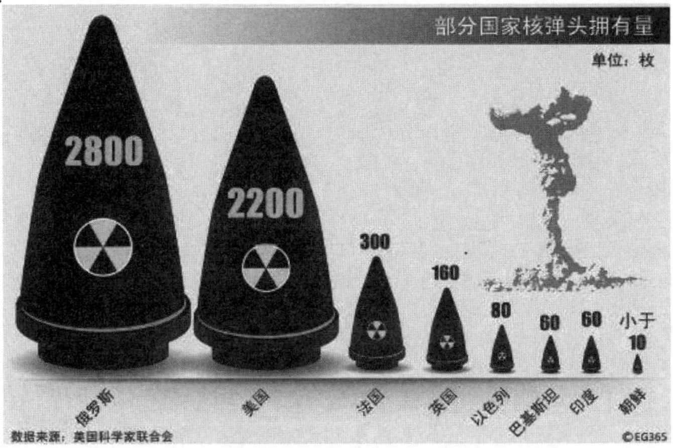

部分国家核弹头拥有数量（资料来源：美国科学家联合会）

足够、核不扩散、不首先使用、联合国设立多边和警戒中心以及潜射巡航导弹和化学武器与短程弹道导弹组合等八大问题。会议分七个阶段对上述问题进行了报告和讨论。会议的第二、三阶段澳大利亚代表马克先生以《美苏两个超级大国将双方进攻为主的武力结构逐步改变为以防御为主的武力结构和战略，以进一步减少非授权和偶发性战争的危险》为主题作了核安全的报告。报告内容相当广泛，政治性和技术性很强，既对美苏提出了批评，也提及了中国的武器出口问题。

会议主席布什比先生考虑到梁思礼的技术背景和专业素养，特别邀请梁思礼在会议上对马克的报告作评论。梁思礼巧妙地引用马克报告中以及会议其他报告中的一些观点，借题发挥，对中国有关核裁军的观点作了深刻阐述。梁思礼认为：

可以打局部核战争或用核武器进行实战和赢得战争的想法是危险的，进攻性的防御和先发制人的战略将导致报复。以博弈论观点来看，核大战无胜者，只能是一个负合局，即两败俱伤。而本次会议的主题是“信任建立和防止战争”则是一个正合局，即双方都是胜者，至少在大规模削减防务费用方面对双方都是有利的。在前一天的会上，苏联和平委员会第一副主席波格丹诺夫教授谈到了为什么两个超级大国的核武器达到5万个，言下之意是不可思议，头脑发昏了。其实这是来源于双方的以进攻为主的武力结构和战略。双方绝大部分核武器都具备第一次打击能力，目标是对方的地下井、C^3I 系统和战略要地，而一方要先发制人确保摧毁必定增加安全系数，加大数量；另一方要“先－先发制人”，则需要更大的数量，如此轮番上升，一直发展到目前这么多数量。当今世界上只有美苏两个超级大国可以发动和进行一次世界大战，特别是核大战，只有它们拥有足够的核武器进行第一次打击，进行先发制人的“进攻性防御”（也可解释为侵略）。现在国际形势趋于缓和，两个超级大国都感到有削减核武器的需要，这样才能有核谈判。不过我认为仅削减50%是远远不够的，削减75%甚至90%也不为过。仅仅削减武器数量还不够，还应改变武装力量的结构，逐步把进攻为主的结构改变成为以防御为主。苏联最近提出“合理的足够”概念，即对防御来说是足够而对主动进攻则数量是不够的。我在原则上赞成此概念，不过到底数量是多少尚未提清楚。减少第一次打击能力可以说就是一个信任建立措施。

另一个建立信任的措施，就是有核国家承担义务不首先使用核武器。中国在1964年刚拥有核武器时即宣布在任何情况下都不首先使用核武器。如果所有有核国家都这样做，则对防止核大战，建立相互信任将会起很大作用。

会上，梁思礼建议由联合国倡导，使所有有核国家签署一个不首先使用核武器的多边协议。梁思礼还对潜基巡航导弹和化学武器、弹道导弹等问题发表了评论。难能可贵的是，梁思礼回国后迅速把会上得到的很多信息，特别是值得我国关注的大国外交形式、战略武器发展动向及核裁军方向等问题，向有关部门作了汇报，引起了高度重视。

梁思礼在回国后的报告中谈到：

“信任建立”已经作为一种和平战略和手段而存在，它可以化解国际紧张和相互猜疑。多边信任措施已经实际应用于东、西欧关系，双方规定范围内的军事演习都事先相互通知并派观察组进行实地核察。信任建立还可为常规裁军铺平道路。

会上，美国代表在发言中把中国纳入了“存在核不稳定问题”的国家，意

思是中国的核武器没有可靠的核预警系统、C^3I 系统（指挥自动化系统，是用电子计算机将指挥、控制、通信等联在一起的综合系统）和安全发射系统及高度精选的合格操作人员，因此容易产生误发射和非授权的发射。梁思礼虽然在会上针对此进行了反驳："由不稳定到稳定是一个过程，美国也是在 20 世纪 70 年代才逐渐改善其 C^3I 系统的，其他国家也正在改进过程中。即使美国现在已经达到的水平是否就真经得起核战争的考验，也难以预料。"但是他由此意识到，一个有核国家建立核安全发射系统及 C^3I 系统的重要性。会议之后，他多次向国家有关部门提出：美方提出的问题确实值得我们重视。我们第一代核武器除生存能力不高外，在实战（核战）情况能否有效实施核反击，确成问题。他建议，在第二代武器准备中，尽快建立我国配套的核预警系统、核安全发射系统及 C^4I 系统，加强中国最高级别的核管控。

会议上，对"两伊战争中，伊拉克既使用化学武器也使用短程弹道导弹，造成了巨大伤亡"议论颇多，梁思礼敏锐地感到，国际上有对短程弹道导弹的军售形成制裁的倾向，于是他也及时向有关部门汇报，提请尽早研究对策。

在关于不首先使用核武器的问题上，梁思礼也把美国教授私下与他谈论"如果美国承诺不首先使用，那么原来在美国核保护伞下的日本、西德必将研制自己的核武器，你们愿意看到日本发展核武器吗？”的观点，及时反馈给国内有关单位，以便制订外交对策。

1991年9月，梁思礼还参加了第41届普格瓦什（Pugwash）科学与世界事务会议，并作了大会发言。他从全面禁止和彻底销毁各类大规模杀伤性武器，包括核武器、化学武器和生物武器，削减战略核武器条约，核不扩散、军备控制，苏联内部稳定对世界和平的重要性以及外层空间军备控制等几方面，阐明了中国的主张。特别是针对外层空间武器化的问题，他指出：

我们的任务就是要提出外层空间裁军和军备控制的问题。一方面我们要努力争取防止对正在开发的空间武器系统如DSI(GPALS)、ASAT等的试验和装备；另一方面我们必须指出，把现有的空间两用系

1996年，国际宇航联合会大会在北京召开，执行局全体成员合影（后排左二为梁思礼）

统用于军事战争将会使战斗能力放大若干倍。要制止这样的应用是一个非常复杂的任务，但它将是外空军备控制的重要内容。

在核裁军会议及谈判中，不仅需要外交家、学者，也需要工程技术专家。在早期我国参加的核裁军活动中，梁思礼以其精湛的专业技术功底、深入了解掌握国家政策和战略构想的智慧，以及无障碍的语言沟通才能，在各种场合积极宣传他的观点和主张，维护国家权益，为促进世界和平与安全发挥了不可或缺的作用。

2. 必须关闭太空"潘多拉盒子"

在科技委工作的时光里，梁思礼从没有放慢自己的脚步，除参加一系列武器型号的研制评审外，他的眼光总是盯住遥远的星空，他看到在这块晴朗的天穹里产生了很多的危险因子，他在为祖国的安全担忧，这是他不泯的爱国情愫使然。

科学技术的不断进步，使人类社会与外层空间活动已经密不可分。从 1957 年苏联第一颗人造卫星发射上天以来，随着各种航天器的升空，形成了庞大的空间系统，为人类不断开拓出一个广阔无垠的新疆域。在通信、导航、气象、遥感、科学实验、地外文明探测等许多重要领域的空间开发，极大地改变了人们的生活方式和思维方式，为人类带来了巨大的社会和经济效益，也使各国为了各自的利益，把争夺的范围从陆地、海洋、天空扩展到外层空间。

如何和平利用太空、确保空间安全？作为一位老航天工作者，梁思礼进行了深入的思考。

还是在 1991 年参加第 41 届普格瓦什科学与世界事务会议时，梁思礼就对超级大国否认外层空间"武器化"的言论给予了驳斥，他在大会发言中明确指出：通过对海湾战争的反思，这个概念应当加以修正。现在外层空间已经武器化了

GPS 卫星

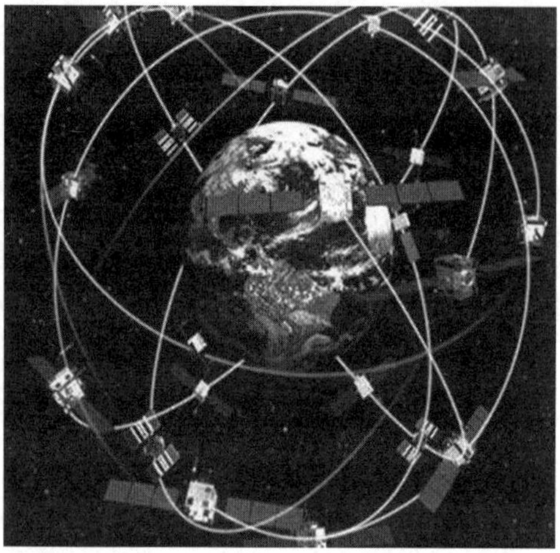

DSP 卫星

或至少是局部武器化了。

他说，随着高科技的应用，武器早已不是冷兵器时代单一的兵器，而是以系统形式存在的武器：

现代化战争是武器系统之间或许多武器系统综合大系统之间的对抗。例如，DSP 预警卫星被用来帮助“爱国者”地空导弹拦截“飞毛腿”地地导弹。又如，巡航导弹可以用 GPS 导航星座的信息来提高其精度。我们不应该把“武器”的概念仅限于直接杀伤机构。现代化武器永远以系统形式来工作。在一个导弹系统中直接杀伤机构是弹头，但弹头本身是不能称为武器的。没有雷达、制导系统、控制系统等，光靠弹头是打不着目标的。GPS 卫星可以被视为外部制导系统，DSP 卫星可以被视为置于空间的雷达，它们都为击中目标做贡献。外层空间的资源已不仅仅用于间接的军事目的，而是已经直接用于武器系统之中了。

2006 年 1 月，梁思礼为参加在加拿大举行的“中美科学家军控交流活动”而撰写了一篇题为《和平利用太空，反对太空战》的论文，提出了他的担忧、警告和希望，文中深刻阐述了他的观点。

梁思礼指出，美国推行太空武器化令人堪忧：

在国际社会致力于防止太空武器化的同时，美国却在推行单方面谋求绝对优势的空间政策。冷战结束后，在利用外空的问题上，美国对可能束缚其手脚、抑制其技术和装备发展的任何国际条约的谈判均持消极态度，使得国际社会关于防止外空军备竞赛的谈判进展不大。美国空间发展政策非常明确地指出，美军定义的“空间控制”就是“确保自身空间行动的自由，同时防止对手具备这种自由”的能力，根本目的在于夺取制天权，建立攻防兼备的全球空间军事优势，进而强化其世界霸主地位。美国控制外空的企图、计划和行动不仅一直存在，而且又有新的发展。无论就近期还是长远来看，美国这一有悖于和平与发展的做法，将对国际安全产生严重负面影响，不但损害国际社会在裁军和军备控制领域业已取得的成果，而且会引发新一轮的太空军备竞赛，各国围绕太空资源的争夺也必然逐渐趋于白热化，联合国关于防止外空武器化的倡议也必将化为泡影，这势必会将“太空战”这一新的战争形态推上历史舞台。

历史经验告诉我们，科学技术的发展是一把双刃剑，如果不善加引导，也会给人类带来灾难，甚至是人类的掘墓者。先进的空间技术如果被用于谋取军事优势或进行战争，将严重危及外空的和平、安全和人类的福祉。不幸的是，外空领域的一些发展迹象表明，这种可能正在日益变成现实。近年来，“控制外

近地空间太空垃圾数量巨大

1983年，“挑战者”号航天飞机舷窗被太空垃圾撞击

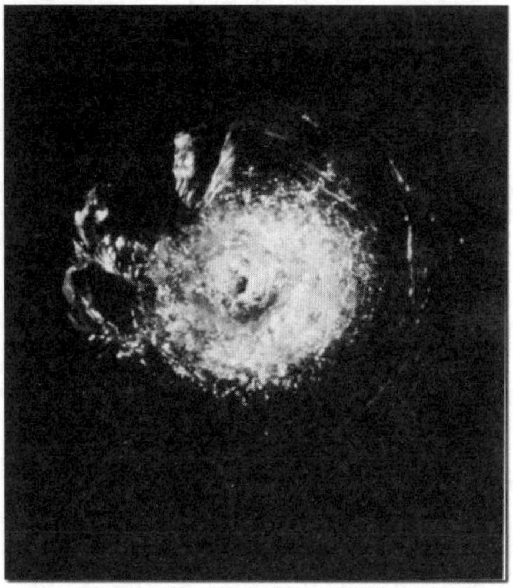

预计2112年的太空垃圾情况，上图是采取了减缓措施的情景，下图为听之任之的情景

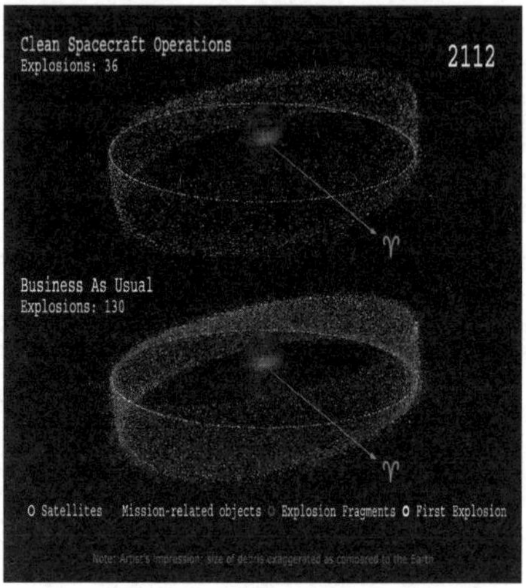

空、抢占外空”等与太空战相关的作战构想和理论相继出台，对外空武器系统的研发正在付诸实施，外空武器化的危险与日俱增。梁思礼疾呼，这种现象值得关注全人类前途和未来一切的有识之士的高度警惕。

他写道：

在没有发生太空战的情况下，太空垃圾的数量就已经十分惊人了。目前环绕地球1000千米高度的太空中，能够监测到的碎片即“人造垃圾”就有13400多个，监测不到的厘米级的小碎片约有10万个，而毫米级的微小尘埃则多达万亿个。尽管航天器可以设法躲避大的太空垃圾，然而对于那些数不胜数、不大不小的太空碎片则避之不及，可以说防不胜防，对航天器的生存构成了重大威胁。这些碎片的速度约为每秒千米以上，即使是最小的碎片撞击到航天器上，也可能使其严重受损，产生灾难性的后果。一个质量10克的小碎片，如果撞上卫星，卫星会在顷刻之间被打穿或被击毁。历史上航天器与碎片的碰撞，已经对人类的太空活动造成了危害，例子不胜枚举。太空垃圾的危害绝非危言耸听。可以设想，一旦太空战爆发，必将产生数量极其惊人的太空垃圾，同时发射的大量

弹道导弹也将加入制造垃圾的行列。那么，太空垃圾临界密度点将很快到来，雪崩效应将使整个地球被笼罩在太空碎片之中，我们人类再也无法进入太空，迫使人类永远停留在地球上，终止探索外太空的步伐，也就是等于毁灭了人类的前途。因此，控制碎片数量增长已成为世界主要航天国家和组织共同关心和必须解决的问题。

原子弹等核武器的出现已经打开了第一个“潘多拉盒子”，倘若谁在太空“开第一枪”，就等于打开了第二个“潘多拉盒子”，必将引起更加疯狂的太空军备竞赛，那么人类将面临更大的灾难。在太空问题上，整个人类，不分种族、不分国家，都可以说是“利益攸关者”。太空是人类现在和未来的重要资源，是人类的共同财富。人类需要开发利用太空，而利用太空必须要有和平的太空环境、必须要有洁净的空间环境。否则，进一步开发利用太空将只能停留在人类的梦想之中。

梁思礼警告说：“谁在太空‘开第一枪’引发太空战，就是对全人类犯下了不可饶恕的罪行。”

梁思礼还在文中阐述了以下观点：利用外空的根本目的是造福于各国人民而不是损害各国人民利益；不能等到外空武器实际成型、甚至扩散时再采取措施；面对有可能爆发太空战的危险，联合国应采取措施遏制太空武器化的势头，共同缔造一个没

梁思礼的观点得到赞同后面露喜悦

有武器、远离战火、安全洁净的外空；早日达成防止外空军备竞赛的国际法律文书，维护各国外空资产安全，促进外空领域的国际合作，并增进各国的共同安全。这些观点，得到了与会中外科学家的普遍赞同。

梁思礼撰写完文章后，《光明日报》原准备刊发，但由于太空安全问题比较敏感，文章未能发表。但梁思礼的观点和思路，通过与中国航天科技集团公司、中国航天科工集团公司、总装备部、中国国际战略研究基金会、中国科学院等有关单位领导、专家的交流，得到了大家的共鸣，也引起了外交部、国防部的重视。

然而愿望与现实仍存在很大差距，各大国为了自身的利益都在大搞太空武器，且这种趋势愈演愈烈，太空安全的愿望实现起来困难重重。

3.航天发展要有长远考虑

1996 年 8 月，72 岁的梁思礼从科技委副主任的岗位上退了下来，成为中国航天工业总公司科技委的顾问。按说他应该回家享享清福了，可他闲不下来，他关心时事，关心国防，还时不时发表些观点、意见，有人和他开玩笑说，您老现在说了也没啥用了。他却一本正经地说："匹夫有责嘛！"

梁思礼是一个具有战略头脑和超前思维的航天科学家。他经常关注一些关系国家安全的重大问题，高屋建瓴，着眼大局，并表述自己的见解。2006 年发生的两件事情和网络上转发的两篇文章，引发了梁思礼对未来发展的思考。

第一件事是 2006 年 6 月，美国举行了一场名为“英勇盾牌”的军事演习，并请中国派军事观摩团去观摩。据新华网专稿报道：

中国观摩团在美国关岛观摩了美军代号为“英勇盾牌”的军事演习。由于这是美军首次邀请被视为将有可能对其构成潜在“军事威胁”的中方观摩美军演习，因而受到西方媒体和军事专家们的高度关注。

“英勇盾牌”演习虽然冠以“盾牌”之名，但却远非单纯的防御性行动。从战略层面讲，演习暗含遏制现实和潜在对手，具有很明显的攻势意味。从战术层面讲，如此规模的海空部队集结，有着非常突出的实战含义。

梁思礼在电视上看到，美国的军演有 3 个航空母舰编队，包括 30 艘军舰、B2 轰炸机和 F15、F16、F18 战斗机。参加演习的包括海军、空军和海军陆战队等多个军兵种。空军派出了来自全美 10 个空军基地的战斗机、轰炸机、运输机和其他支援机种，海军陆战队的一个飞机联队和海岸警卫队也参加了演习。这是美军在越战后最大规模的一次海空集结，以检验美军的快速反应和多军种联合作战能力。军演一派气势汹汹的架势。梁思礼感到，不能小看这次演习，它是在美国即将对日本和韩国的驻军进行大规模调整之前举行的，这些调整给人造成的错觉是它将减轻对中国的军事压力，因此美国希望借此次军演向中国发出警告：这些军事调整并不意味着美国将放弃东亚。

第二件事是佐利克辞职。佐利克是美国国务院第二号实权人物，地位仅次于美国国务卿赖斯，是美国对华政策高级参与者。2005 年 9 月 21 日，佐利克在纽约美中关系全国委员会的晚宴上发表了题为《从成员到责任：中国向何处去？》的演讲。在演讲中，他说："对于美国和世界来说，本质的问题是中国将如何运用其影响力。要回答这一问题，现在是超越对中国在国际体系中的成员资格敞开大门的政策的时候了：我们需要促使中国成为国际体系中负责任的'stakeholder'（利益相关者）。"梁思礼认为，佐利克的意思是，中美绞在一块了，有很多利益是相连的，既有相互平衡又有相互威慑。你要负责任的话，咱们两家井水不犯河水，保持现状。但是，就是这么重要的一个人物突然辞职了，他是在什么背景下辞职的？美国在对华政策上会不会有变化？

与此相关的是梁思礼在网络上看到的两篇文章，作者是两个年轻的美国学者，一个是布鲁金斯学会的莱勃，一个是兰德公司的普列斯。他们文章的基本意思是，美国可以一次摧毁俄、中的核力量，中国基本无还手之力。所以，目前相互"确保摧毁"的核平衡已经被打破，美国取得了主动权。他们谈到，来自美国的核攻击将彻底摧毁中国的核反击能力，甚至根本不需要向中国发起突然袭击，因为中国核力量反应速度太慢了，只有东风五号导弹能打到美国本土，但是没有机动部署，现在部署在山区，以山峰作为掩护，美国用巡航导弹或者 B2 隐形飞机用核弹完全可以摧毁。还说，现在东风 31 号导弹打不到美国本土，没有机动部署，只有部署了大量东风 31A 导弹之后，才具备打击美国本土的能力，但这种能力还需要 10 年才能建立。当然，他们也表示，这些都是用电脑模拟出来的。这两个年轻学者的另一篇文章是《Which Direction in Space》（中

梁思礼（左二）在科技委年会上发言

文译为《空间向何处发展》)。

以上两件事和两篇文章触动了梁思礼敏感的神经，他就中美关系现状和未来中国安全，联系到中国航天到底该这么办，做了一番深入思考。在2006年6月中国航天科技集团公司科技委年会上，他非常认真地做了一个长篇发言，提出了“航天发展的顶层设计问题”。

梁思礼谈到：

我做了一番思考，联系到中国航天今后的发展，我觉得需要一个顶层设计。研究未来若干年，譬如20年、30年甚至50年，整个国家能够为航天投资多少？假如把这些投资看作一个大饼，就是到底应该怎么切这个大饼，哪块大、哪块小，孰轻孰重？在规划上，一窝蜂全上是不可取、也是不可能做到的。

确确实实你得承认，中国与美国比，在军事、经济、科技上完全是非对称的，你不能跟他兵对兵、将对将，你同他打常规战是打不过他的。所以，我们怎么办呢？就是得有个东西，让他不敢打，不能打，这是我们航天的首要任务，对国家安全要做的首要任务，就是让他不敢打。

中国的核战略应该是有限的、有效的核威慑。中国也不需要大量的核武器，没那么多钱，做多了没必要，将来销毁它还费劲。但是，你总得要有一定的数量，而且这个东西必须能从我们本土打到对手国本土大部分大城市。随着中国国力的增加，中美以后可能会处于对抗的态势，美国将把中国看成是潜在的对手。现在我们使用软实力，我们谈和平、和谐、和为贵，但对潜在的对手还要有一手硬的。美国的军演，实际就是向你示威、耀武扬威，你怎么办？你跟他兵对兵、将对将，用常规兵力、常规武器对抗，我们干不过美国。所以，我们几位老同志主张搞新一代“杀手锏”武器。在现有的战略武器的基础上，我们必须要有一手能震得住对手的法宝，即使你对付弹道式导弹的MD系统（导弹防御系统）在10~15年后建设好了，你也对付不了我们的“杀手锏”。

我看过美国前国防部长麦克纳马拉写的一个回忆录式的文章，他经历过古巴导弹危机，当时美国要制裁古巴，制裁的方式有两个，一个是用导弹打，一个是封锁、围。军方极力主张用导弹打古巴，但肯尼迪总统得知苏联的中程导弹也已经运到了古巴。他问了空军司令一句话：“你能不能保证古巴的核弹头一个也打不到美国？”空军司令说：“我保证不了。”结果，肯尼迪就下决心采用封锁的办法，没敢用打的方案。麦克纳马拉在文章里还说，没有任何一个美国总统敢于冒美国本土遭受一发核弹头打击的风险。

到现在为止，美国的导弹防御系统已经花了460亿美元，也许远远不止这个数，他是一定要继续干下去的，不管有多少困难。他一旦搞成了，我们的弹道式导弹的战斗力和威慑力就会受到影响。因此，我们现在就要在他搞成之前或同时，拿出一个导弹防御系统对我们没有办法的“杀手锏”，有了它，就可以四两拨千斤。

梁思礼动情地提出：为了中国的长远和平和利益，中国航天应当打“三大战役”。第一个战役是“过去时”：“两弹一星”，保证了国家50年和平发展的环境；第二个战役是“现在时”：当下服役的战略核武器；第三个战役应当是“未来时”：研制新型“杀手锏”，而且必须从现在开始着手准备。他说：

我很着急，我们很多赞成这件事的人都很着急，希望能引起领导和有关决策部门的重视，在国家“切大饼”的方案中，一定要把国防安全放在重中之重的地位，加强航天的未来规划。

关于“空间向何处发展”的问题，梁思礼也有些焦虑。尽管时下载人航天和月球探测是媒体津津乐道的话题，也是国家2020规划的重点工程，确实壮国威、振民心。但是，梁思礼从繁花似锦的表象看到了另外的问题，中国的这两个工程并不是互相联系的，而是平行发展、各干各的。那么，未来空间探索的发展向何处去，目的何在，又由谁来考虑和决策呢？

梁思礼注意到国际上对此问题，各国均有自己不同的考虑。美国宣称不再重返月球，要到火星去，一定要到人们没有到过的地方；而欧盟发表了一个白

梁思礼院士（右）和黄纬禄院士（左）讨论问题

梁思礼院士（左）和崔国良院士（右）讨论问题

皮书，主张空间技术应当多管我们地球上的事。梁思礼想：我们中国空间探索的最终目的是什么？是准备建一个月球站，还是准备到哪里去？

梁思礼的看法是我们的立足点还是应该“向内”，以人为本先把地球上的事搞好。他在科技委年会上发言说：

前面谈到如何切大饼的问题，国防要切一个角，应该是最大；再切第二块大的，就是空间基础设施建设、卫星应用系统，特别是全球导航卫星系统、对地观测和通信卫星等，当然通信问题将来可以让市场去搞；第三块才是搞载人和探月等工程。

美国的目标是哪里人没有到他就去哪里，占领技术制高点，做全球老大。我们完全没必要那样做，也没必要跟着他的脚印走，我们根据自己的国情和需要做自己的事情，所以我认为载人航天和月球探测要有一定的份额，但不要把蛋糕切得那么大，在两个工程的上面要有个顶层设计，把两大工程的工程目标和科学目标相互衔接起来。

难能可贵的是，已到从心所欲之龄的梁思礼并不乏想象力，他还充满遐想地说：

我们应不应该有一个更远大的目标？将来地球上的能源总是要用光的，我们真正要创新，可不可以考虑用现在的空间能力搞一个空间太阳能发电站，当然这个事就复杂得多、问题也很多了。但是现在就需要有个人去想这件事，去摸索。譬如怎么把太阳能输送回地球？你要用微波输送回来，那么大功率的微波束下来会带来什么影响？等等。将来总有一天我们的化学能源，石油也好、天然气也好、煤也好，都要用光，甚至铀也会用光，铀矿也是有限的。所以我们可不可以现在开始考虑建立空间太阳能电站的事？

为此，他还于2005年9月5日专门给胡锦涛主席写了一份关于研发我国空间电站的建议信。

科技委年会结束后不久，梁思礼提出的“顶层设计”问题，特别是他关于开展第三大战役，即“未来时”：研制新型“杀手锏”的建议，很快得到了许多专家的认同，有19位院士联名给国家有关部门写信，希望国家重视此事，就像当年航天发展有“八年四弹”“两弹一星”“三抓任务”等长远规划一样。

梁思礼就是这样一位时刻关心航天发展闲不住的人

梁思礼

梁思礼院士传记

Academician Liang Sili's Biography

第十章

大师风范

梁思礼说："我们每个人都是社会的一分子，只有你对社会的回馈大于对社会的索取，社会才能进步。"他率先垂范成就事业，而且培养人传承事业。

“我们每个人都是社会的一分子，只有你对社会的回馈大于对社会的索取，社会才能进步。”梁思礼如是说。他终身恪守父亲的爱国教诲，以“苟利国家生死以，岂因祸福避趋之”为座右铭，以自己的行动践行着著名作家萧伯纳的名言：“人生并不是短短的一支蜡烛，而是由我们暂时拿着的一支火炬。我们一定要把它燃烧得十分光明灿烂，然后把它交给下一代的人们。”曾经幽默地自嘲为“硬件老化了，软件也过期了”的梁思礼，在旁人看来，他的思想总是处于年轻的巅峰时代。

1. 用前瞻的思想引领精英团队

不知不觉间夜幕已经降临，航天大厦外面五颜六色的霓虹灯远远近近地闪烁起来。航天 710 所 CAD/CAM 技术推广负责人车玫，伏笔灯下，准备向梁思礼汇报他们遇到的困难。

1983 年以后，梁思礼的视角开始关注到了计算机辅助设计制造（CAD/CAM）上。这期间他几乎每年都带团出国参加有关会议，并参观电子设备自动化方面的企业，一直跟踪计算机设计的发展趋势。虽然当时西方国家有很多航

2001年5月，梁思礼亲自推介软件产品

2001年6月，梁思礼出席AVIDM工程专题工作会

空航天企业已经采用了CAD/CAM工具，收到了很好的效果，但国内刚起步，大家思想上还存在两个疑虑：一是我们用比较熟悉的简单工具已经能够完成设计工作了，还需要用新的工具吗？二是这种新的设计工具能解决航天复杂工程的问题吗？

当航天710所受命在航天系统内推广CAD/CAM技术时，密布的疑云使他们的工作步履艰难。

为了打消大家思想上的疑虑，尽快实现航天设计技术的革命，梁思礼积极组织710所团队跟进，并想办法争取到了上级60万元资金的支持，首先在航天部承接铸造香港天坛大佛的工程中，应用CAD/CAM技术。

天坛大佛座落在香港大屿山木鱼峰顶，是当今世界上最大的露天青铜坐像。佛像身高23米，连莲花座及基座总高约34米，采用内骨架支撑，佛身由青铜

天坛大佛

壁板焊接而成，重 250 吨。1986 年 5 月，中国航天科学技术咨询公司总承包了这项工程，历时 3 年。710 所团队应用 CAD/CAM 技术经过精心测算，把整个大佛分解成 202 块厚度由 10~13 毫米不等的壁板，工厂据此制成极为精确的浇铸模具，浇铸出的每块壁板厚薄误差不超过 3 毫米。天坛大佛要解决海风气流、盐雾、台风等诸多因素的影响问题，这么复杂的结构、铸件，通过 CAD/CAM 解决得非常好。

实践证明，受到复杂环境影响的航天火箭、导弹，也是完全可以借鉴这项技术的。710 所团队的工作，不仅使众多设计人员提升了 CAD/CAM 能解决航天问题的信心，推广应用了 CAD/CAM 技术，也使团队的发展一发而不可收。

之后，他们在梁思礼的支持下，开始深入考虑航天系统型号设计的问题。他们发现，原来航天系统使用的整体构架，包括底层支撑、数据结构、文件系统等都落后了，应该设计一种基于网络的新的系统。据计算机专家谌潜介绍：

这个系统好比一个书架，里头装着我们引进的软件，也装着我们自己设计的软件，把这个连起来，就成了一个框架。框架分几个层次，设计到哪一步要用到什么程序的时候，可以在数据库里面拿数据，算完了我再把数据扔到数据库里面去，中间有一个隔离层，如果数据库换了，操作系统升级了，不会互相影响。这个是设计上的一个特点。

这个框架软件名叫 AVIDM(航天飞行器集成、设计与制造)，非常实用，在航天系统已经全部推广。目前我国十大军工集团里，AVIDM 是唯一的基于自主知识产权的框架或者核心管理软件，受到了众多单位的青睐。710 所从事这项工作的团队，原来仅仅是一个研究室，后来发展成为规模较大的航天神舟软件公司，涌现了许多年轻的技术骨干，仅 AVIDM 软件的年销售额就达数亿元。

梁思礼放眼全球总是有股危机感。他喜欢自我告诫：在我们欢呼自己的成就时，不要忘记我们与世界先进者的差距，是以“几十年”的刻度来计算的。因此他对有利于中国航天进步的正能量，具有特别敏锐的嗅觉和好感。2010 年 8 月，梁思礼参观在天津新建的火箭总装厂——天津航天长征火箭制造公司时，希望公司领导利用新建厂的大好时机，认真研究高技术企业新的管理模式。作为航天制造业的窗口，其建设发展和基础工作得到了梁思礼的特别关心和指导。公司副总经理隋国发随即成立了课题组，开立了“基于知识管理的精益创新方法研究”的课题。一直以来，火箭产品制造主要依靠技能经验，如何依靠一套知识系统，将前人头脑中摸不着的有益经验进行显性化、标准化总结，为后人所继承、借鉴，做到“人走知识留”“人走茶不凉”？

从 2011 年开始，课题组按照系统工程理念和精益思想原则，对研发制造过程的多要素进行优化配置，明确了“产品工艺设计型谱技术、工艺成组技术、专业通用技术”三类知识资源，开展技术指标基线标准、过程控制方法标准、指标评价方法标准的技术知识标准化再造。完整地梳理工厂生产制造流程、设备运行维护、人员培训管理等业务的标准化知识体系，这在国内企业尚属首次。

知识管理工作是一项艰难的基础建设工作，隋国发团队在研究过程中遇到很多困难和困惑，有时摸不到头绪，工作一时难见成绩，也很难获得理解和认可。但是，梁思礼敏锐地感到：“这项研究是管理上的一次大胆革新，能够实现并行工程、同步设计、过程控制、高效创新，像载人航天工程的软件工程化一

2013年4月，梁思礼（左）在办公室与隋国发（右）讨论“三精方案”

样，很值得推广应用。”他关心这项研究工作，在团队最困难的时候，多次听取隋国发的介绍并到生产现场给予直接指导，对正在摸索的工作提出思路及具体的实施方法。尽管他年近九旬，但听取汇报时，聚精会神，专心致志，提问尖锐，指正中肯，这样的交流讨论，有时一次能进行3个小时以上。

梁思礼多次鼓励隋国发团队：

你们这项工作很有意义，研究精益知识管理、系统精益研发就是要通过研发管理创新，开展技术立法、管理立法和人才立法，推进企业逐步走上法制的轨道，依法治企，最终实现“快速研发、快速育人”。这样脚踏实地的工作，才有助于推动实现中国航天的强国梦，进而推动实现中国梦。我支持你们是觉得你们的工作很有意义，但推广很难，必须“一把手”下决心做才可能推动，希望通过我的支持能赢得那些“一把手”的支持。

当隋国发团队的研究获得初步成果时，梁思礼备感欣慰并给予高度肯定，他提笔给隋国发写道：

我赞成你的“三精方略、精益知识管理”。

八十九岁 梁思礼

2013年4月26日

2013年7月13日，在航天人才培训中心组织的“武器型号项目管理高级人才培训班”上，隋国发应邀作《基于知识管理的系统精益研发》报告。为了推荐课程内容、促进航天产品研发，梁思礼不顾高龄，提前一天从北京专程赶到培训中心所在地河北廊坊，亲自为隋国发站脚助威。

由于天热，梁思礼夜晚躺在床上辗转不眠，开空调怕着凉、不开空调又出汗，在似睡似醒中度过了一夜。即使这样，当天上午，他依然精神抖擞地出现在会场。隋国发做完报告后，梁思礼走上台做了 15 分钟的推介演说，给予了很高的评价，并指出了后续工作的方向。他说：

以前我们工作靠人治，现在应该靠法制。你这个就相当于立法，这是科技方面的立法，技术标准化、管理流程化，意义重大，在基础建设方面意义重大。合不合理、可不可行、能不能落地要实践。别怕失败，失败是成功之母，实践出真知。搞好了向航天推广，今后也可向全国推广。我们很多东西都是航天带头做的，然后推向全国的。

在上级领导和梁思礼的力挺之下，隋国发团队的研究课题在天津航天长征火箭制造公司成功“落地”，使公司员工的岗位职责、操作规范、技术标准、工作流程、工艺要求、设备维护等所有工作全部有了法规和标准，每个员工该干什么、怎么干，全都能从知识管理的信息化系统上轻松地找到指南，公司的管理很快上了一个大台阶。2014 年 12 月初，隋国发团队的研究课题顺利通过了专家委员会评审，获得高度评价。评审组认为这项研究“思路清晰，体系框架完整，资料数据全面，基础工作扎实，按照系统工程理念对多要素进行优化配置，提高研发综合效益，具有创新性和可操作性，可为天津火箭公司型号产品

天津火箭公司生产的长征五号火箭整流罩

的精益制造与人才的快速成长提供有效的支撑”。

隋国发对此非常感动：“梁老心系国家、心系航天、心系年轻人成长的品行，令人高山仰止的博学精神和专业素养，以及对我个人的支持、鼓励和厚爱，让我永生难忘。”

梁思礼等院士向国家建议发起了一项重要专项任务，任务落到他曾经工作过的控制所。当研究所向他汇报工作时，他一方面称赞他们的研究成果和严谨务实的作风、敢想敢干的精神，一方面关心研制队伍的情况。他询问在座人员的年龄，回答说，有 27 岁、33 岁、39 岁，还有一位老专家 75 岁。梁思礼说：“很高兴啊！我 88 岁，看到你们年轻人成长起来，而且成长得这么快，我非常欣慰，航天事业交给你们了，你们大胆地干吧！”

航天事业是一项巨大的系统工程，是靠优秀的指挥调度人才、专业技术人才、管理人才、技能人才等千千万万苦干实干的人组成的团队，用自己的智慧、汗水和双手来成就的宏图伟业。中国航天的发展得益于有一代代航天人的传承和一支支优秀人才队伍的推动，梁思礼等老一代航天人不仅开创了航天事业，在这项宏伟壮阔的事业中磨砺了自己，同时他们以扎实的学术功力、富于创造的精神、敢想敢为的行动、吃苦耐劳的勤奋、虚怀若谷的品格，吸引、示范、培养了大批有为的人才。

有些专家、教授培养人才是通过带研究生或博士生，在专业领域里纵深发展的方式，而梁思礼则不同，没有人是他传统意义上的学生。梁思礼自己也说过：“我没有学生，过去研究所里曾经以我的名义安排带过研究生、博士生，但真正的导师不是我，所以这些研究生、博士生实际上称不上是我的学生。”这一点让人觉得不可思议，人们不禁要问，怎么这么大的专家竟然没有一个学生？其实一点也不奇怪，在几十年的航天生涯中，梁思礼总是以带领团队的方式培养人才。他以他前瞻性的思维和独到的视野，紧紧把握航天发展前沿的新技术、新动态、新方向，在火箭导弹控制、航天产品可靠性、软件工程化等诸多领域，引领出了很多优秀的技术、工程、管理的精英团队。这既是“桃李不言下自成蹊”，又是他与众不同的独到之处。

2. 心底无私天地宽

父亲梁启超一生爱国，影响到了他的子女们。早在全面抗战爆发前，四哥梁思忠从美国西点军校毕业，回国参加抗击日军进犯上海的“一·二八”战斗，后因病早殇；二哥梁思成患重病依然潜心研究我国古建筑；三哥梁思永是著名的考古学家，抱病拼命工作；五姐梁思懿积极参加进步学生的爱国运动，是抗日救亡运动的骨干；六姐梁思宁在抗日战争爆发后参加了新四军；梁思礼则抱着“工业救国”的理想，在美国攻读博士学位之后，毅然回国参加新中国的建设。梁启超的《少年中国说》最先感染自己的子女，9 个子女中，有 7 个出国求学或工作，但都相继归国，报效祖国，他们都对祖国怀抱着一颗真挚而坚定的赤子之心。“人必真有爱国心，然后方可以用大事”，梁启超生前的话语，指引了梁家 9 子女未来的路。

但是梁氏兄弟姐妹中，不少人晚年时受到不公的待遇。

“文革”期间，年过七旬的梁思顺遭到批斗，1966 年，老人在自己家中孤独地去世。作为建筑学家的梁思成，被定为“混进党内的右派”和“资产阶级反动学术权威”，屡遭抄家和游行示众，1972 年去世前，他成了“用处不大的人”，被养起来当作“反面教员”。在北京大学图书馆工作的梁思庄，被关进了“牛棚”，直到 1978 年才正式恢复工作。梁思达从事经济领域的研究，被派到生产队负责记账工作，1971 年返回北京后被迫退休。梁思宁 1940 年便加入了新四军，但在 1948 年被开除出党，只因为她是“梁启超的女儿”，直至 1983 年，她的党籍才得以恢复。

梁思礼少年丧父、中年丧母、老年丧子，母亲和唯一的儿子都死于非命，甚至连母亲的骨灰也没有找到。

梁家人的命运是如此坎坷而艰难，但是从未听到过有关他们对国家的任何怨言。每每提及此事，梁思礼总讲起父亲梁启超："他在政治上也许是个失败者，他的思想总是无法得到当权者的取信，但是他从未因此而气馁，总还是要为国家做事。"他说他的兄弟姐妹并非完全效仿父亲的做法，"我们这一代人是当过亡国奴的，我们总希望这个国家能够真正富强起来，即使自己受到委屈也在所不惜。"所以，他们深明大义，懂得父亲"天下兴亡，匹夫有责"的教诲对于自己的意义——任何革命都有曲折，国家在遭大难，比起国之大，我们个人的小家又算得了什么?

梁思礼的豁达，还有一个例子。

1955 年随着"中国科学院学部"的成立，中国科学院产生了第一批学部委员 (1993 年 10 月改称中国科学院院士)，每两年增选一次。但是"文化大革命"中断了学部委员的的遴选，直到拨乱反正后的 1979 年 1 月，中央批准恢复中国科学院学部。此时原有的 190 位学部委员（不计哲学社会科学部），只剩下 110 余位（此外有几位被打成"右派"的委员尚未恢复其称号），平均年龄高达 73 岁。为了加强学部力量，1980 年增选学部委员的工作随即展开。由于中断了十几年，到 1991 年评选时，航天部符合学部委员条件的人仍然较多。经过航天部内部评选，又经过中科院评委两次评选，航天部有 6 名专家进入终评行列，他们是：黄纬禄、梁思礼、谢光选、闵桂荣、孙家栋和屠守锷。尽管航天系统的成就十分显著，但从中科院学部委员人员分布的情况来看，当时已有航天方面的学部委员 8 位，而其他军工部门有学部委员的很少，航空尚无 1 人，如果这次航天又增选 6 位，和其他军工部门相比，学部委员人员分布将太不均衡。为此学部委员评选委员会内部研究，当年最多只给航天 5 个名额。而从中科院评委的两次评选中对专业分配、申报材料、投票等情况分析，终评时屠守锷很有可能落选。

陆元九是航天部与中科院学部委员评选委员会的联络员，他了解了这一情况后，认为如果是这个结果，将和航天的实际情况很不一致。在航天系统内，众所周知，任新民、屠守锷、黄纬禄和梁守槃是航天型号研制中公认的钱学森的四位得力助手，如果评选结果没有屠守锷，这在航天内部是很难接受的。至于申报材料写得不够详尽的问题，主要原因是由于屠守锷是我国当时最机密的东风五号洲际导弹的总设计师，他保密级别很高的工作业绩很难详细阐述。再者，屠守锷已 74 岁，两年以后再让他申报学部委员已不太可能。经陆元九与中科院学部委员评选委员会再三协商，他们表示，人数不能增加，人选航天内部可以协商调整。

陆元九后来回忆说，从专业上考虑，屠守锷和梁思礼主要业绩申报的都是“东风五号”；从年龄上考虑，屠守锷比梁思礼年长 7 岁，所以只好委屈梁思礼，把名额留给了屠守锷，让梁思礼两年后再申请。经过航天部内部的协调，梁思礼非常爽快地同意了这个方案，并于 1993 年当选为中科院院士。

梁思礼有一副乐于助人的热心肠。在担任控制所副所长时，所里两地分居

梁思礼（左）和屠守锷（中）、林宗棠（右）一起调研工作

职工的外地家属来京探亲，有些还带着孩子，见到所里住房紧张、来京家属没有住的地方，梁思礼就主动把他们带到家里，将自家的三居室腾出一间，做为这些职工的临时宿舍，这种情况持续了 5 年。他的女儿梁红回忆说：

那时我们兄妹三个年龄都很小，母亲被下放河南干校，外婆和一位表姐住在我们家帮助料理生活。腾出一间房子后，晚上睡觉我们家只好“男女分居”，我、妹妹和外婆挤在一张大床上，姨妈睡在小床上，占一间屋子；父亲和我哥睡在另一间屋子。感觉我们家除了床，就没有下脚的地方了。直到我母亲从外地回来，实在住不下了，所里才想办法退还了另一间屋子。但是5年间，我们从未听父亲发过牢骚，他总是说咱家比起别人的条件要好多了。

3. 良师益友

工作中梁思礼与大家共事，共同的航天事业把他们联系在一起，无论是领导、专家、科技工作人员，还是一线的普通工人，他们同甘共苦、合作共事，结下了深厚的友谊，很多人都成了难以忘怀的好朋友。

火箭总装厂的同事张中华、陶然如，是梁思礼的老朋友。20 世纪 60 年代初，正值三年困难时期，他们一起到满目荒凉的酒泉导弹发射基地工作。当时粮食、肉食、蔬菜很少，他们实在饿得受不了，就抓一把又苦又涩的沙枣充饥。大家和着陈毅元帅的《赣南游击词》，模仿来了一首：“夜深凉，辗转难入眠。腹内无油又缺粮，摘取沙枣填饥肠。咽完再压床。”然后嬉笑一阵忍着饥饿入睡。1979 年在紧张地准备执行洲际导弹全程试射任务之际，张中华突然在发射场边大口吐血，把周围人都吓坏了，经过医院抢救后，他才脱离了危险。梁思礼十分牵挂张中华，但作为这次试验队队长，自己必须发射完立即返回北京，不能去医院看他。临走前，梁思礼委托别人代为看望，还特意送去了一块包装精美的巧克力表示慰问，当时巧克力还是不多见的，张中华为此深受感动，几十年后还向梁思礼提起此事。可梁思礼说：“你的病我知道，但是送巧克力的事儿，我已经不记得了。”

梁思礼还有一位患难之交，是火箭总装厂的师傅查喜才。他说：“我对查喜才印象最深的是，他不但能排除导弹故障，还会排除口腔故障。”原来在酒泉导弹发射基地工作期间，梁思礼一天吃饭时，饭菜将他的假牙粘带翘了起来，金属丝扎到了上颌部，无法吞咽，嘴也合不上。梁思礼张着嘴非常痛苦，正在大家束手无策时，查喜才拿来一把偏口钳，小心翼翼地夹取出翘起的假牙，梁思礼顿时能合上嘴了，他说：“你这把钳子真神，不仅能修导弹，还能修假牙，这也是排除了一次故障啊！”

2005 年春节，梁思礼专门邀请张中华、陶然如、查喜才等几位老朋友聚会，他们都已经是七八十岁的老人了，大家在一起回忆经年往事、共同战斗的生活场景，畅所欲言，异常开心。

梁思礼对待工厂的师傅是这样，对待老部下也是这样诚恳，甚至是宽容。

林金是梁思礼在控制所当领导时的一个研究人员，俩人一起工作了几十年。当年林金从控制技术角度出发，对时间问题产生了浓厚兴趣，这涉及到爱因斯坦的相对论，他似乎想证明相对论的错误，梁思礼把它风趣地比喻为“砍大树”。林金说：“那个时候我是业余搞这个，梁总对我一直比较宽容，你有兴趣愿意搞什么就搞什么。所以，从 70 年代开始一直到现在我坚持研究，之所以如此，跟梁总的包容是有很大关系的。”

梁思礼说：

对林金的大胆，我不只是宽容，在某种程度上是欣赏和敬佩，所以我给他的自由度还是比较大的。从七几年“文化大革命”下放干部以后，他就钻到爱因斯坦相对论的圈子里头，你想40多年他不断地坚持搞这个，而且越搞越深，是很不容易的。我现在可以说对他的研究看懂了，知道他后来不“砍大树”了，现在要共洽，把爱因斯坦的自洽和他的自洽将来共洽起来。他说的有他的道理，但是这个道理本身也是在相对论的基础上，经他研究以后，我就说又长出来一个新的枝子。他到美国也是在继续研究这个，现在也不停止，天天都在干这件事，40年干这一件事不容易。这点梁启超的兴趣主义在他的身上体现得非常深，因为感兴趣，所以钻进去了，越钻越深。

梁思礼比林金大11岁，他还是林金的游泳老师。1965年梁思礼带着林金到京密引水渠的金沟河游泳，从根上开始教他，后来林金学会游泳就上瘾了。1994年，林金和梁思礼参加在挪威奥斯陆召开的国际宇航联大会时，林金要到北纬60度、北极圈附近的地区去游泳。10月初的奥斯陆和北京冬天最冷的时候差不多，但梁思礼心里有底，知道林金有冬泳的本事，于是不但不阻止，还在旁边给他看衣服。林金说："梁总向来对我都是很宽松的，所以我很感谢他。"

梁思礼对年轻人的提携更是令人感动。1998年，梁思礼到澳大利亚出差，正好遇上了自己原单位的一个搞人工智能的年轻人蔡渝祖，她写了一篇论文要到澳大利亚的国际会议上去宣读，由于英语不够熟练，害怕自己说不好，需要有人指点。梁思礼自告奋勇，利用出差之余陪她一起去参加会议，给她当翻译，鼓励她、帮助她。每每忆及此事，蔡渝祖始终不能忘怀。神舟软件公司党委书记车玫也遇到过类似的事情。20世纪90年代，她和梁思礼多次出国考察，看到车玫担心自己的外语对话能力低、在访问时特别拘束时，梁思礼便鼓励她勇于提问，说："车玫，没关系，你就大胆问，我帮你翻译。"车玫说："听到这话，我心里感到特别亲切，我特别愿意和梁总一起出去，因为我觉得每一次出去都有很大的收获，是一种幸福。"

梁思礼以他那纯真朴实的性格、睿智慎密的思维、强烈的事业心责任感、果敢的决断力和敢于担当的敬业精神，像磁铁般地吸引着周围的人们，凡与他共过事的同事、朋友都把他当成了良师益友，梁思礼为此也甚感欣慰。

4. 家乡情

梁思礼是个乡情很重的人，对于家乡建设，他是有求必应，尽责尽力。

1992 年春天，邓小平同志南方谈话后，各地方政府积极推动改革开放。新会县根据省委的要求，要走一条外引内联，依靠科技进步加快发展的路子。那时候的口号叫“抢占高新技术的制高点”。新会县委、县政府想到了梁启超先生的小儿子——梁思礼，希望他推动一下，把航天高新技术成果转化成现实的生产力，促进新会的经济发展。

1992 年 9 月，新会县领导第一次到梁思礼家访问，向他汇报了家乡经济建设的情况，也谈了家乡发展的设想，希望能够把一部分航天高新技术成果转移到新会来。梁思礼听了这个情况非常高兴，他说：“你们这个想法很好！根据小平同志南方谈话的精神，航天部也在构思新的发展问题，其中有一个很重要的条件就是军民分线，加快民品生产，也是想找和地方合作的机会。”正因为新会有这个要求，航天也有这个想法，两家一拍即合。那天晚上，他们谈得很晚，梁思礼说：“我明天上班就找领导和有关部门研究这件事情。”此时，梁思礼是航天部科技委副主任，还是全国政协委员。

事情很快有了结果。在航天工业科技咨询公司安排下，新会来客参观了航天 701 研究所和航天二院的医疗器械公司、航天数控机床公司。参观中，701 所的领导给他们介绍了一项最新成果——气垫船。这是第一批国家八个“火炬”计划项目之一，可用于军事、救灾和水上运输、水上旅游等，用途相当广泛，且有一定的市场，新会的同志对此非常感兴趣。

在梁思礼的大力支持下，仅用十多天的时间，新会县和航天部就达成了合作意向。11 月 8 日，新会县人民政府与航天工业科技咨询公司全面合作发展高新技术产业协议书正式签署。签字仪式上，航天工业科技咨询公司又带来 8 个项目，之后，双方对这些项目进行了认真的研究探讨。

11 月 22 日，新会县领导专程看望并向梁思礼汇报了合作的成果。从 9 月 4 日第一次到梁思礼家算起，仅仅用了两个多月的时间，整个合作工作就开始了，进展速度之快、合作程度之深，令人兴奋不已。

1994 年 8 月 7 日，航天部与新会县倾力打造的“慈平”号 HT-903 型 100 客位全垫升式气垫船下水。当天举行了盛大的下水庆典，时任全国人大常委会委员、教科文卫委员会副主任委员、原航天部部长李绪鄂，原广东省省长刘田夫，时任海军广州基地司令员张榛盛少将等嘉宾出席了庆典仪式，中央、省、市等多家媒体都做了报道。《新会侨报》做了这样的描述：

上午11时50分，随着一声令下，气垫船船底的围裙迅速鼓起至1.2米高，船后两台直径为2.9米的空气螺旋桨也开始旋转起来，这时一个令人惊奇的现象出现了，船居然在陆地上“走”了起来。“走”了十几米后，才正式下水。岸上不少嘉宾以为船下水肯定会溅起很高的水花，便连连后退，但是气垫船并没有掀起波浪，在水面上飞行亦十分平稳。嘉宾们目送它不见踪影后，才回过神来，纷纷竖起大拇指连声赞好。

1994年9月17日，“慈平”号HT－903型100客位全垫升式气垫船打扮一新，从新会出发，经南海、穿台湾海峡、过东海、入杭州湾，抗击了台风季节恶劣的8级强风、2米大浪，只用了7个白天，安全到达了目的地浙江省慈溪市，创造了一艘轻型小艇2000千米长距离航渡的世界纪录，也证明了“慈平”号具有世界级水平。

后来，由新会航通高速船开发有限公司研制的我国第一艘穿浪型双体船AMD 150也在新会银州湖首航成功了，这艘船被命名为“飞鹰湖”号。“飞鹰湖”号的成功，填补了我国在大风浪地区的航商客运工具的空白。

后来新会由县改市，时任新会市市长黎力行回忆说：

翻看当年的工作笔记，我还是很激动的，梁思礼真抓实干，热忱推动航天高技术成果转化，真心真意帮助家乡经济建设，为家乡倾注了大量心血。我查了我的记录，他的具体指导次数那是数不清了，倾注了很多的心血。比如说1993年2月21日，我们到北京去他家访问他的时候，他很详细地询问了解合作的进展情况，你的新宇公司办得怎么样了，气垫船开始生产了没有啊？这件事他不是牵完线、搭完桥就完了，真是很关心。有的时候他打电话，给很多领导和

“慈平”号全垫升式气垫船

2000年，梁思礼（中）与黎力行（右）谈家乡建设

2000年，梁思礼在家乡留影

有关同志打电话问怎么样了，这种精神的确是可嘉。再比如1993年4月30日到5月10日他刚从国外访问回国，就和夫人回到新会，详细去看这几个公司，我们合作的单位他都去了解情况。有的时候我们打电话请教他，有的时候他打电话询问工作进展情况，有什么问题他也及时给我们指出来。

合作项目的开展，使得梁思礼和家乡血肉相连的亲情更加密切。1994年2月27日，新会市在北京举行“在京乡亲联谊会”成立大会，德高望重的梁思礼被推举为首任会长，从此，他多次召开联谊会，在更高的层面、更宽的领域为家乡服务。

令人感动的是1995年11月17日，梁思礼将8年前在这一天去世的爱子梁左军的遗款6000元，捐赠给新会，用作筹建梁启超纪念馆。

5. 老骥不伏枥

爱国的人，永远心怀一片赤诚。进入21世纪，耄耋之年的梁思礼仍然孜孜以求，时刻关心着中国航天事业的创新发展，在业内，他为重大、长远、前瞻前沿性的技术发展方向和技术途径等问题出谋划策，提出战略思考。在业外，他还关心着青少年的成长、关心着祖国的未来，把培养青少年立志成才，为国家繁荣富强做贡献，当做自己份内的工作，努力把自己手中拿着的火炬传递给后人。

航天系统为了不断提高新员工素质，下属院、厂、所包括总部机关等单位，每年在新入职员工到来之际，都邀请梁思礼为新员工授课；他还经常为新上任的年轻的型号总设计师、总指挥及干部培训班作报告。梁思礼将他自己的亲身经历以讲故事的方式分享给大家，包含着艰苦创业、顽强拼搏，总结成功经验、汲取失败教训，不畏挫折、无怨无悔等人生哲理，其中贯穿着“自力更生、艰苦奋斗、大力协同、无私奉献、严谨务实、勇于攀登”的航天精神，“热爱祖国、无私奉献，自力更生、艰苦奋斗，大力协同、勇于登攀”的“两弹一星”精神和“特别能吃苦、特别能战斗、特别能攻关、特别能奉献”的“载人航天”精神。

深入浅出的讲授，对年轻人起到了启发和激励的作用。“不知道为什么我那么清晰地记住了他的背影，也许是我愚笨忘记了他的容貌，也许是与他相见的时间太短，我仍心存不舍。但在我心里至今仍能感觉到这个背影的主人灵魂的高尚。”2009年8月，入职中国航天的新员工刘思嘉在听完报告后说出了他眼中的梁思礼。

2013年6月，梁思礼（左）向学校赠送《向太空的长征》一书

从20世纪80年代以后，中国航天逐渐撩开了神秘的面纱，梁思礼受中国宇航学会、何鸿燊航天人才培训基金会等单位的邀请，先后到大、中学校，机关、企事业单位等做报告，宣传航天，使外界开始了解中国航天事业的发展成就。2003年，梁思礼把多年的科普报告编写成《向太空的长征》一书，由中国宇航出版社出版，产生了很大影响，新浪网对这本书作了介绍，该书在新浪网新书排行榜上连续十多天占居首位。

为宣传和传承中国航天精神，20多年来，他不辞辛苦地在国内外几十所大学、中学作报告超过百场，深受广大听众的欢迎，他的足迹遍及东北、华北、华东、华南等地，以及香港、澳门特别行政区。这些报告得到了各界的欢迎，对不少青少年影响深远，引起了他们对追求科学文化知识的兴趣，激发了他们努力学习、向科学进军、立志成才的信心，增强了他们为祖国繁荣富强、实现中国梦的决心和勇气。当有人问他，在他心目中“国家”二字究竟有着什么样的意义时，梁思礼沉吟片刻，答道：

我们每个人都从国家索取，又向国家回馈奉献。索取，大家是为了过好自己的生活，理所当然；但是为了国家的进步和发展，我们能够回馈国家的，应当远远大于我们索取的。

2006年3月到2012年7月，梁思礼在中国老教授协会任副会长、顾问。中国老教授协会受教育部高教司委托，面向全国高校开设《当代中国国情与青年历史责任》课程。在6年的时间里，梁思礼以《中国航天精神和素质教育》

为题，先后为北京邮电大学、对外经贸大学、北京理工大学、北京林业大学、北京工业大学、北京交通大学、北京航空航天大学、北京师范大学、中国农业大学、中国政法大学、清华大学、中国人民大学、首都师范大学等十几所著名高校的学生和青年教师讲课，现场听众3400多人，全国网络视频听众57000多人，学生和青年教师听后反映很好。“两弹一星”“载人航天”“嫦娥探月”一个个里程碑式的航天成就让学子们向往，航天“三大精神”让学子们振奋，航天人的无私奉献让学子们感动，特别是梁思礼讲的这个故事，让学子们感到震撼。

梁思礼说：

我在美国有一个好朋友林桦（现在他已经去世了），当年我们都在美国留学，我回国了，他留在了美国。他是波音宇航公司的首席科学家，我曾是航天部的总工程师，他搞的是美国的洲际导弹（民兵导弹），我搞的是中国洲际导弹。他的年薪是30万美元（80年代），我的工资只有他的百分之一，他住在西雅图一个小岛上的高级别墅，回国时受到国家领导人接见，我住在很普通的单元房子里。有人曾问我对此有何想法，我的回答是，“他干的民兵导弹是瞄准中国的，我干的导弹是保卫我们祖国的！从第一颗原子弹、第一枚导弹、第一颗人造地球卫星到第一艘神舟飞船，我回国后和第一代航天战士一起，白

2010年9月，梁思礼在清华大学做中国航天精神专题报告

手起家、自力更生，创建起完整坚实的中国航天事业，使中国居世界航天强国之列。能为此奉献一生，我感到无比的自豪和光荣。

老教授协会专门收集整理了学子们每次听梁思礼讲课后的反映，那都是由衷而发的真实心声。

清华大学的陈颖同学说：

88岁高龄的梁思礼院士，悉心地向我们介绍我国航天事业发展和航天精神。中国航天从无到有、从弱到强、从小到大的发展历程，梁思礼院士的爱国、敬业、奉献、自强、奋进的精神，老一辈航天人的爱国情怀与强烈的使命感以及对航天事业的孜孜执着追求，不能不让人感动。不知为何当天听得自己眼眶湿润。关于什么是“精神”的问题，答案就在梁老的一句“我无比自豪”里。

北京航空航天大学的黄亮同学说：

从他身上我看到了老一辈科学家的爱国、敬业和献身精神，为了祖国的国防事业，他毅然放弃优越的生活条件，告别妻儿，来到荒无人烟的戈壁滩沙漠，一干就是几十年，他是我学习的榜样。

对外经贸大学的颜芳同学说：

有人说：“上个世纪就开始搞市场经济，讲金钱、讲利益了，现在已是21世纪，还谈奉献、责任，真是太落后了。”听了梁思礼院士的课后，我深刻认识到人生价值是和祖国联系在一起的。梁思礼院士作为祖国第一代航天人，为航天奋斗了56年。他们用一生的时间以惊人的速度使贫穷落后的祖国繁荣强大起来，使饱受凌辱的民族真正站立起来，以平等的地位居于世界民族之林。短短一堂课使我思想豁然开朗，感到个人在历史长河中是那么地微不足道，唯有将一生奉献给祖国的建设，把青春与民族复兴相联系，人生才有价值，青春才有意义。

北京林业大学的姚海良同学说：

梁先生告诫我们要爱国，做有骨气的中国人，我体会在不同时期，“骨气”有不同的内涵：在日寇入侵，国家处于危亡关头，“骨气”是不当亡国奴，抗战到底；在和平建设时期，“骨气”是艰苦奋斗，勇于攀登；在改革开放年代，“骨气”是做中流砥柱，不跟着“钱”走，不随波逐流。

华东大学的黄朝阳同学说：

使我感动的是他们的爱国精神，真可谓是：“身怀经天纬地才，胸有拳拳爱国心。”老教授老专家有如此爱国情怀，我们青年人在审视自身时，情何以堪！

梁思礼胸怀博大、思虑长远，不仅宣传航天，他还认为老一辈科学家应该当好园丁，引导青少年发奋向上、朝气蓬勃地成长。因此，他提倡素质教育和人文关怀，宣传“真、善、美”，培养青少年的科学艺术情操。

2009 年 5 月，梁思礼写了一篇文章《公民意识和公民素质》，文中写道：

今年是中华人民共和国建国60周年，又是汶川大地震一周年。2008年以来

2010年10月，梁思礼回到母校南开中学，坐在自己原来曾坐的座位上留影

出现了许多重大事情，从我国公民意识和素质角度来看，有一些是非常好的，有一些事则是非常糟的。

汶川大地震抗震救灾的过程彰显了全国人民万众一心共赴国难的意志。特别是80后、90后的年轻一代，年轻的解放军指战员、武警官兵、医护界的白衣战士，还有那些舍生忘死用自己的身体保护学生的教师，事迹感人。还有普通的公民，他们奋不顾身、抢救生命、献血、捐献、赶赴灾区当志愿者等等，平时隐在深处的人性和公民意识自发地显现出来了。以往我认为这一代青年大多是独生子女，娇生惯养被宠坏了。但是一旦出了大事，他们能挺身而出，堪当大任，充分体现出公民意识和良好素质，是可以信得过的一代青年。以后接着又在北京奥运会期间当志愿者，获得了全世界的赞扬。

这些自觉的行动都出于爱国主义精神和社会责任感。过去中国之所以孱弱，是因为“愚”“弱”“贫”“散”“私”五大诟病，不讲公德、不合群。而在上述的两件大事中恰能反其道而行之。于是，我又重读父亲梁启超的《新民说》，思考是否一代新民正在成长。父亲确有前瞻性，他的《新民说》写于清光绪廿四年（即1898年）。111年前他就提出“新民为今日中国第一急务”。我认为，他当时所谓的“新民”，也就是现代国家的公民意识。时至今日，培养和发扬良好的公民意识，仍旧是我们国家的当务之急。汶川地震和奥运志愿者工作激发出来的“公民意识”是非常好的苗头，我们应该通过教育和提倡，使其发扬光大，可持续发展，以实现国家的强大和民族的复兴。

遗憾的是，另一方面出现了三鹿奶粉事件和浙江大学论文造假事件，还有那不断的矿难和万民痛恨的众多贪污腐败案件。老毛病在新时代又复发了。市场经济不仅给我国带来巨大的财富，同时也带来了功利主义和金钱至上、贪得无厌，有些人完全置道德与良心于不顾。现在中国社会上存在着一对不可调和的矛盾：一边是功利主义、一边是社会道德。不是此涨彼消，就是彼涨此消，可怕之处在于功利主义见涨，任其发展下去，后患无穷。

从这正反两个方面的事例来看，提高我国公民素质，特别是国民道德，的确是当务之急。提高的方法主要通过教育，特别是在义务教育阶段。但目前应试教育大家都认为有问题而又都很无奈。加之在教育产业化理论的影响下，功利主义也在学校师生和家长之间大行其道。从小学开始，家长就被迫让孩子们开始“竞争”。上奥数、英语等各式各样提高班、补习班，经常学习到晚上十一二点，孩子们本应享有的童趣和体育锻炼时间都被剥夺了，目标就是考上重点中学和重点大学。

教育的本质是育人，教我们做什么样的人、怎么做人。做一个合格的人、一个高尚的人，一个有知识、有能力、有用的人，首先是对人生观的培养。人总是要有点精神，要有所追求。我认为正确的人生观应该是热爱祖国、服务社会、为人民做贡献，有高尚的道德修养，以真、善、美为一生追求的目标。

他还认为，青少年是祖国的未来，是民族的希望，因此对青少年从小就进行科学艺术情操的培养尤为重要。做一个可爱的中国人，必须是一个科学的中国人，要把科学精神、科学思想纳入到人生观的培养中，这是成为可爱中国人的核心所在。他说：

随着人类的发展，科学技术越来越受到人们的关注，并已成为当今世界人类共同的财富。今天，自然科学与人文科学正走向相互启迪、相互渗透、相互融汇的更高境界，科学家与艺术家也相互合作，法国文学家福楼拜说过“越往前走，艺术越要科学化、科学也要艺术化”，这已逐渐成为现实。已故的纳米专家吴全德院士专门研究纳米材料的晶格排列图像，他说，这种晶格图像“像万花筒一样美不胜收”，是科学艺术化的典范。因此，在教育过程中，重视科学教育与艺术教育结合，是培养青少年具备良好人文精神和创新能力的重要途径。作为一个全面发展的人，要有科学精神，同时也要有艺术修养，不仅要学会运用科学的

2009年10月，梁思礼（前排右四）在天津南开中学与师生合影

2010年，梁思礼（右二）与母校耀华中学师生在一起

方法处理问题，还要学会用艺术的眼光欣赏生活中的美。

80岁以后的梁思礼，脚步并没有放慢，他告诉那些80后和90后们，80多岁的自己也是一个地道的“80后”。他老骥不伏枥，还自诩道：“我和80后，说得来！”所以，梁思礼是出了名“好请的”大专家，他把对祖国未来的热切期许和对晚辈才俊的殷切期盼，当作自己新的使命，以自己的行动践行着著名作家萧伯纳的名言：“人生并不是短短的一支蜡烛，而是由我们暂时拿着的一支火炬。我们一定要把它燃烧得十分光明灿烂，然后把它交给下一代的人们。”

6. 敢讲真话的责任考官

敢讲真话、爱提问题，是梁思礼一贯的工作作风。

1962年东风二号导弹首飞失利后，钱学森与导弹总体部、控制所一起讨论改进方案。梁思礼当时是东风二号导弹控制系统副主任设计师，也参加了讨论会。

会上，双方汇报改进方案时发生了分歧。总体部提出，在改进的新方案中，对控制系统的设计要求是，静不稳定度应小于小数点后的4位数；而控制所提出，这个指标不符合实际，以现有的技术手段根本达不到。会上争论得非常激烈，由于责任重大，双方互不相让。钱学森听着双方陈述的理由，背着手在室内走来走去。过了一会儿，钱学森问总体部："你们对静不稳定度的计算怎么能算得这么精确？导弹控制系统需要控制头发丝这么小的变化吗？"这时，会场鸦雀无声，只有梁思礼说道："钱副院长，就算耍赖皮，我还要说一句，总体应当体谅分系统，把设计余量留一些给基层。总体把设计余量全用完了，分系统、部件、元件的设计全是负数了，还怎么设计？"钱学森看着这个敢于直言的人，赞许地点了点头。

梁思礼极端痛恨那些作假的人和事，特别是学术作假。对此，他在报纸上公开发表文章说：

浙大副教授贺海波造假案，揭开了学术行为不端的盖子。知识教育界本来应该是教学子怎么做人的地方，但就是在这个"为人师表"的地方，功利主义把社会道德击倒了。更可怕的是，这不是一个个别现象，有不少老师和学生认为贺海波的所作所为在其他的地方也屡见不鲜，甚至影响到了两院院士这片学术净土。院士作为学术带头人，必须高度自律并接受社会监督。目前社会上（包括有的高校），打着院士称号这个"招牌"为本单位争名夺利，有的院士也甘愿让他们这样做，而事后由于兼职过多，把自己承诺的义务置于脑后，长此以往，院士这个荣誉称号会变味的。此风不可长。

梁思礼为人正直，参加各种评审会从不走过场，人云亦云。凡是不清楚的、不放心的问题，他都会打破砂锅问到底，然后鲜明地表达自己的意见，以至于被评审方得知“考官”有梁思礼时，都会神经紧张，格外做足准备。

20 世纪 90 年代，在一次神舟飞船惯性系统的研制评审中，在方案、惯性器件的选择和生产单位定点等问题上，“评审官”梁思礼和研制方有不同意见，

2004年3月，梁思礼在新一代运载火箭评审会上

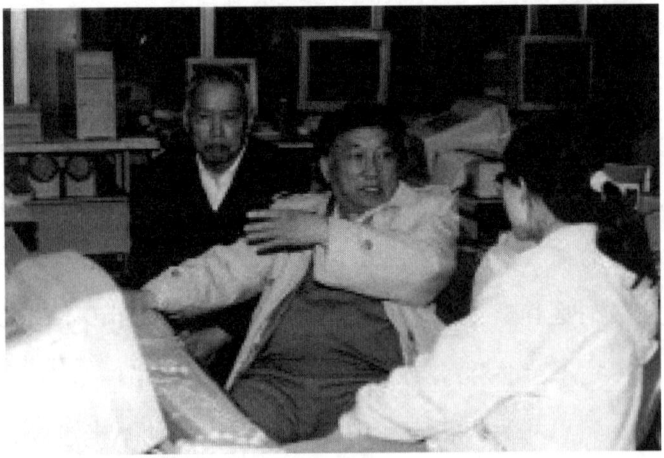
梁思礼（中）参加军用仿真技术课题鉴定会

而研制方又非常坚持自己的方案，最后的评审结果是一个折中的方案：研制方主张的系统为主方案，梁思礼等人主张的系统为备份方案。评审结束后，研制方的技术负责人陈祖贵很担心，这次评审是不是得罪了梁思礼，以后的评审会不会受到“刁难”？

后来发生的事实，彻底让陈祖贵放心了。1995年，陈祖贵负责的飞船三大关键技术之一的“飞船返回控制技术”(GNC 系统)，在部级评审时出现了一些不同意见，但是梁思礼等老院士首先站出来肯定他们在攻关中取得的成果，支持他们提出的新技术。那次评审在梁思礼等人的支持下获得了通过。这是中国载人航天工程三大攻关项目中第一个通过评审的项目，后来飞行结果证明，在连续 10 艘飞船的飞行试验中，GNC 系统都圆满地完成了飞船返回的控制任务。

在神舟一号飞船飞行过程中，GNC 系统不仅将飞船安全地控制回来了，而且飞船落点精度达到了国际先进水平。在飞行控制大厅里，梁思礼看见了陈祖贵，老远就和老陈打招呼，握着他的手说：“老陈，你们 GNC 系统任务完成得很不错，棒极了！”可见梁思礼从来不计较个人恩怨，满脑子惦记的都是事业的大事。

梁思礼爱提问的习惯，还避免了一次重大事故。

那是神舟三号飞船准备发射期间发生的一件事。

飞船的设计人员在“神舟二号”飞行试验中发现有一个姿态敏感器安装得不合适，需要改变安装方向，于是决定在“神舟三号”上把这个仪器的光轴方向旋转 180°，为此该仪器的信息处理公式中的“+”号要变成“-”号。如果极性反了，飞船的飞行就会南辕北辙。

在飞船出厂评审会上，评审组的专家们对这一个重大修改非常重视。梁思礼反复提问：“你们的那个极性修改了没有？再仔细查看一下，极性错了可要出大问题啊！”当时设计人员回答说，已经下通知单修改了。

可就在评审通过的第二天，飞船 GNC 系统副主任设计师王南华报告：通过试验，发现这个符号和神舟二号飞船用的完全一样，没有修改。原来她听了梁思礼的提问后感到不放心，回去又补做了试验。当她把仪器的信号引入控制系统时，飞船的姿态就开始发散，经过查实，原来这个重要的符号确实没有修改。

对于自动控制系统来讲，这个“+”和“-”非常重要。比如对于一个锅炉的温度控制系统，如果发现锅炉温度高于给定值，就应该通过温度控制使锅炉的温度降下来，这叫做负反馈；但是如果把这个符号搞反了，锅炉温度不但不降，反而增加，这叫做正反馈。对于飞船的姿态控制系统来说，如果符号反了，就可能使飞船姿态失控，造成飞行试验失败。

梁思礼的一句提问，使设计人员发现了一个大隐患。为修改软件，整个飞船发射推迟了 20 天时间。飞船研制者再三向梁思礼表示谢意："多亏您及时提出这个问题，如果在地面上没有发现，飞船上天后，后果不堪设想。"

梁思礼说："我这个人就是爱提问，提问也是一门学问，李政道先生就提倡'求学问，需学问，只学答，非学问'，凡事多一个视角，就少一个死角嘛。"

梁思礼

梁思礼院士传记

Academician Liang Sili's Biography

第十一章

绚丽人生的律动

梁思礼的内心充满阳光，人生达观、爽朗、豪放。生活无论是悲喜、是苦甜，他面向世人的永远是和蔼的笑容，向生命敞开的永远是炽热、宽广的胸怀。

梁思礼一直是个阳光男人，他的人生既平凡又不平凡，奋斗中有坎坷有喜悦，生活中有伤痛有笑容，既有轰轰烈烈的热血沸腾，又有实实在在的柴米油盐。无论是悲喜是苦甜，他面向世人的永远是和蔼的笑容、爽朗的声音、乐观的心态，他向生命敞开的永远是热爱生活的宽广胸怀。岁月的皱纹已经展示在他的额头，他的眼神里也许少了年轻时的锐气和霸气，但是却多了时间积淀的智慧和平和。对国家的热爱，对真善美的追求，使他的生活多彩而绚丽。

1. 魅力体育

梁启超是个趣味主义者，他在《学问之趣味》的演讲中说道：

我是个主张趣味主义的人，倘若用化学化分“梁启超”这件东西，把里头所含一种元素名叫“趣味”的抽出来，只怕所剩下的仅有个零了。我以为凡人必须常常生活于趣味之中，生活才有价值；若哭丧着脸挨过几十年，那么，生活便成沙漠，要他何用？中国人见面最喜欢用的一句话：“近来做何消遣？”这句话我听着便讨厌。话里的意思，好像生活得不耐烦了，几十年日子没有法子过，勉强找些事情来消他遣他。一个人若生活于这种状态之下，我劝他不如早日投海。

我觉得天下万事万物都有趣味，我只嫌二十四点钟不能扩充到四十八点，不够我享用。我一年到头不肯歇息。问我忙什么，忙的是我的趣味，我以为这便是人生最合理的生活，我常常想动员别人也学我这样生活。

父亲的趣味主义基因也遗传给了梁思礼。无论是在春光明媚的时光里，还是在风吹浪打的艰难中，梁思礼都保持着一颗快乐的心。他努力删去头脑里不愉快的记忆，忘记烦恼，让自己的心灵远离悲观和失望，他善于在纷繁的文化体育活动中汲取乐趣，享受多姿多彩的生活。

在穷苦的留学时期，年轻的梁思礼就用体育锻炼自娱自乐打发周末。他学会了游泳和一米板跳水，蛙泳、仰泳、自由泳样样在行，可以连续游几千米。经过考试，他还拿到了救生员的执照，成为游泳能手、出色的救生员。

有了年轻时代的打底，到 70 岁时，他横渡颐和园昆明湖一点不成问题。在水中自由嬉戏，他说："我体会到毛主席'胜似闲庭信步'的感觉。" 80 岁以后，梁思礼的体力有所下降，不如从前了，但是酷爱游泳的他仍然离不开水，还常常不顾家人的劝阻，乐颠颠地跑到游泳池里，脚不沾地、半漂半游地呆上个把小时。他发明了一种新的泳姿，自称为"水母式"，就是身体平躺在水面上，一动不动地自然漂浮着。他一般可以漂上数小时，想增大一些活动量，就划动一下双臂，或者上下肢并用变成蛙式仰泳，总之始终使身体漂在水上。由于有点像处于失重状态，他感觉自己如同航天员在太空中行走，自由自在，他得意地将这种游泳方式称之为"太空漫步"。这样的游泳，梁思礼坚持到了 90 岁。每每此时，驾驭"水母式"泳姿的梁思礼都会陶醉一番，他微微闭着双眼，在水中惬意地享受着奇妙的失重般的感觉，仿佛自己是名航天员，遨游到了太空，正在"出舱行走"。他多次告诉家人和朋友，这种感觉真好。

梁思礼自创的"水母式"游泳

2014年10月底的一个夜晚，适逢探月工程三期再入返回飞行试验任务成功。在家乡新会的古兜温泉，90岁的梁思礼静静地躺在九龙温泉池的水上仰望天空，天空清澈、深邃。这时正好一弯清新的月牙在点点繁星相伴下，躲在一屡淡淡的浮云后面若隐若现，似乎笑眯眯地俯瞰着水中的这位航天老人。天上、地下、星空、水中，天际浩淼无垠，水边绿树成荫，婆娑静谧，交相辉映，一辈子追梦的航天老人在天地之间与自然融在了一起……当陪同人员将此情此景告诉梁思礼时，他兴奋地对秘书说，赶快写首诗记录下来，于是就有了这首打油诗：

半个月亮夜空照，群星闪烁眨眼瞧；
九旬老翁漂水上，恰似太空游逍遥。
奉献航天人未老，神舟巡游环球绕；
嫦娥再回传捷报，宇宙人间真美妙。

这次游泳的经历深深留在了大家的脑海里，包括梁思礼。

在嘉尔顿学院，梁思礼还学会了摔跤，参加了学校摔跤队。到普渡大学后，摔跤队一再邀请梁思礼加盟。于是学习之余，梁思礼成了普渡大学摔跤队羽毛级（最轻量级）摔跤队队员，每周几次参加训练、比赛。梁思礼从小喜欢体育，身体素质很好，加上身材瘦小、动作敏捷、反应迅速，所以比赛成绩胜多负少，他与同重量级的美国人摔跤一点也不差。1945年，在美国中部10所著名大学摔跤联赛中，普渡大学队几经征战，捧得了冠军杯。

美国中西部十大高校摔跤联赛冠军队合影（前排右一为梁思礼）

在普渡大学上学期间，梁思礼非常活跃，尽情地享受学习和生活的乐趣。在两年多时间里，他获得了学校颁发的四个“金钥匙”。“金钥匙”是一种荣誉，得到的越多，证明你多方面的素质很高，对学生毕业后找工作很有帮助。梁思礼获得过科学荣誉学会、工程荣誉学会、机电工程学会颁发的“金钥匙”，在参加摔跤比赛获得联赛冠军后，他还得到了 Reamer 俱乐部的“金钥匙”。Reamer 俱乐部的“金钥匙”对学生有全面的要求，不仅要学习成绩好，还要德智体全面发展。

梁思礼还是个地地道道的球迷。他喜欢体育是从南开中学开始的，他对很多体育项目都感兴趣，比如跳水、体操、田径、滑冰，等等，虽参与不多但爱看比赛，尤其喜欢看球类比赛，近乎着迷。在普渡大学读书时，他特别喜欢看美式橄榄球赛。初看时看不懂，觉得乱摔、乱撞、人压人，挺野蛮的。但明白规则后，就发现其中有很多战略战术的运用，忽而声东击西、忽而硬冲硬闯，一会儿长传短吊、一会儿“明修栈道，暗渡陈仓”，让人看着目不暇接，觉得非常过瘾。美国橄榄球职业联赛总冠军赛是在可容纳 10 万人的“玫瑰碗”大球场进行的，这也是球迷们的重大节日。回国后，梁思礼再也看不到联赛了，有一位叫陈恒的香港朋友知道后，特意录下了几场 90 年代的“玫瑰碗”冠军赛，刻成光盘寄给他，使他在国内又看到了几场美式橄榄球赛，大呼过瘾！

从 20 世纪 60 年代起，梁思礼喜欢上了国球——乒乓球。从容国团 1959 年第一次在世锦赛上捧杯，到邱钟惠、庄则栋、李富荣、徐寅生、梁戈亮等一批批名将的比拼，梁思礼几乎成为铁杆乒迷。1977 年 3 月，乒乓球世界锦标赛

2010年10月，梁思礼在家观看他最喜爱的美式橄榄球比赛

在英国伯明翰举行，在团体赛决赛那天晚上，梁思礼家被邻居和同事们挤得水泄不通。他家里有台14吋黑白电视机，那年月有电视的人家可不多，所以大家全跑到他家来了，椅子上、桌子上、床上全挤满了人。梁思礼的女儿放学回家晚了，结果连家门也进不去，只好在人群后面站在摞起来的椅子上，透过房门上的小玻璃窗看电视里面的比赛。梁戈亮和日本选手打得难解难分，房间里梁思礼和球迷们的情绪也随着乒乓战事跌宕起伏，忽而房间里鸦雀无声，人们一动不动，只剩一对对眼珠对准屏幕左右滑动；忽而人们手舞足蹈，掌声四起，欢声雷动，几乎掀翻了屋顶。梁思礼坐在书桌上和大家一起摩拳擦掌，情绪激昂，好似身临其境。最后时分，只见梁戈亮跳起来连扣八大板，打得日本选手只有招架之功，决无还手之力，最终赢得了男团冠军。此时官不分大小、人不分长幼，满屋子又一次充满了掌声和笑声，气氛热烈无比。这架势，就是比起当今在啤酒馆里看世界杯足球赛的场景，也有过之而无不及。

到了20世纪80年代，梁思礼又喜欢上了排球，当然更爱看的是女排。郎平、孙晋芳、张蓉芳、周晓兰、赖亚文，中国女排“五连冠”时代的球星，他个个喜欢。只要不出差、不加班，他和老伴对中国女排的比赛场场不落，“人生能有几回搏”，女排的拼搏精神使他为之振奋，因为这与航天精神和“两弹一星”精神有着异曲同工之妙。

有一段时间，梁思礼对足球也入迷，总盼着中国足球能闯进世界杯，但是男足总是不争气，特别是他们的“恐韩症”，让梁思礼一而再、再而三地泄气。

梁思礼夫妇在家观看女排比赛

好不容易来了个米卢，带领中国足球队冲进了世界杯，可是第一轮就一球未进惨遭淘汰，这太让梁思礼伤心了，所以他对足球的兴致也就慢慢减退了。

到了耄耋之年，梁思礼喜欢上了美国 NBA 篮球赛，什么公牛啊、火箭啊、湖人啊，他分得倍儿清，什么乔丹、奥尼尔、科比都令他着迷，不过最让他着迷的还是姚明。这个身高两米二六的帅小伙，以状元秀的身份加盟火箭队，体力和技术年年有进步，成为 NBA 的最佳中锋之一。每逢有火箭队和姚明的比赛，梁思礼肯定会雷打不动地坐在电视机旁。

2.“穷乐呵”

梁思礼的兴趣广泛，对很多事情都充满好奇，喜欢尝试。

1947 年他在辛辛那提大学读书时，曾和一位叫邹至岐的学长（后来当了清华大学机械系主任）开车从美国中部到西部转了一大圈。当时邹至岐刚毕业，准备从美国西部的旧金山回国，但辛辛那提在美国中部，乘火车去西部需要一笔路费。邹至岐有一辆汽车，他盘算着开车从辛辛那提到旧金山，然后把车卖掉，既可省下路费，还可以顺路旅游一把，而且汽车在旧金山出手还能卖出好价钱。主意打定后，他觉得一个人开车路远无聊，于是便约梁思礼同行。梁思礼刚学会开车，正上瘾呢，又正值暑假，便欣然同意。他们两人从美国中部俄亥俄州西南端的辛辛那提出发，经印第安纳州到了梁思礼曾经读书的普渡大学，再到密歇根州安娜堡邹至岐的母校密歇根大学；又向北绕道经威斯康星州到明尼苏达州诺斯菲尔德小城的嘉尔顿学院，这一路既看了风景，又回看了母校，

1947年，梁思礼（中）重返嘉尔顿学院时，与肖氏夫妇合影

特别令他惊喜的是，在母校他竟然与6年前款待过他的同学罗伯特·肖的父母邂逅，他还和两位老人合影留念。

一路上，他们住在车里，只买点吃的东西，其他没花多少钱。接着他们又向西到了南达科他州，该州有著名的拉什莫尔山国家纪念公园，俗称为美国总统山。山上有四座高达60英尺的美国前总统头像，从左到右依次分别为乔治·华盛顿、托马斯·杰斐逊、西奥多·罗斯福和亚伯拉罕·林肯，这四位总统被认为代表了美国建国150年来的历史。游完了公园后，他们驱车向南，沿着洛基山脉游览了黄石公园、盐湖城和科罗拉多大峡谷。黄石公园里的“老忠实”热喷泉，每隔15分钟喷发一次，顶着腾腾热气的水柱能喷上十几米高；还有很多不怕人的动物，如马鹿、野牛和来回游荡的灰熊，这都引起了梁思礼的极大兴趣，他还站在路边掏出食物喂了一只小熊。在科罗拉多大峡谷旁边有美国当时最大的水电站胡佛水坝，水坝建于美国经济大萧条时期，罗斯福上台后实行新经济政策，决定在科罗拉多上游修建水坝，该坝于1936年竣工并交付使用。它是一座拱门式人造混凝土水坝，坝高220米，底宽200米，顶宽14米，堤长377米。这样的巨型水坝在世界上是不多见的，它宛如一条巨龙横卧在河流上，显得十分威武，建成后对工农业发展起了巨大的作用，因此它在世界水利工程领域占有重要的地位。梁思礼心怀工业救国之志，所以执意要去看它，由于到大坝的道路很窄，他们的车还和对面驶来的车发生了刮蹭。

从大峡谷出来，他们向西经过拉斯维加斯小镇，到了洛杉矶。两人在梁思

1947年，梁思礼在黄石公园投喂棕熊

礼的五姐梁思懿家小住两天，最后到达旧金山。

邹至岐在旧金山卖掉了汽车，梁思礼把他送上了回国的船。两人分手后，梁思礼搭乘长途汽车回到了辛辛那提。用近一个半月的时间，梁思礼绕了美国大半圈，既锻炼了驾技，又免费旅游，真叫“穷乐呵”。

这次旅游，梁思礼带回了许多副产品——照片。他在辛辛那提大学时，利用业余时间玩儿上了摄影，他买了一个120柯达照相机，相机很大，被他称为“大笨货”，但镜头特好，他挎着相机拍了不少照片，有的还得过奖。当时的照片还处于“黑白”时代，梁思礼利用学校实验室有暗室的条件，自己练习冲洗胶卷、放大照片，经常一搞就是大半夜，乐此不疲。彩色照片出来后，他也照过、冲洗过，但比较麻烦。摄影使他琢磨过取景、构图、角度、光线、色调、远近错落等构思方法，由此对美术和绘画也触类旁通产生了兴趣。1985年，当天津市政府准备修复梁启超故居“饮冰室”时，五哥梁思达和梁思

梁思礼十分喜爱他的“大笨货”相机

礼还一起回忆当年饮冰室的原貌，画出了楼房、庭院的外观图和楼内平面图。

梁思礼说：“摄影的经历对我很有好处，开发了我的右半脑，提高了我的形象思维能力。”

3. 音乐发烧友

还是在孩提时代，梁思礼受家庭的熏陶就爱上了音乐。哥哥姐姐们从国外带回唱片经常放在家里，于是他从很小的时候就开始听《莫扎特第 41 交响曲》和 Steven Foster 写的美国黑人乡村歌曲等。

大姐梁思顺家的唱片最多，他在大姐家多次听过俄罗斯作曲家里姆斯基·柯萨科夫的代表作交响组曲《一千零一夜》，交响乐分为《大海和辛巴达的船》《卡伦达王子的故事》《王子与公主》和《巴格达节日》等四个乐章。里面有两个主题旋律，一个是由三支长号和一支大号主奏的带有雄浑阴沉、威严而冷酷色调的苏丹王旋律；另一个是由小提琴独奏的带有聪慧柔美、委婉迷人阿拉伯音乐风格的王后旋律。音乐表现了善良、机智的王后在给嗜杀成性的苏丹王讲故事，最终感化了苏丹王的情景。梁思礼分得清两个主题旋律，甚至听得出辛巴德的船在暴风雨中与狂风巨浪搏斗的惊险场面……经常听得如痴如醉。

早年当母亲带着一大群孩子去北戴河避暑时，梁思礼多次和大姐的儿子同轼、周有斐爬到海边的大石头上，迎着海边的风浪，向他俩学唱《101 首外国歌曲集》中的歌曲。

十几岁时，梁思礼用大人给的压岁钱买了一套他认为是最好的由柏林交响乐团演奏、世界著名指挥家威尔海姆·富特文格勒指挥的《贝多芬第五交响曲》，而且一遍一遍地听，百听不厌，最后竟可以将整个交响曲从头哼到尾。还有柴科夫斯基、莫扎特、贝多芬的音乐，他都喜欢。梁思礼 80 多岁时还记得自己儿时的“杰作”：

在天津书房里有个大幕布，后面有灯，我就在那儿指挥。我小时候喜欢看戴安娜·杜萍演的一部电影，其中有一段是由斯托高斯基指挥的交响乐，他不用指挥棒，只用手，但表情极丰富，我一边听一边指挥。后来我的音乐欣赏大有长进。

留学嘉尔顿学院时，在最寂寞的寒暑假期间，他跑到音乐图书馆，把唱机声音开到最大，一个人躺在门外草坪上仰望蓝天，欣赏着柴可夫斯基、莫扎特、贝多芬、施特劳斯等大师的无私馈赠，那天籁之音空灵剔透如行云流水，激越跌宕如百转回肠，他在音乐中自娱自乐陶冶情操。慢慢地，他成为了西洋古典音乐的发烧友，音乐成为他生活中不可或缺的内容。

回国后，有一次单位派他到苏联出差，苏方请他到列宁格勒芭蕾舞大剧场欣赏乌兰诺娃演出的芭蕾舞剧《吉赛尔》。看完后，他对邀请方的人说，跳得真棒，整个舞剧音乐也特别好。剧中有一个掰花瓣的音乐场景，掰一瓣是爱我，掰第二瓣是不爱我，这个爱我、不爱我、爱我的音乐在全剧出现了 3 次，第一次是男女主角相爱时，第二次是女主角临死时，第三次是男主角站在女主角的坟墓前，人鬼互动，似见不见时。三次的曲谱是一样的，但仔细听演奏的情调却是不一样的。邀请方的人听后大吃一惊，顿时对梁思礼刮目相看：“好家伙，这人道儿深，不仅是个技术专家，还是个真懂音乐的文化人啊！”

还有一次，梁思礼到西安开一个国际会议，吃饭时和一位德国专家坐在一

2005年，梁思礼（左）在家庭音乐会上演唱英文歌曲

起，两人不经意地聊起了音乐。那位德国人也是个音乐迷，两人谈得很投机。谈到《贝多芬第五交响曲》，梁思礼说，我喜欢富特文格勒的指挥，他把交响曲的层次交待得非常清晰，原汁原味，比卡拉扬指挥得要好。德国专家也同意梁思礼的看法，他回国后到处寻找富特文格勒指挥的作品，买到贝多芬第五、第七和第九交响乐的 CD 寄给了梁思礼。梁思礼收到 CD 后惊喜万分，一来国内想买高水平演奏的 CD 很难，乐队的水平差距太大；二来又想要名指挥、名交响乐队、名曲和名出版商，买四者合一高保真的 CD 更难。梁思礼本想回信表达谢意，可惜德国专家的字迹潦草，梁思礼看不清他写的地址，只好作罢。

梁思礼对音乐的酷爱，也毫无悬念地传导给了他的后代。

梁思礼晚年时，有一天坐在客厅里听外孙女托托弹钢琴，曲目是《维也纳森林的故事》，孩子弹得有些死板，缺少感情。小女儿梁旋对托托说，咱们一起来看看 DVD 电影《维也纳森林的故事》，看看施特劳斯的这部曲子是如何创作出来的吧。于是祖孙三代坐在一起看起了电影。

奥地利革命以后，时局混乱，音乐家不得不到郊外暂避一时。作曲家施特劳斯和女高音歌唱家坐着马车穿越维也纳森林。晨曦中，一缕缕阳光透过树枝把地面染得斑驳多彩，老马车夫赶着马车在森林中的小道上奔跑。小鸟啾啾地鸣唱和哒哒的马蹄声交相辉映，马车夫的口哨和森林猎人的号角相得益彰，和谐的环境、美妙的声响，触动了音乐家的神经，带来了创作的灵感，于是圆号、口琴、大提琴、小提琴……无数音符和乐器交织成了《维也纳森林的故事》，朴实、

梁思礼在收听自己喜欢的古典音乐

自然、清新、悦耳。祖孙三代看得入迷，陶醉之余更加理解了这首施特劳斯的传世之作，于是没有温度的钢琴有了些许血性和情感。

梁思礼的大女儿梁红回忆说：

即使在“文革”期间大反“封资修”的时候，爸爸也想办法避开耳目尽可能给儿女们以音乐的熏陶，享受音乐的快乐。有时晚饭后，爸爸用厚厚的毛毯把卧室的窗户遮严，摆好他从苏联带回的留声机，把声音尽量放到最小，拿出珍藏的心爱的唱片放给我们听。我们坐在小板凳上，围在他身边，瞪着眼睛静静地倾听。我记得最清楚的是爸爸一边放着普洛科非耶夫的作品《彼得和狼》，一边顺着节奏和曲调给我们讲解乐曲中的人物：乐曲里面每一个角色都用一件乐器来体现主题旋律，比如小提琴、长笛、小号，这段音乐是彼得欢快的脚步……这是狼来了……这是小鸭子被狼吃了还在狼的肚子里面叫唤……这是猎人来了……我们特别喜欢和爸爸一起听音乐，他还给我们放《天鹅湖》《欢乐颂》《天方夜谭》等等。有一段时间爸爸出差了，妈妈下放到干校去了，家里就剩我们几个孩子，做完作业后我们就偷偷地拿出爸爸的唱片欣赏音乐。爸爸常对我们说：如果我们每个人都真善美，这个世界就不再丑陋。

4. 当个猪倌也高兴

一个人的涵养不在风平浪静时，而在人生挫折时。

梁思礼有着非常乐观、积极的心态，不论遇到什么颠簸和风浪。

1968年夏，44岁的梁思礼永远地失去了母亲。当时他在大西北参加导弹试验，回到北京后他向军宣队请求去母亲家里祭奠，但是没有得到批准。梁思礼痛心地回忆道：

我的母亲在“文革”期间受了很大的罪，因为是梁启超的老婆，是保皇党的臭婆娘，她已经82岁了，还让她劳动、扫街，让她住在一个窗子漏风、很破烂的小屋里。后来我被保护起来，所以我们谁也不能去看她。她后来是很悲惨的，得肠癌去世了，去世的时候，我请示当时军宣队和军管会，想去收骨灰，军管会没同意，她去世的时候，我不在她身边，她连骨灰也没留下来。

我虽然后来单独成家了，和母亲分开住了，可是那会儿我母亲家里还有很多我的东西，最使我痛心的就是我父亲去世以后，中华书局出了一套《饮冰室合集》，大概有几十本，摆了满满一书架。《饮冰室合集》是我最心爱的东西，被“破四旧”给烧了，还有一些老照片也统统不见了。其中有一张我父亲在我很小的时候抱着我照的一张合影，大概是1927年吧，也是在那期间被烧掉了。所以现在我没有一张父亲跟我一块儿的相片。

尽管遇此悲伤经历，但是梁思礼咬牙吞下泪水，依旧没日没夜地驰骋在他的导弹世界里。也许，只有忙碌才能分散痛苦，只有工作才能化解悲伤。外人看到的梁思礼永远是那么阳光。

女儿梁旋谈起爸爸的心态，深有感触：

在青壮年时期，爸爸既要在工作一线处理很多事情，还要面临许多不尽人意的事情，不管是在单位还是家里遇到坎坷，我从没听到过他唉声叹气，没有看到他怨天尤人，我永远看到他都是积极、乐观地面对困难。遇到了问题，爸爸的态度不是逃避，而是积极面对、想办法解决，找这个事物的积极面，从不抱怨。比如在“文革”中，他有很多苦恼和困惑，那时候他还年轻，正想热火朝天地在航天事业中大干一场，但是由于种种原因不让他干了，他内心肯定会有焦虑、困

1984年冬，梁思礼与女儿梁旋合影

惑和苦恼，但他回家还是以一个好爸爸的姿态面对我们，从来不发脾气。他给我们讲故事、带我们去公园、教我们游泳，他内心里的苦闷、烦恼，都由自己去承受和排遣，从不传染给周边的人，不给家人带来负面情绪，我们永远看到的是个快乐的爸爸。

1974年，梁思礼被下放到河南正阳“五七”干校劳动，干校分配梁思礼当“猪倌”，那一年他正好50岁。

按说一个搞导弹的知识分子被派去养猪，这是对人极大的不尊重，甚至是羞辱，有点像“罪犯发配宁古塔”的味道。但是梁思礼从积极方面想，觉得这是对自己的照顾，此举正好逃离“文革”是非之地，免得一天到晚担心被突然打成“反革命”，他思想和精神上反倒落得轻松和愉快。

生性乐观的梁思礼，养起猪来也别有一番意趣。他每天带上套袖，穿上围裙，打猪草、拌猪食、清猪圈，干得高高兴兴。梁思礼养的猪一听见他“啰、啰、啰”端来猪食的呼唤，都争抢着扒上圈墙。看着肥头大耳、干干净净的“八戒”军团，梁思礼很有成就感，还特地和它们合影留念。

20多年后回忆起这段往事，梁思礼依旧饶有兴致：“都说我抓质量是全面质量管理，其实我养猪也是这样。从配种、小猪接生、催肥到最后吃肉，每个环节我都一丝不苟。当然，杀猪时我一般都不在，主要是不忍心下手。”

他在“五七”干校养了整整一年的猪，精力充沛、年富力强的他，成为一名出色的猪倌。虽然养猪养的好，猪倌当得不错，但是作为科研人员没有从事

1974年，梁思礼在正阳干校当猪倌

梁思礼身后就是他每天劳动的猪舍

科研工作，对国家来说无异于是一种很大的浪费。不过从过去的观点看，那叫和工农相结合，改造世界观，用当下的话说叫“接地气儿”。

1987年11月17日，63岁的梁思礼再一次遭到了感情上的重创，他唯一的儿子梁左军因精神抑郁症跳楼自杀了。回想起儿子，梁思礼的心头涌上无尽的悲伤：

我一共有三个孩子，一个儿子，两个女儿。儿子梁左军，是1957年生的，他小的时候，因为赵菁也很忙，我也很忙，赵菁那会儿还在三院（北京丰台区云岗），我在二院（北京海淀区永定路），我们一天到晚没时间，我要么是去西北下厂，要么是去发射基地，很少有时间来管他。他很小的时候就跟着奶奶一块儿生活，我母亲非常爱他，他也非常爱我母亲。

我父亲梁启超是属鸡的，我儿子也属鸡，我爱人生他的时候难产，是在我母亲家生的。由于各种原因，我母亲特别爱她的孙子，俩人的感情特别好。结果后来“文化大革命”一来，我被保护起来了，赵菁因为搞过地下党的工作，被审查了好长时间，我母亲也被“批判”，儿子没有人管。那会儿他正上小学和初中，整个我们家的遭遇，他精神上受到的打击最大。特别是我母亲去世后，他再也看不到曾经朝夕相处、十分疼爱他的奶奶了，所以受到了很大的刺激，眼睛老发直。当时到安定医院去看，认为是精神分裂症，现在看起来可能是抑郁症，给他吃了很多安定的药。

他后来也很苦，那会儿要求孩子们上山下乡，他也下乡去了。那一段他的病情基本上平稳，可是并没好彻底。后来他还很努力，他特别爱历史，读了一些世界历史、中国历史，考上了北方交大的分校。上学以后，由于他有神经分裂症，交女朋友很多次都不行，又给了他一定的刺激。他毕业时，赵菁正好退休，留下名额让他到赵菁所在的研究所做了一般性的资料管理工作。他30岁的时候，曾和我侄子梁从诫通信，谈到都是梁启超的孙子，自己太不争气了，撑到30岁了，现在干工作到底能不能长期干下去还是个问题，本应该继承公公的事业，干一番事业，可到三十而立之年却一事无成。所以他选择了结束自己的生命。而那一天正是我跟赵菁结婚的日子。

从此，我跟我爱人很少提我们的儿子，把这种隐痛深深地埋在了心底。

幼年丧父，中年丧母，老年丧子，人间不幸的苦果都让梁思礼品尝了。

有时候，沉默是最好的诉说，回避是最快的解脱，放弃是最大的拥有。人生短促，还有更多的东西值得珍惜呵护。在度过一段痛苦的日子后，梁思礼从沉重的打击下坚强地站了起来。他以“人心本无累，累得是放不下的太多”的心态，将顺其自然与随遇而安结合起来，重新乐观地面对工作和生活。他认为人生就像时钟，过了子夜就是新的开始，因此也应如同型号研制，要学会“归零”。顺境时，把自己“归零”，可以消除“骄娇”二气；逆境时，勇于“归零”，才能重新面对自己，从头开始，积极奋斗。就像春节前的大扫除，把那些没用处的东西清除掉，把有用的珍品拂拭干净，就可以窗明几净、心情舒畅地迎接新春。唯此，人生才会多一分清醒，多一分淡泊，才会拥有新的周期与辉煌。

梁思礼这一辈子都童心未泯，对一切充满好奇和兴趣，还特别善于接受新鲜事物，和他同时代的老人相比，他可算得上是个“赶时髦”的人。当然，丰富多彩的生活热情，源自他的“趣味”主义生活态度。

步入老年后，他仍然不落伍，对互联网、微博、微信备感兴趣。有一次听说女儿一家由于车限行在外面打车打不着，以后改用“滴滴”打车了，他就跟外孙女说：“给我下载一个，我也试试‘滴滴’。”他爱上网、爱看新闻、爱用新媒体捕捉国内外大事和科技发展新动态。

“趣味老人”过春节（右为梁思礼，左为陆元九）

梁思礼是单位有名的“老顽童”

他还爱在网上下中国象棋。以前工作时，他忙得没有时间下棋，只是在外面开会利用休息时间，还有在“五七”干校劳动时，他过了过棋瘾。退居二线后，他时常和科技委的几个老专家相约而坐，杀上几盘。后来，有的老伙伴去世了，有的年老腿脚不便，所以大家相聚的机会少了。梁思礼不甘寂寞，找到了在网上下棋的新乐趣，他劲头十足地在虚拟的棋局中纵马驰骋、拼杀楚汉，常常玩得废寝忘食。有时，赵菁催他吃饭，催了一遍又一遍，他嘴上答应“不玩了，不玩了”，却屁股不挪窝，下了一盘又一盘。

2010 年在南非举行世界杯足球赛时，大凡精彩的比赛，他一场都不错过，决赛时，他像年轻人一样，凌晨四五点起来看实况直播；2013 年 8 月，他半夜 1 点起床看孙扬参加世界游泳锦标赛决赛。有

1992年7月30日，梁思礼（右）与梁守槃（左）下象棋

时，梁思礼像老小孩一样“任性”，为此，他没少挨赵菁的“数落”。

5. 命大福大

梁思礼属鼠，但是他常常自诩是“属猫”的人。

上天很会捉弄人、考验人，它往往会在不经意间制造一些“坎”让人经历，有些人迈过去了大难不死，有些人迈不过去陨灭其间，也许这就是人们所说的命运。梁思礼一生有六次遇险，但皆转危为安，所以他很得意，认为自己热爱生活，是个乐天派，所以命运才把“幸运”赏赐给自己，让自己命大福大。

梁思礼的第一次遇险发生在 1947 年。那时他在美国俄亥俄州辛辛那提大学学习，刚刚学会开车，他的朋友林桦要到田纳西州结婚然后回国，并请梁思礼同行去当伴郎。出发那天下起了小雪，他俩轮流开车向南进发。梁思礼是个新手，在雪天路滑的情况下还把车开得飞快，这时前面有个大坡，他本想超车，但又怕对面来车被大坡挡住看不见，就突然减速，这样车尾开始打横，林桦见势不妙，忙帮他转方向盘，结果汽车一头撞到了树上，两人全被撞昏送进了医院。新郎婚期耽误了，回国也耽误了。万幸的是，虽然梁思礼满脸是血，林桦腰碰青了，但两人的主要“零件”却均无大碍。

第二次是逃过一劫。那是在 1959 年，当时海军政委苏振华要率一个大的代表团去苏联谈判，争取援助。订飞机票时，飞机基本被文化部的一个代表团给包了，只剩了 7 张票。如果苏振华要选派 7 个先遣人员去，可能就有梁思礼。然而代表团最后决定全团一起走，所以他们没人上这架飞机。结果这架载有文化部代表团的图 -104 飞机因天气原因在西伯利亚失事，梁思礼幸运地躲过了一劫。

第三次是飞机着陆遇险。20 世纪 60 年代，梁思礼有一次去酒泉基地执行完发射任务回北京，他先搭乘兰州军区的运输机从酒泉到兰州，再转机飞回北京。军区运输机的座位是两排面对面的，梁思礼等人和部队的同志用行李当桌子在飞机上打扑克，机上有 20 多人，兰州军区的空军参谋长也在飞机上，大家玩儿得好不热闹。兰州老机场离城很近，在一个山洼的空地上，跑道不长，四面环山。那天雾很大，能见度很差，飞机着陆时没有从跑道起点落下，轮子擦地时飞机已经到了跑道中间，这时飞行员才看清险情，吓得猛力刹车。还在打扑克的梁思礼他们猝不及防，霎时连人带行李全滚到了机舱前面，此时的飞机冲上草坪，已经到了机场边缘，再跑 10 米就撞上电线杆了，好险呀！梁思礼下飞机一看，机翼是歪的，轮胎也磨坏了，恼火的参谋长大声训斥机组人员："怎么搞的，还带着客人在飞机上呢！"

第四次是差点被打成"美国特务"。"文革"中，梁思礼由于在美国留学 8 年，家庭出身又不好，一直被工宣队、军宣队怀疑是"美国特务"，他们成立专案组，内查外调搞了一两年。1970 年，突然有一个造反派的小头头找梁思礼谈话，通知他被"解放"了。原来专案组在天津找到了一位梁思礼在普渡大学的同学，那个同学说梁思礼在普渡大学留学期间当了一段学校办的电台的主持人，那个电台在小镇里相当有影响。梁思礼在电台里播放贝多芬、柴可夫斯基的名曲，有时会插播一些有关中国的风俗习惯和政治观点，读一些中文报纸上刊登的消息。专案组还查到这个中文报纸是中共党员、美共党员唐明照办的进步报纸，那时正是中国的抗战时期，梁思礼还在电台里介绍过毛主席的著作《论持久战》。有了这位同学的旁证，梁思礼"咸鱼翻身"，不但不是特务，反而是个进步人士了。梁思礼很感激这位同学，可惜他左思右想，也记不起这个同学究竟是谁了。

第五次是吉普车险些落水。1978 年担任东风五号导弹副总设计师的梁思礼，到基地执行导弹发射任务，由于他很关注导弹飞行轨道情况，于是就乘车去了电子部负责的一个雷达测量站考察。基地派了一辆吉普车，还选了一名技术比较熟练的战士开车。去雷达站的路是一条曲里拐弯、很陡很险的山路，去的时候司机很小心，回来时险路走完了，在平坦的路上行驶，司机有些放松。这时吉普车前有一辆开得很慢的小拖拉机，司机一踩油门就超了过去，没想到刚一超过拖拉机，就发现前面有一座没有护栏的桥，路面很窄，看到这种情况，司机急了赶快刹车。结果车的前轮卡在桥边上，一个后轮掉到桥外，车身斜歪着停下了。桥有两三米高，如果车子没有及时刹住，掉到桥下，肯定车毁人亡。副驾驶员小心翼翼地打开右边车门爬出来，向回跑，找到那辆被吉普车超越的拖拉机，请拖拉机帮忙把吉普车从桥边拽了回来。

第六次是跌进电缆井险些送命。1994 年 10 月，年近七旬的梁思礼参加完在以色列耶路撒冷召开的国际宇航联大会回来，听说离家不远的北京西三环道路修通了，公主坟立交桥建得很有现代特色。他这次出国滞留的时间比较长，有一个多月，走前马路尚未修好，回来时已经车水马龙，于是他便抽空和老伴散步遛弯去看看立交桥。走在新铺的便道上，看着架起的高桥，夫妇俩指点着、评说着，不知不觉老伴走在了前面。正盯着立交桥仔细看的当口，忽然梁思礼脚下一空，只觉得头部胸口遭一猛击，便坠入阴暗冰冷的“深渊”，人事不醒。老伴几声问话无人应答，回头一看梁思礼不见了。她往回走了几步，看见人行道中间有一个毫无标记、没有护栏、敞着大口的电缆井，井边围着几个人。老伴急了，连忙求人帮忙把梁思礼拉了上来。这口井有 6 米多深，分两层，幸亏上下层中间有个木梯子，梁思礼掉下去时把木梯砸断了，断梯的一个木杈挑住了他的衣领，使他下降的速度得到缓冲，捡回了一条命。老伴赶紧叫车把梁思礼送进了医院，他满头满脸都是血，脑后磕开一个大口子，缝了 12 针，3 根肋骨断裂，背部腿部严重挫伤。医生说要是那根木杈戳入脊椎，后果就不堪设想了。梁思礼落井入院之事起初无人重视，9 天后有人向有关部门反映了情况，才有领导前来慰问、处理情况。当时梁思礼是全国政协委员，又是名人之后，落井之事发生后，惊动了媒体，梁思礼诙谐地对记者说：

政协委员每年都要到基层检查工作，我这次是真的“下基层”了。一是到了

6米井下的“基层”；二是看到了当地官员对待老百姓的态度，一个普通老汉就不管不问，一听说是名人、院士，就马上转弯180度。

梁思礼在病榻上还对《中国航天报》记者石磊说：

作为政协委员，我来自老百姓，要为老百姓说话。北京乃至全国建桥修路的地方不计其数，不知还会有多少马路井口是敞开的，不知还会有多少无辜的行人会遇到像我一样的不幸，这种事不能再发生了！该到了市政建设部门采取有效措施，彻底制止马路公害的时候了。

梁思礼落井之事后来引发了关于“井盖杀手”的一系列大讨论，他以科学家的严谨和实事求是的态度，对官僚主义直言不讳，对在全国范围内彻底整治井盖问题，起了推动作用。

经过3个多月的治疗，他逐渐康复，奇怪的是，他感觉自己的身体和精神状态都比以前更好了。梁思礼总结说这叫“因祸得福”，他说：

掉井以后原以为我完蛋了，结果没什么事，脑子也更清楚了。后来我悟出了一套理论，许多人问我，你这么大年纪有什么养生之道？我说，我的养生之道你可学不来。黄帝内经说，人的13条经络都是纵向的，针灸穴位就是刺激打通经络，打通了病就好了。我这次掉到井里，砸断梯子，这一摔把我13条纵向

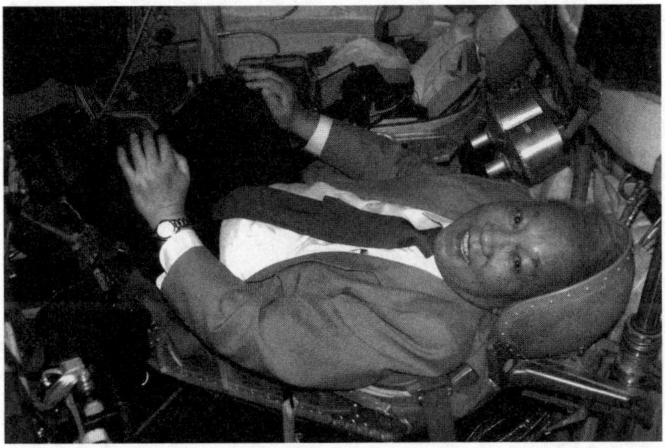

耄耋之年的梁思礼，钻进神舟飞船里“酷”一把

经络全给震通了，起码刺激一下子，等于全身针灸了，结果身体就有了好的变化。

梁思礼经常拿自己六次遇险开玩笑，他说凡事都有辩证的一面，祸兮福所倚，我置之死地而后生，大难不死必有后福啊！

6. 幸福家庭

梁思礼有个幸福的家庭，夫人赵菁是他的贤内助，两人相濡以沫，携手共同走过了60个春秋。“文革”中，在梁思礼倒霉的时候，赵菁信任他、鼓励他；赵菁无端受怀疑被关进牛棚大半年，军管会动员梁思礼揭发她，让孩子们和妈妈划清界限，梁思礼带领孩子们不予理会。

梁思礼充满感激之情地说：

妻子给我的太多太多了。在我忙于导弹研制常年出差在外时，这个家常常丢给赵菁一人，她一边工作，一边还要独立带三个孩子，承担繁重的家务。当我写文章时，她在一旁为我查资料，她有长期整理资料的经验，加上她的聪颖和细心，她成为我离不开的“资料室主任”，遇到想不起的资料或照片，她都会准确无误地手到擒来，还不时为我提醒、补充一些细节。文章写成了，她是第一读者和修改人。在工作中，我成功了，她比我还高兴；失败了，她冷静地安慰我，

2015年9月，梁思礼与夫人赵菁合影

鼓励我再接再厉。在家里，她是主心骨，一切家务安排得妥妥当当，从不让我操心。她默默无闻地给我和孩子们营造了一个和谐的家，使我在任何困窘的情况下都能保持微笑，拥有一颗快乐的心。

赵菁则夸奖梁思礼是个顾家、能担当的男人。赵菁说："我很认同梁思礼的家庭观，他说把所有该回家的人都召回家，这个社会就安宁多了。现在很多人不回家，并不都在忙事业，是泡在酒吧、歌厅和赌台上。"

梁思礼有两个女儿，大女儿生于1959年，适逢党号召知识分子要"又红又专"，于是他给女儿起名"梁红"；二女儿生于1962年，正值梁思礼在酒泉基地参加第一枚东风二号导弹的首飞任务，临行前夫妇两人商量，生男起名"凯"，生女起名"旋"。

由于工作忙，夫妇两人难得有精力关心和辅导孩子们的学习，两个女儿基本靠自己的努力，顶住"文革"的冲击和干扰，健康成长，考上了大学，毕业后都在航天系统出色地工作。

说起大女儿梁红，梁思礼沾沾自喜地评价道："像我。"她心灵手巧、动手能力强。梁红十几岁时在一个工艺品展览会上看见一个布娃娃，回家就用碎布自己做了一个，结果比那个展品还漂亮可爱。梁红进入航天系统参加工作后，一直坚守在卫星研制工作第一线，发挥了动手能力强的特长，在卫星产品研制过程中，她不仅钻研理论、认真设计，还重视工艺过程，避免了很多因工艺不符合要求而影响产品质量的问题，成为新一代航天队伍中的骨干。曾负责北斗导航卫星和部分通讯卫星型号推进系统重要部件的研制，先后参加过三十余颗卫星的研制和多颗通讯卫星的发射任务。

小女儿梁旋待人友善、组织能力强，很像妈妈。上小学时，由于妈妈被关进牛棚，她申请加入"红小兵"（相当于少先队组织）的要求被老师拒绝，因而大哭一场，一度心情郁闷，后来她懂事了很多，加倍努力学习，热心集体工作。

梁思礼夫妇与女儿梁红、梁旋

上中学和大学时，她多次担任班干部、团支书，和同学相处得非常好。参加工作后，鉴于她善于从事组织工作，单位曾让她负责市场推广工作，她策划、组织了许多大型市场活动，绩效受到好评。她心地善良、为人谦和，考虑问题经常设身处地替对方着想，有时她和客户谈业务，也为人家想得很周到，朋友和她开玩笑："你这么好心，公司能挣到钱吗？"梁旋则不恼不急地回敬一句："良心驶得万年船。"梁旋曾在外资公司工作，后来在一家计算机软件公司负责人事工作。

梁红非常感激父亲潜移默化的家庭教育，她说：

父亲从小就教育我们要自己的事情自己做，为了培养我们的独立思考能力，他经常给我们讲，他从17岁开始去美国留学，靠自己打工完成8年的学业。他也经常讲我妈妈17岁就参加革命，鼓励我们从小培养独立的品格，自强自立。

在学习方面，他基本上管得不多，但他很注重实践，他跟我们讲，要从实践中学习知识。我们上中学时，他强调学校实验课的重要性，比如物理、化学，他要求我们一定要重视实验，实验是掌握知识的重要途径。他平时虽然管得很少，但是如果真有问题需要请教他的时候，他也抽出时间耐心地解答。我上初中学到物理电磁场的时候，一开始不理解，我就去问他，他深入浅出地给讲了一下，我就明白了。后来考试时，我这部分内容得分挺高。

课余活动他也很支持，不主张我们死读书。比如从小学到初中的那段时间，我比较着迷摄影，当时我们家有一个上海牌的120照相机，我就和同学拿出去，照了好多黑白照片，不但照了照片，还特别喜欢拿回来自己冲洗，我把房间弄得像暗室一样，安上一个红色的灯泡，用盘子装上显影液和定影液，冲洗照片。

后来有的同学的照相机是135的，照片特别小，根本看不清，想放大，可是没有设备。我想起我爸回国时带回一个柯达相机（大笨货），镜头特别大，我就把相机拆了，用那个镜头和一个旧暖瓶外壳自己做了一个放大机。按理说这个相机从国外带回来还挺珍贵的，但爸爸知道我把相机拆了，不仅没有埋怨，还跟我一起放大照片。刚开始放大得不好，灰灰的，后来就越放越好，还挺清楚的。其中有一张他最喜欢的他和我妈的合影，把我妈那部分单独放大了一张照片，现在还摆在我家的书柜里。他经常这样鼓励我去实践，我的好奇心得到了充分的满足，通过自己动手的成功，我的自信心也增强了。

父亲特别注重引导我们读书，我们小时候，他是通过讲故事引导的。记得"文革"时期，我们还很小，单位工作不是特别忙时，他和我妈每天晚上吃完饭定时轮流给我们讲故事。最早讲的是《尼尔斯骑鹅旅行记》，后来我爸讲《西游记》，每天讲完他就说："欲知后事如何，且听下回分解"，所以搞得我们每天都特别期待。后来我们慢慢长大了，对读书特别感兴趣，很多世界名著我们都读过。

梁思礼很注意让孩子追求真善美，后来他给学校的学生作报告、题字，给天津耀华中学题字都是"求真求善求美"。他自己是这样身体力行的，同时他也是这样去教育第二代、第三代。在90岁大寿的家宴上，他就专门讲了一段"求真求善求美"的问题。

7. 垂帘"八老爷"

梁家是一个大家庭。作为一个大家庭，父亲梁启超去世后，兄弟姐妹里总有一个人出来承当"掌门人"或叫"家长"。几十年来，梁家"家长"随着不同的阶段，经过了多次的变更。

最早梁思礼的二哥梁思成、三姐梁思庄当过家长。他们都不是王桂荃生的，但是都把她当作亲生母亲，把母亲家作为大本营。

1955年在北京西单家中为母亲贺寿（二排左起：五姐梁思懿、二哥梁思成、母亲王桂荃、大姐梁思顺、外甥周同轼；三排左起：梁思礼、三姐梁思庄、三嫂李福曼、五嫂俞雪臻；四排左起：五哥梁思达、外甥周嘉平）

“文革”前，兄弟姐妹带着孩子经常到母亲王桂荃住的北京西单手帕胡同家中聚会，梁思礼小时候骑过的自行车和他从美国带回来的照片都放在这里，孙辈孩子特喜欢在小院里骑车、滑冰、翻看照片，梁思礼教他们怎样把玻璃涂黑看日食，给他们买当时流行的文体用具。梁思达的女儿梁忆冰回忆说：“我们特希望婆过生日，这样就可以大家聚一聚，玩一玩。二叔梁思成要是在，基本上就是他说话，他爱讲笑话，特别有意思。有一次我玩八叔（梁思礼）给买的腰鼓，高兴极了，做梦还在打腰鼓，一脚把婆给踹醒了。三姑梁思庄也是特开朗的人，放暑假，三姑把我们接到中关村她家去玩儿，我们就去翻她的唱片，三姑回来看到了，不但不嫌我们小孩烦，还说孩子们，咱们时装表演吧，就放着音乐，换上旗袍从这头走到那头。”每年清明，王桂荃都要带上儿孙们去香山北京植物园给梁启超扫墓，拜完梁启超，王桂荃总要在墓前坐一坐，孙辈孩子们便开心地满山撒欢儿去了。

“文革”以后，梁思礼的三姐梁思庄当过家长。1981 年春节前，她召集家庭会，提议趁着大家还跑得动，回老家广东新会去看一看，大家一致赞成。于是三姐梁思庄、三哥梁思永的夫人李福曼、五姐梁思懿、堂弟梁思乾和梁思礼夫妇共 6 人组成了“还乡团”，去探望梁启超的出生地。还乡团一行人大部分年过六旬，最小的梁思礼夫妇也年过半百，但谁都没回过故乡。当时适逢国家落实政策，将“文革”中抄走的梁启超收藏的部分文物退还回来，“还乡团”从中挑选了两件珍品赠送家乡，其中一件是战国时代的编钟，一件是明末清初新会籍名儒陈白沙的墨迹，旁边还有梁启超亲笔写的跋。梁启超的故居青砖灰瓦保护得挺好，卧室和读书楼里陈列着褪色的老照片，让梁氏姐弟依稀嗅到了父亲的气息。故居茶坑村的乡亲们闻讯，把“还乡团”团团围住，有的指认同族亲戚的后代，有的介绍梁启超儿时的掌故，有的讲述茶坑的新变化。梁思庄和梁思乾会说广东话，乡亲们叽叽喳喳地和他们说个没完，梁思礼等人不会说粤语也听不懂，只好由县里的陪同人员当翻译，顿时这个平时安静的村庄热闹起来。

随着时间的推移，梁思礼的哥哥姐姐有的病故、有的年老体弱，梁思礼自然而然就成为了梁家的新“掌门人”。

梁思礼掌门的作风非常民主，每次遇到家里的

1981年，梁思庄组织的“还乡团”在广州合影（前排中为梁思庄、左一为梁思懿、左二为三嫂李福曼、右一为梁思礼、右二为赵菁、后为梁思乾）

大事，他都会召集各支的代表来开会集体讨论，共同商量做出决策，大家感觉家庭气氛很和谐、很亲切。

1993年，梁思礼觉得自己年龄大了，掌门的事情应当多发挥年轻人的作用，在他建议下，成立了负责日常工作的三人“内阁”小组，梁思礼则“垂帘听政”，当起不直接管事的“垂帘”八老爷（作者注：梁家第四代喜欢称梁思礼为八爷爷或八老爷）。

回忆起三人“内阁”，梁思礼的女儿梁红记忆犹新：

那一年是纪念梁启超诞辰130周年，正逢梁启超在新会的故居重修典礼，那次各家都去了很多人参加这个仪式，大家在一起聚会的时候，自然而然就想起了我的奶奶——王夫人。大家都觉得很遗憾的就是她没有能留下骨灰和墓地，大家就希望想一个办法来纪念她，最后决定在香山植物园梁启超墓前种一棵白皮松，立一块母亲纪念碑。在讨论过程中，我爸提议要成立一个执行机构，具体落实此事。最后大家推举出三个有代表性的人物组成一个小组，一个是我三伯的女儿梁柏有，一个是三姑的女儿吴荔明和五伯的女儿梁忆冰。她们三个人在整个家族内年龄居中，对老一辈和小一辈上下都比较熟悉，而且她们那时候

梁思礼（左）与五哥
梁思达（右）合影

年富力强。后来她们做了很多的工作，联系了北京市很多单位，联系了园林局等部门，最后促成了这件事。从此，这个三人小组形成了掌门人手下的执行机构，每到家里有什么事，都是由她们协调、打招呼、组织。一开始干的时候，是我爸授意，碰到问题就找我爸，干到什么地步了，也会向我爸汇报，一来二去，她们三人小组跟我爸之间的关系特别密切，大家相处得特别和谐、融洽，她们的组织能力越来越强了，我爸也就乐得放权了。她们三人之间的关系特别好，定期聚在一起，有事商量事，没事就聊天。家里谁病了、谁遇到难事了、谁过生日了，她们都会组织看望活动。2001年，天津市对“饮冰室”进行修复，梁家儿女提供了许多故居资料，其中五伯梁思达1985年精心绘制的9张图纸由他外甥女的儿子杨念群提交给有关部门，对还原故居起了重大作用。由于我爸特别民主、放手、宽容，所以亲和力强，大家也都比较服气。以他为核心，梁家亲戚们经常互相走动，梁家后代们也就越走越近、越来越亲。

对于父亲梁启超的遗物问题，梁启超生前有交待，去世后他的东西要捐献

2005年春节，梁家族人聚会合影

给国家。“文革”后北京市落实政策，退还了抄家抄走的梁启超部分遗物。梁家后人把退还的东西都放在地下防空洞，当时梁思达写了一个清单。梁思礼持家后，几个兄弟姐妹一块协商，一致决定遵照父亲的遗嘱，将他在天津“饮冰室”书斋的全部藏书2831种、41470余册捐赠给北京图书馆(现国家图书馆)。1997年4月，少量梁启超文物又被其子女捐献给了中国第一历史档案馆。

2012年9月，北京匡时拍卖公司宣称，在12月举办的秋季艺术品拍卖会上，由“梁启超故居南长街54号”保存的梁启超的重要信札、手稿将要放到会上拍卖。拍卖前，匡时公司举办了拟拍文物的预展，本想请梁启超唯一健在的小儿子及其他直系亲属莅临助威，但梁思礼等人闻讯十分气愤，梁思礼和其哥哥姐姐的子女坚决反对并拒绝观展。2012年10月6日，梁思礼、梁思成之女梁再冰、梁思永之女梁柏有、梁思庄之女吴荔明联名发表了《关于梁启超档案拍卖的声明》：

近日北京匡时国际拍卖有限公司召开了“南长街54号藏梁氏重要档案新闻发布会”，宣布即将举行“最大宗梁启超档案公开拍卖”。作为梁启超(任公)的直系后代，由于最近不断有各界人士向我们质疑此事，我们特此声明如下：

我们对于此次拍卖活动的策划及其衍生活动并不知情，从媒体报道中才略知一二。任公生前曾对家人交代，他离世后遗作都应捐献给国家，不能出卖。作为梁任公的后代，我们从未出售拍卖过梁启超的文稿和物品。此次违背梁启超意愿的拍卖行为与我们无关！

南长街54号并不是梁启超的故居，而是梁启勋(作者注：梁启超胞弟)的故居。梁任公自日本回国后便住在天津，曾定居天津意租界西马路25号(现天津河北区民族路46号)，即“饮冰室”所在处，那里才是梁启超的故居。梁任公在北京没有长期住所。他在清华任教时曾住过清华北院教员住宅第二号。他的家庭与梁启勋的家庭也不曾住在一起。

梁启勋比梁启超小3岁，有一段时间兄弟关系十分密切。抗战时期，1937年12月，留在北平的梁启勋曾出任伪职，当了伪中华民国临时政府外汇局调查室主任，所以梁思成带领弟弟妹妹宣布与梁启勋断绝关系，后来梁启超后人与梁启勋后人也就没有了来往。尽管梁启超的后人坚决反对拍卖梁启超的遗物，但是梁启勋的后人仍坚持拍卖，还拍出了6500多万元的天价。

8.九龄"老童"传家风

2014年8月24日是梁思礼的90岁大寿，他高兴地自称："我现在是90后了。"

从1956年10月中国航天事业创建、梁思礼调入国防部五院控制系统研究室任副主任算起，他已伴随中国航天事业的发展壮大走过了58载精彩人生。生日的前两天，梁思礼所在单位——中国航天科技集团公司董事长雷凡培、总经理吴燕生和与梁思礼共事过的院士专家及科研人员聚集一堂，用一幅在烫金红纸上写就的斗大"寿"字作为生日礼物，并以简朴热烈的座谈形式，致敬梁老的丰功伟绩和传奇人生。雷凡培赞誉说：

梁老总是老一辈科学家的代表，他们那代人具有强烈的事业心和一流的专业知识，把献身航天事业看作党和国家对他们的无比信任和最大光荣，不计较个人得失，在任何艰难困苦的环境中都能运用自己的专业知识、积极投入到每一个新的领域，为发展中国的航天技术埋头苦干、刻苦攻关。他们不仅在技术创新、攻坚克难、培养中青年骨干等方面付出了大量心血，也在用兢兢业业、孜孜不倦、坚韧不拔的探索精神，谦逊朴实、严于律己、认真负责的优良作风，给年轻的航天工作者以潜移默化的影响，成为新一代航天人学习、景仰的光辉典范。

90岁高龄的梁思礼精神矍铄、神采奕奕、感触良多。他对他的航天老搭档们谈了自己最近对于"逼与被逼"的理解和感悟。结合自己年少留学美国的经历，他说："'逼'是消极的，但也有积极意义，人在被逼无奈时可以激发出自己的巨大潜能，培养自己不服输的硬气，促使人竭尽所能想办法克服困难。

"人是这样，事业也是这样。新中国成立初期，因西方封锁、苏联撤走专家，逼着中国人自力更生、艰苦奋斗，走出了一条独立自主的现代化发展之路，我国航天事业就是通过自主创新取得了举世瞩目的成就。

"现在，我们与世界先进水平的差距还在逼我们，中国航天人决不能停步。"

生日当天，梁启超的后代们在北京西山脚下为梁思礼举办了 90 寿辰家宴（作者注：按照老辈人的习惯，老年人过生日是过九不过十，因此梁思礼的 90 岁大寿家宴，办于他的 89 岁生日）。梁氏家族五代人各家都派了代表，最大者 86 岁，最小的只有 6 岁。故乡江门驻北京办事处代表、梁思礼学术成长信息采集小组成员也参加了这次家宴。梁氏有些亲属还专程从深圳、济南远道而来。

家宴搞得像模像样，梁思礼的两个女儿梁红、梁旋主持会务，梁旋当现场"总指挥"，俨然搞航天工程的架势。

家宴主持人梁旋介绍了亲属和来宾，然后热闹的家庭文艺汇演拉开了序幕。梁家后人多才多艺，早在 10 年前，梁思礼就召开过"梁氏家族第一届音乐会"，演员是祖孙三代 30 多人，节目有独唱、二重唱、钢琴独奏、电子琴独奏等，比梁思礼还年长 2 岁的外甥、梁思顺之子周有斐，和梁思礼都兴致勃勃地演唱了英文歌曲。

这一天的演员阵容依然庞大，节目依旧精彩。外甥女、梁思庄之女吴荔明夫妇均已 84 岁，两人用纯正的美声演唱了男女声二重唱《金发中的银发》，侄媳周玲、吴荔明之子杨念群绘声绘色地清唱了京剧沙家浜选段《智斗》，杨念群的妻子周蓓则以清脆悦耳的女声独唱拔得头筹，梁家第五代人，向梁思礼献上了自己精心绘制的生日贺卡，最后男女老少全体大合唱《夕阳红》。

接下来梁思成之女梁再冰的儿子于晓东，受母亲委托代表梁氏全体亲友向寿星梁思礼致贺词：

今天，我们梁启超后代各家代表聚集在北京西山脚下，祝贺我们梁家当年的老白鼻、现在的老家长梁思礼90大寿！

我们祝福您：身体健康、全家幸福！

您90大寿，这是我们梁家的大喜事，今天的梁家亲情温暖、团结和蔼，这是您最可以高兴，也是我们全家最可以自豪的事情。

今天，梁启超后代居住在海外各国、祖国各地，已经是真正的大家族。许多人因种种原因，无法来到这里，但今天这个有特别意义的聚会，代表了各家、各代亲人的共同心愿，表达了共同的喜悦。

您不仅是我们这个大家族的老家长，还是我们国家当之无愧的专家国宝，您把自己的一生奉献给了祖国的航天事业，在您老人家身上，不仅秉承了梁启超家族爱国、自立、自强的家风，也反映出我国第一代航天人坚韧不拔、科学严谨、敢于拼搏的精神风范。

中国航天事业的发展，是令全世界炎黄子孙开心和扬眉吐气的伟大事业，中国航天事业，集中体现了中国道路、中国精神和中国力量。前有报道，“梁启超的儿子造导弹”，实际上，梁启超儿子的全家几乎都在造导弹，我们家族能够为祖国的航天事业做出贡献，这令我们全家由衷地感到自豪。梁启超若地下有知，也当含笑九泉。

在向您祝寿的今天，我们也向我们家族中以及我国的航天人，表达衷心的敬意。

今年是梁启超诞辰140周年，让中国走向富强，让人民安居乐业，这正是梁启超和他的子女们为之探索、奋斗一生的目的。梁启超家族后人，一定会珍惜家族的荣誉，继承优良传统，继续为家族争光，为国家的发展做出我们的贡献。

最后，我再次祝愿我们的老家长梁思礼身体健康！祝愿我们各家全体亲人身体健康、家庭团圆、全家幸福！

在江门办事处的余主任和采集小组代表、梁思礼的秘书、中国航天科技集团公司科技委办公室主任杨利伟分别致贺词后，突然，屋里的灯光暗了下来，生日蛋糕“出场”了。梁思礼还清楚地记得，在自己80岁生日的时候，两个侄女梁柏有和梁忆冰别出心裁地请蛋糕师傅做了一个奶油火箭竖立在蛋糕中央，师傅没见过火箭是什么模样，她俩就找了一本梁思礼写的《向太空的长征》给师傅看，后来师傅在45厘米的特大蛋糕上做了一个火箭，不过由于奶油太软，火箭做得有点胖。梁思礼看到这个蛋糕后惊喜万分、感动至极。那么90岁的生日蛋糕是什么样的呢？梁思礼和全场的人都充满了期待。

烛光下，一捧99朵玫瑰组成“90”图案的鲜花送到了老寿星梁思礼的手上，一个硕大的蛋糕被推了上来。蛋糕上有一群金属小人组成的“管弦乐队”，乐队的指挥是只米老鼠。梁思礼见状，顿时开怀大笑，这个蛋糕创意太“奇葩”了——梁思礼属鼠并且酷爱音乐，晚辈们是希望八老爷的晚年生活依然充满甜美和欢乐！

梁思礼手捧鲜花，兴致勃勃地来了一段90抒怀：

今天，我们梁家的亲人和来宾在这里聚会，我非常高兴和兴奋。

我从父亲梁启超那里继承的最宝贵的东西就是“爱国”，所以我喜欢林则徐的一句话：“苟利国家生死以，岂因祸福避趋之”，这是我一生的座右铭。

引用萧伯纳的一句名言：“人生并不是一支短短的蜡烛，而是由我们暂时拿着的一支火炬。我们一定要把它燃烧得十分光明灿烂，然后把它交给下一代的人们。”我想，一个人一生对社会、对国家，应该回馈大于索取，这样社会才能前进，国家才能强盛。无论是航天精神还是我们梁家的家风，都要由我们手中交给下一代，要传下去。

另外，做人要追求真、善、美。真，就是真诚，讲真话，实事求是；善，首先是要爱国，同时“孝”也是善，要做到孝顺父母；美，梁思成有一句话“不要做半个人”，就是说，不仅要注重逻辑思维，也要重视形象思维。搞科技的人经常用的是左脑，左脑主管逻辑思维，右脑主管形象思维、艺术，左右脑都要均衡发展，才是一个完整的人。总之，梁家的团结、向心力、很好的家风，一定要一代代传下去。

梁思礼的家中悬挂着一幅林则徐“苟利国家生死以，岂因祸福避趋之”的条幅，每每与先人对话，90岁高龄的他总是有“心有灵犀一点通”的愉悦。

因为他用一生的努力，做到了。

梁思礼把林则徐的“苟利国家生死以，岂因祸福避趋之”作为自己的座右铭

梁思礼大事年表

1924 年

8 月 24 日，出生于北京协和医院。

1929 年　5 岁

1 月 19 日，父亲梁启超在北京协和医院去世。

9 月，入天津培植小学学习。

1935 年　11 岁

6 月，从天津培植小学毕业。

8 月，考入天津南开中学。

1937 年　13 岁

7 月 24 日南开中学初中部被日军飞机炸毁，南开中学南迁。留津南开学生转到天津耀华中学特班学习。

1939 年　15 岁

9 月，入天津耀华中学高中学习。

1941 年　17 岁

3 月，收到美国嘉尔顿学院发来的录取通知书。

11 月初，与五姐、姐夫一起登上“克利夫兰总统号”邮轮离开上海。下旬，到位于明尼苏达州北部的嘉尔顿学院学习。

12 月 8 日，珍珠港事件爆发，与国内亲人失去联系，从此开始节衣缩食、自力更生的海外留学生活。

1942 年　18 岁

在嘉尔顿学院学习。

1943 年　19 岁

8 月底，入美国普渡大学学习电机工程专业。

1945 年　21 岁

6 月 24 日，从普渡大学电机系毕业，获得电气工程学士学位。

7 月，入美国辛辛那提大学学习。

1947 年　23 岁

7 月，在美国辛辛那提大学获硕士学位。

9 月，继续在辛辛那提大学学习，攻读博士学位。

1948 年　24 岁

暑假期间，参加北美中国基督教学生联合会（CSCA）。

1949 年　25 岁

8 月，撰写博士论文《电磁悬浮超高速离心装置的设计》，获得辛辛那提大学自动控制博士学位。

春季，成为 CSCA 中西部执行局成员。

夏季，参加留美中国科学工作者协会。

9 月 23 日，登上“克利夫兰总统号”邮轮，踏上回国的旅程。

1950 年　26 岁

1 月，就职于邮电部电信科学研究所。任工程师、天线组副组长。

1951 年　27 岁

参加北京国际电台天线的设计与建造。

1952 年　28 岁

到湖南耒阳参加土改。

1953 年　29 岁

所在的邮电部电信科学研究所并入总参通信兵部电子科学研究所，任天线电波组副组长。

1954年 30岁

参加超短波接力站天线设计。

1955年 31岁

5月，在越南河内，因援助越南北方建设“越南之声”广播电台天线，受到胡志明主席颁发的勋章。

1956年 32岁

10月，任国防部第五研究院十一室副主任。

10月31日，成为中国共产党预备党员。

11月，与赵菁（麦秀琼）结婚。

参与制订国家十二年科学规划，对大火箭技术进行规划，起草了“喷气技术”（即导弹与火箭）专项。

1957年 33岁

12月，赴西德、瑞士考察，订购仪器，并参观西门子公司。

1958年 34岁

1月16日，被国防部长彭德怀授予技术少校军衔。

4月17日，任国防部第五研究院二分院第一设计部自动控制室副主任。

4月26日，转正成为中国共产党正式党员。

5月，任苏联P-2导弹教导大队技术副大队长。

7月28日，任西北区工作组组长。

1959年 35岁

1月15日，任国防部第五研究院二分院第一专业设计部一分队主任。

3月16日，任弹上电气设备总设计师，开始仿制P-2导弹。

1960年　36岁

3月3日，任自动控制系统及弹上仪器设备主任设计师。

11月28日，国防部第五研究院二分院决定成立型号控制系统设计师小组，任东风一号、东风二号导弹控制系统设计师小组副组长。

12月3日，任国防部第五研究院二分院第一设计部副主任。

1961年　37岁

10月4日，国防部第五研究院二分院第一设计部党委对部领导明确职责分工，梁思礼以惯性控制为重点。

12月19日，与设计部有关同志参加东风二号合练弹合练。

1962年　38岁

2月26日，作为领队参加第五研究院举行的东风二号导弹首次试射产品试验队进场动员会。

6月28日，被第五研究院首长授予技术中校。

10月9日，任东风二号导弹控制系统副主任设计师。

1963年　39岁

2月19日，任东风二号导弹控制系统主任设计师。

6月8日，参加了以陈德仁等15人组成控制系统分析研究小组，在遥测、外测参数不全的情况下，查清东风二号导弹飞行失败的主要原因，找到了解决问题的技术方案，改进了系统设计，取得了满意的成果。

8月2日，任中共第一设计部委员会常委。

1964年　40岁

6月29日~7月11日，作为控制系统主任设计师率领21人参加飞行试验。东风二号01批1组进行了3次飞行试验，均获成功。

1965年 41岁

6月1日，任第七机械工业部第一研究院12所副所长。

7月6日，任第七机械工业部第一研究院12所党委委员。

9月18日，任东风二号甲导弹控制系统主任设计师。

1966年 42岁

10月27日，作为主任设计师参加东风二号甲导弹和核弹头的“两弹结合”试验。

1967年 43岁

6月14日，被第七机械工业部第一研究院军管会批准，参加由黄纬禄等5人组成第一研究院12所临时生产领导班子。

7月，参加中近程地地导弹（改进型）在首批战斗弹的批次性抽检飞行试验1成2失败的故障排除。

1968年 44岁

夏，母亲王桂荃去世。

6月，周总理指示第七机械工业部要保护6级以上的高级工程师，梁思礼等专家被集中保护在七机部二院图书馆。

1970年 46岁

1月13日，参加第七机械工业部第一研究院由屠守锷等19人组成的“705”会战指挥部工作。

1971年 47岁

7月，参加周总理对研制远程运载火箭航天人的会见。

9月10日，参加东风五号洲际导弹试验。

1973年 49岁

4月2日，任第七机械工业部第一研究院12所党的核心小组副组长。

1974年　50岁

9月16日，任第七机械工业部第一研究院12所革命委员会副主任。

1976年　52岁

9月19日，带领“331”队伍到四川达县开展工作。

任长征三号火箭控制系统技术负责人。

1978年　54岁

1月20日，任中共12所党委副书记、所长。

1月31日，任东风五号洲际导弹副总设计师。

1979年　55岁

11月10日，任第七机械工业部第一研究院12所科技委员会主任。

1980年　56岁

4月7日，主持召开一、二、三、四、五、七室外技术领导以及科技委员会参加的“微处理机发展与应用”研讨会，对第七机械工业部第一研究院12所现有的微机开发和应用进行了讨论。

11月10日，任第七机械工业部总工程师。

11月17日，任第七机械工业部第一研究院副院长。

作为主任设计师主持东风五号洲际导弹控制系统设计。

1981年　57岁

6月1日，任中国自动化学会空间及运动体控制专业委员会副主任委员。

9月，任“125工程”（即CAMAC系统）总设计师。

1982年　58岁

10月27日，任航天工业部第一研究院科技委副主任。

1983年　59岁

6月22日，随CAD/CAM考察团赴美。

任航天工业部总工程师。

任航天工业部科技委常委。

1984年　60岁

12月，获航天工业部机关委员会颁发二等功立功证书。

1985年　61岁

4月22日，赴日本参加国际学术交流会议。

10月，以“液体地地战略武器及运载火箭”项目，获国家科学技术进步奖特等奖。

11月7日，赴南斯拉夫、法国考察，用PPS-6进行CAD工作并订货。

1986年　62岁

6月6日，作为航天专家及领导看望聂荣臻，共贺中国航天事业创建30周年。

7月，获航天工业部科技进步奖一等奖。

1987年　63岁

1月15日，出席在澳大利亚悉尼举办的国际信息处理协会主办的计算机辅助设计系统中的专家系统会议。

5月16日，被评为自动控制与计算机应用研究员职称。

当选国际宇航科学院院士。

7月，以“卫星、导弹通用计算机自动测量控制系统项目”获国家科学技术进步奖二等奖和航天工业部科技进步奖一等奖。

任国防科工委“核武器与空间裁军研究组”成员。

1988年　64岁

3月19日，赴美国执行任务。

作为国防科工委“核武器与空间裁军研究组”成员，进行核战略导弹和外空武器裁军的研究工作。

1989 年　65 岁

1 月 23 日，在北京签署亚洲一号通信卫星发射服务合同。

3 月 15 日，任航空航天工业部科技委副主任。

7 月 17 日，任航空航天工业部（航天系统）部级科技进步奖评审委员会副主任。

7 月 20~31 日，参加载人航天论证。

9 月 4 日，作为中国的唯一代表参加联合国在苏联乌克兰首都基辅召开的裁军研讨会。

9 月 4 日，任航空航天工业部科技委（航天系统）弹道式导弹系统专业组组长。

1990 年　66 岁

11 月 15 日，应邀参加国防科工委科技委召开的扩大会，并在会上作《工作汇报和体会——在重大科技决策中当好参谋》发言，对航天系统科技委的主要工作情况、体会及以后工作做了汇报。

1991 年　67 岁

1 月 26 日，主持召开了部分常委参加的关于某飞行试验结果分析会，就弹上力学环境、弹上稳定系统及尾段防热等问题进行进一步的研究、讨论，为设计师系统提出参考意见。

3 月 9 日，在航空航天工业部第一届科技委全体会议闭幕式上作《科技委应多研究技术发展方向问题》报告。

3 月 13 日，在完成 1990 年“五星高照，十大试验”任务中成绩突出，荣获一等功。

8 月 9~11 日，主持召开部分科技委常委及各研制单位参加的 3 个战术地地导弹精度攻关的阶段攻关会，听取了3个型号精度攻关情况的汇报，并对围绕影响精度的主要因素进行讨论。会后，提出评审意见和提高精度的工作方向以及具体建议。

8月30~31日，和庄逢甘一起主持召开由科技委常委、部机关有关司局及有关领导参加的专题会议，听取一院14所等单位《关于开展突防技术工程研究工作》的报告，特别是对突防技术研究工程的技术项目、目标及突防技术的检验测量手段建设等进行了较深入的讨论，形成了评议意见。

9月27日，被授予航空航天工业部有突出贡献专家证书。

11月30日，获航空航天工业部颁发的从事航天事业30年证书。

1992年　68岁

1月下旬，组织航空航天工业部第二研究院四部对我国洲际固体战略导弹的总体技术方案进行比较选择，以寻求洲际固体战略导弹的最佳总体技术方案。

7月28日，被聘为何鸿燊航天科技人材培训基金会顾问。

1993年　69岁

3月16日，荣获航空航天工业部一等功。

3月，当选中国人民政治协商会议第八届全国委员会委员。

6月15日，当选中国科学院院士。

1994年　70岁

8月，当选国际宇航联合会（IAF）副主席。

10月17日，主持召开大型运载火箭方案研讨会。

1995年　71岁

3月9日，出席全国政协八届三次会议，并与11位政协委员联名递交了题为《建议国家增强航天科技工业技术改造投资力度》提案。

3月17日，任“921-3”返回升力控制技术评审组副组长，主持召开中国航天工业总公司“921-3”返回升力控制技术评审会。

4月28日，任“嫦娥工程”技术经济可行性论证评审组评委，参加中国航天工业总公司召开的“嫦娥工程”技术经济可行性论证评审会。

6月12日，任“921-4”总体方案设计评审组副组长，在一院召开“921-4”总体方案设计评审会。

6月28日，任“921-3”总体方案设计评审组副组长，在一院召开“921-3”总体方案评审会。

11月23日，参加某导弹武器系统定型工作审查会。

1996年　72岁

2月27日，担任某型号战略导弹审查委员会成员，对某型号战略导弹两发弹头试验出厂质量进行评审。

3月12日，作为国际宇航联合会副主席，赴法国参加国际宇联（IAF）执行局会议。

8月5日，任中国航天工业总公司科技委顾问，免去科技委原职务。

10月，第47届国际宇航联合会大会在北京召开，作为联合会主席为会议的召开做了一系列准备工作。

10月17日，获何梁何利基金科学与技术进步奖。

1997年　73岁

7月7日，参加中国航天工业总公司科技委组织召开的“研究跟踪国际空间技术发展趋势”研讨会。

7月9日，参加中国航天工业总公司在京组织召开的921-3桌面系统联试情况汇报会。

8月20日，参加中国航天工业总公司组织召开的某导弹武器系统总体技术方案评审会。

9月8日，获中国老教授科教兴国贡献奖。

11 月 13~14 日，作为评委参加中国航天工业总公司召开的长征二号 F 运载火箭初样转试样阶段评审会。

1998 年　74 岁

1 月 13~15 日，作为审查委员会委员参加由二炮和中国航天工业总公司联合召开的某常规导弹立项综合论证审查会。

4 月 3 日，担任某控制系统总体方案设想关键技术评审委员会评委。

9 月 3 日，出席由科技委在京召开的“研究我国空间技术发展的思路”研讨会。

10 月 31 日，参加中国航天工业总公司长征二号丙改运载火箭成果鉴定会，通过了对长征二号丙改运载火箭的成果鉴定。

1999 年　75 岁

1 月 12~13 日，出席中国航天工业总公司召开的“921-3”初样转正样评审会。

1 月 14 日，出席中国航天工业总公司召开的长征二号 F 逃逸系统初样转阶段评审会。

5 月 13 日，参加科技委专家对《面向 21 世纪的中国航天》(即后来发表的《中国航天》白皮书)的讨论，并提出了修改意见。

6 月 4 日，参加中国航天工业总公司召开的“921-4”工作进展情况汇报会。

6 月 9 日，参加“921-3”试验飞船阶段汇报工作会。

6 月 21 日，参加中国航天工业总公司召开的某可行性论证报告评审会。

7 月 15 日，参加第五研究院“921-3”试验飞船出厂汇报会。

8 月 19 日，参加中国航天机电集团公司召开的科技委成立大会，被聘为中国航天机电集团公司科技委顾问。

9 月 18 日，出席国务院召开的“两弹一星”表彰大会。

12 月 10 日，赴俄罗斯执行全球卫星导航定位系统合作谈判任务。

2000 年　76 岁

6 月 1 日，参加中国航天科技集团公司关键技术计划（初稿）评议会。

10 月 9 日，参加中国航天科技集团公司计划部组织召开的新一代运载火箭总体技术方案评审会。

2001 年　77 岁

1 月 8 日，参加第二届月球探测技术研讨会。

3 月 1 日，前往美国执行军控交流任务。

6 月，出席 AVIDM 工程专题工作会。

2002 年　78 岁

5 月 24 日，被聘为中国航天科技集团公司科技委顾问。

6 月 25 日，参加中国航天科技集团公司科技委与中国宇航学会联合召开的中国航天论坛暨学术研讨会。

2003 年　79 岁

4 月 10 日，作为评审组成员参加中国航天科技集团公司召开的 921 工程二期发射空间实验室用全液氧煤油运载火箭系统方案论证报告评审会。

10 月，参加中国航天科技集团公司科技委可靠性专家组对神舟五号飞船、长征二号 F 遥 5 火箭的可靠性、安全问题的专题调研和评审，并参与编写《航天产品 FMEA 安全》。

2004 年　80 岁

2 月 10 日，参加总装备部召开的 921 工程第二步前期论证汇报会。

10 月，出版《梁思礼文集》。

12 月 23 日，作为某飞行试验故障委员会的主要成员参加某飞行试验故障审查工作。

2005年　81岁

9月5日，写给胡锦涛主席关于研发我国空间电站的建议的信件。

12月，在中国航天科技集团公司科技委主任王礼恒的主持下，与庄逢甘、张履谦、刘宝镛等有关院士、专家一起完成了战略导弹突防重大工程的研究。

2006年　82岁

9月，出版《一个火箭设计师的故事》。

11月初，作为“载荷和结构”“出筒异常与大姿态关系”“出水异常与大姿态关系”三个专题组组长之一，随王礼恒部长带领审查委员会成员到中国船舶702所现场听取并了解相关信息和处理情况，提出审查结论。

2007年　83岁

11月16日，被推选为一院建院50周年50位代表性人物之一，被授予纪念勋章。

2008年　84岁

8月，参加“擎奥运圣火，燃航天激情”活动。

11月17日，被聘为弹道导弹制导与控制技术国防科技重点实验室学术委员会副主任。

2009年　85岁

2月27日，被聘为国家重大安全基础研究“高超声速滑翔洲际飞行器制导与控制理论和方法研究”项目专家组专家。

2010年　86岁

4月22日，被聘为中国第二代卫星导航系统重大专项专家委员会委员。

10月，参加老教授协会组织的《当代中国国情与青年历史责任》课程授课。

2011年　87岁

9月，被中国卫星导航学术年会组委会聘为中国卫星导航学术年会（CSNC）

科学委员会委员。

11月22日，被中国科工集团公司钱学森系统工程理论培训中心聘为钱学森系统工程理论培训中心教授。

2012年　88岁

6月，参加老教授协会组织的《当代中国国情与青年历史责任》课程授课。

2013年　89岁

4月26日，6月30日，7月4日，三次听取天津航天长征火箭公司“三精方略精益知识管理系统精益研发”工作汇报。

12月2日，参加第九届全国归国华侨侨眷代表大会，荣获中华全国归国华侨联合会、国务院侨务办公室评选的“中国侨界杰出人物”荣誉称号，国家副主席李源潮为其颁发证书。

2014年　90岁

5月13~15日，赴南京参加第四届北斗导航年会。

10月20日，提出《关于在信息网络工程中保障系统“安全性”的建议》，上书习近平总书记、李克强总理。

梁思礼部分论著目录

[1] 梁思礼．电磁悬浮超高速离心机的研究．美国辛辛那提大学博士论文，1949.

[2] 梁思礼．××× 型号导弹故障分析报告．内部研究技术，1967.

[3] 梁思礼，谌潜，张志义．美国技术改造的主要领域——CAD 现状．出国考察技术报告——美国计算机技术的应用与进展（10），1984.

[4] 梁思礼．在航天部内全面推广贯彻 CAMAC 系统标准．在 502 所讲话，1985.

[5] 梁思礼．航天电子设备小型化问题——兼论系统集成．国防科工委科技委学术报告会报告，1990.

[6] 梁思礼．关于加速发展中国航天事业的建议．中国航天发展战略探索，1991.

[7] 梁思礼．增强 CAD/CAM 意识．航天工业管理，1992.

[8] 梁思礼．导弹控制系统研制工作的质量和可靠性管理（一）．微电子学与计算机，1992.

[9] 梁思礼．导弹控制系统研制工作的质量和可靠性管理（二）．微电子学与计算机，1992.

[10] 梁思礼．科技委应多研究技术发展方向方面的问题．科技委年会上的报告，1992.

[11] 梁思礼．容错技术在航天领域中的应用．系统工程与电子技术，1993.

[12] 梁思礼．从 CAX 到并行工程（CE). 中国科学院第七次院士大会学术报告，1994.

[13] 梁思礼．并行工程的实践——对波音 777 的考察．内部报告，1996.

[14] 梁思礼．远程火箭研制片段．航天春秋——航天 40 年回忆录文集（第一辑），1996.

[15] 梁思礼．从微电子技术发展看电子系统小型化与系统集成．计算机世界专家论坛，1997.

[16] 梁思礼．论加强技术基础．航天控制，1998.

[17] 梁思礼．“自力更生”是航天精神的根本．光明日报（科技周刊），1998.

[18] 梁思礼．关于载人航天的可靠性与安全性考虑．质量与可靠性，2000.

[19] 梁思礼．向太空的长征．中国宇航出版社，2003.

[20] 梁思礼．梁思礼文集．中国宇航出版社，2004.

参考文献

[1] 谢玺璋 . 梁启超传 [M]. 上海：上海文化出版社，2012.

[2] 梁启超 . 饮冰室合集 [M]. 北京：中华书局，1989.

[3] 丁文江，赵丰田 . 梁启超年谱长编 [M]. 上海：上海人民出版社，2009.

[4] 梁思礼口述，吴荔明，梁忆冰整理 . 一个火箭设计师的故事 [M]. 北京：清华大学出版社，2006.

[5] 梁启超 . 梁启超家书 [M]. 北京：中国友谊出版公司，2012.

[6] 嘉尔顿学院档案 [B].1941.

[7] 1956—1967 年科学技术发展远景规划纲要（修正草案），建国以来重要文献选编第 9 册 [G]. 北京：中央文献出版社，1994.

[8] 石磊，王春河，张宏显，等 . 钱学森的航天岁月 [M]. 北京：中国宇航出版社，2011.

[9] 航天工业部 . 航天事业三十年 1956-1986[M]. 北京：宇航出版社，1988.

[10] 中国运载火箭技术研究院 . 钱学森与航天一院 [M]. 北京：中国宇航出版社，2011.

[11] 王道力 . 中国航天事业创建与发展历史的回顾 1956-1985[M]. 北京：中国宇航出版社，2005.

[12] 聂力 . 山高水长 [M]. 上海：上海文艺出版社，2006.

[13] 1959 年技术学习运动总结报告 [B]. 中国航天科工集团公司二院档案 23 卷，1959.

[14] 梁思礼 . 梁思礼文集 [M]. 北京：中国宇航出版社，2004.

[15] 何建明，天泉 . 天歌——走进中国火箭的摇篮 [M]. 北京：作家出版社，2012.
[16] CCTV10. 军工记忆——东方破晓 [V]. 北京：国防科工局新闻中心，2012.
[17] 当代中国编委会 . 当代中国的航天事业 [M]. 北京：中国社会科学出版社，1986.
[18] 梁思礼 . 航天发展的顶层设计问题 [H]. 北京：中国航天科技集团公司科技委，2006.
[19] 刘淮宇 . 天津火箭公司管理创新研究取得重要成果 [N]. 北京：中国航天报，2014.
[20] 梁思礼 . 公民意识和公民素质 [N]. 天津：今晚报，2009.

后　记

即使不提梁启超之子的身份，梁思礼的人生也有太多的经历值得倾听。

他出生在一个特殊的家庭里，父亲梁启超是中国近代著名的政治活动家、启蒙思想家、资产阶级宣传家、教育家、史学家和文学家。在那个千疮百孔、凋零不堪的旧中国里，梁启超奋笔疾书、奔走呼号、颠沛操劳、终其一生，也没有实现他的爱国救国理想。

名人的后代就是名人的后代，父亲忧国忧民的情愫影响了梁思礼的一生。他终身恪守父亲的爱国教诲，以“苟利国家生死以，岂因祸福避趋之”为座右铭，以自己平生的奉献，实现了“工业救国、科技救国”的理想，昔日积贫积弱的祖国，如今已经顶天立地、牢牢掌握了世界讲坛的话语权。

梁思礼如今已经“90后”，他的故事虽然伴随着时光渐行渐远，但是故事中的事业却在岁月的年轮中愈发清晰闪亮。时间可逝，历史永存！

作者通过几年的努力，多次采访了梁思礼本人，搜集了大量有关他的家庭和他本人的历史资料，获得了很多写作素材和灵感。梁思礼院士虽已90岁高龄，但身体健康、性格开朗、精神状态良好，且比较随和健谈，对很多逝去的往事记忆犹新，甚至很多细节都能清楚地叙述。在和他的交谈及传记的写作中，我们一次又一次被带到那个激情燃烧的难忘岁月，一次又一次感到自己的灵魂受到了洗礼和净化，一次又一次为祖国航天事业自主创新、一飞冲天的佳绩而骄傲和自豪。

本书的写作，受益于作者参加了中国科协组织的梁思礼院士采集小组的部分工作。书中很多传主的谈话、文章，以及有关人员的回忆，均有访谈录音、录像、书籍、传主笔记、档案资料等翔实的出处；梁思礼本人也阅读了书稿，并提出了修改意见。因此，本书在真实性和权威性上得到了充分的保证。

本书得到了梁思礼院士的女儿梁红以及中国航天科技集团公司科技委和航天档案馆在资料、图片、大事年表、稿件审查等方面的大力支持和帮助，梁红和孙梅直接参与了部分章节的初稿写作，徐睿、果越等人提供了梁思礼大事年表，中国航天科技集团公司科技委原秘书长周晓飞审阅并修改了书稿。

在本书付梓之际，谨向中国航天科技集团公司科技委和航天档案馆，以及周晓飞、徐睿、梁红、孙梅、果越和李圣成等同志的帮助，表示衷心的感谢！

2014年6月，本书作者及资料采集工作者与梁思礼合影

石磊　杨利伟

2015 年 9 月